중학 영문법, 쓸 수 있어야 진짜 문법이다!

문법이 쓰기다

문법이 쓰기다라면
정확히 거침없이 쓸 수 있고
써 본 문법은
쉽게 잊히지 않습니다!

초등학교 영어 수업은 영어라는 외국어에 친숙해지고 기초적인 의사소통 능력을 기르는 것이 목적이라면 중학교 영어는 좀 더 깊이 있는 내용을 상술한 텍스트를 독해하고 오류 없이 논리적으로 자신의 생각을 표현하는 수준으로 올라섭니다.
그 과정에서 급격히 중요성이 대두되는 영역이 바로 문법입니다.
의미 있는 콘텐츠를 자유롭게 활용하고 자신의 생각을 제한 없이 표현하기 위해서는 어휘 지식만으로는 턱없이 부족하기 때문입니다. 그 '어휘'들을 논리적으로 엮어 낼 '규칙'에 대한 감각이 필요한데, 그것이 바로 문법 지식입니다.

그리고 중학교 지필고사의 경우, 객관식이든 주관식이든 상관없이 대부분의 문항들이 직·간접적으로 문법 지식을 묻고 있습니다. 특히 전체 문항의 평균 30% 이상을 차지하는 서술형 문항의 경우, 문법적으로 옳고 그른지를 판단하는 수준을 넘어서, 문법 지식을 자유롭게 응용하는 언어 산출(language production) 능력을 요구합니다. 게다가 수와 시제 같은 기본 문법에서 사소한 실수만 저질러도 오답이 되는 탓에, 최악의 경우 시험 성적을 반 토막 낼 수도 있는 결정적인 영역이기도 합니다.

『중학 영문법 문법이 쓰기다』는
현행 중학 교과 과정에서 다루는 영문법을
문장 구조로 설명하고,
문장 구성 원리와 문장 쓰기로 연계하여
내신 서술형까지 연습할 수 있는
체계적인 통합 문법 교재입니다.

『중학 영문법 문법이 쓰기다』는 문법의 변화 규칙에 대한 이해를 토대로 문장 구성 기술을 확장시켜 나갈 수 있도록 요목을 구성했으며, 지금까지 출제된 중학 내신 서술형 문항의 패턴을 분석해 유사한 연습 문제로 실전에 대비할 수 있게 만들었습니다. 쓰기를 통해 중학 영문법의 기초를 다지는 『중학 영문법 문법이 쓰기다』는 '실력'과 '점수' 어느 하나도 놓치지 않는 통합형 Grammar for Writing 교재입니다.

How to 서술형 Grammar
이렇게 만들었어요!

1 중학 교과 문법의 연계성과 이해 과정에 맞게 필수 요목을 구성했어요.

중학 교과서에 수록된 문법을 분석하여 이해 과정에 맞게 구성하였습니다. 문법은 가장 논리적인 사고와 체계적인 정리가 필요한 영역입니다. 이러한 문법 영역의 특성에 맞게 학습 설계와 학습 방향의 기초가 되는 요목 배열에 많은 힘과 시간을 들였습니다. 단계별 논리적 요목 배열을 통해 영문법의 크고 작은 요소들을 어느 하나 놓치지 않고 효과적으로 학습하고 정리할 수 있습니다.

1 이해 과정 고려
중학 교과에 따라
필수 문법을
이해 과정에 맞게 구성

2 문법의 퍼즐식 구성
문법규칙을 문장구성 원리와
쓰기로 이어지게 하는
체계적인 구성

3 문법규칙→문장규칙으로 연계
각 Part가
문법규칙과 문장규칙으로
연계되는 Unit 차례로 구성

2 문법에 강해지는 3단계 개념 쪼개기와 효과적인 시각화로 훨씬 쉽게 이해돼요.

어렵고 복잡하게 인식되는 문법에 대한 학습 부담을 줄이고 간편한 이해를 위해 각 요목별 특성에 맞추어 가장 최적화된 시각화 방법을 구현하였습니다. 도식화, 도표, 문장에서의 오류 확인 등의 시각적 구현을 통해 문법을 효과적으로 한 눈에 학습할 수 있습니다.

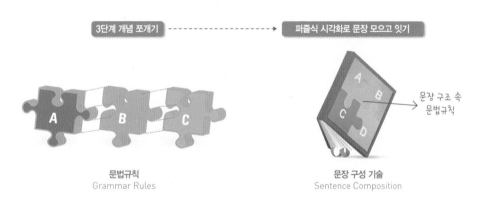

3단계 개념 쪼개기 --------------→ 퍼즐식 시각화로 문장 모으고 잇기

문장 구조 속
문법규칙

문법규칙
Grammar Rules

문장 구성 기술
Sentence Composition

3 문법확인 · 문장 쓰기 · 기출 서술형의 3단계 필수 문제 유형으로 촘촘하게 구성했어요.

기출 서술형의 철저한 분석을 통해 **drill - error recognition / correction - ordering / sentence writing** 등의 촘촘하고 꼭 필요한 문제 유형들로 문법을 효과적으로 확인하고 연습할 수 있게 구성하였습니다. 기계적으로 대입하고 바꾸는 유형을 지양하고 문법 기초 지식과 논리적인 사고력이 필요한 유형들을 개발하여 논리적인 사고와 다양한 문법 활용을 할 수 있습니다. 이런 3단계 문제 시스템을 통해 기본도 다지고, 실전에도 바로바로 쓸 수 있습니다.

drill - error recognition
STEP 1 변화규칙 익히기
문장을 이루기 위한 변화규칙을
통해 문법을 제대로 확인하기

correction - ordering
STEP 2 써보면서 깨치기
골라 쓰고, 바꿔 쓰고,
배열하고, 전체를 써보기

sentence writing
STEP 3 서술형 쓰기
앞에서 배운 문장을 서술형 유형에
맞게 완전한 문장으로 쓰기

How to 서술형 Grammar

문법이 쓰기다 이렇게 기출을 분석했어요!

서술형 유형 = 문장 구성력 = 문법이 쓰기다

쓰기가 되는 문법으로 중학 문법 기초뿐만 아니라 내신 서술형까지 잡을 수 있는『중학 영문법 문법이 쓰기다』인 이유

○ 서술형 평가는 문법의 단순 이해보다 문법을 활용하는 문제이므로 문장 구성력, 곧 **쓰기가 바로 중학 문법의 핵심**이기 때문입니다.

○ 서술형 문제 구성 원리를 이용한 훈련 방식으로 〈**중학 내신 문법 = 서술형 대비 = 쓰기**〉에 맞는 구성이기 때문입니다.

중학 기출 분석	서술형 유형	기출 예시
어색한 어법 고치기	밑줄 친 부분 고치기	• 다음 밑줄 친 부분을 고쳐 쓰시오. My name is Mina. <u>She is</u> a student.
	단문에서 틀린 곳 고치기	• 다음 문장에서 틀린 부분을 고쳐 쓰시오. Was there fun anything on the parade?
	단락에서 틀린 곳 고치기	• 다음 글에서 틀린 부분을 고쳐 쓰시오. (두 군데) Mina's friends have pets special, but she doesn't. Ben has a friend dog, and Hannah has a smart parrot. Mina wants a ....
단어, 표현 넣어 완성하기	문장 완성하기	• 다음 빈칸에 공통으로 들어갈 말을 쓰시오. ⇨ _____ west. _____ east.
	일정표, 도표 등에 맞게 문장 완성하기	• 다음 표를 보고 문장을 완성하시오. | then	now
at a concert	not at a concert	 Mina _____ then.
	대화문 완성하기	• 우리말에 맞게 대화를 완성하시오. A : Does she have bigger eyes than you? B : No. Her eyes <u>나의 것보다 약간 더 작아.</u>
주어진 단어 활용하여 완성하기	주어진 단어로 일부 완성 / 문장 완성하기	• 주어진 단어를 이용하여 문장을 완성하시오. She _____ everyone. (love)
	주어진 단어로 전체 완성 / 문장 쓰기	• 주어진 단어를 이용하여 문장을 쓰시오. 이번 토요일에 나는 기차를 탈 것이다. (take a train) ⇨ _____
	대화문 완성하기	• 주어진 단어를 이용하여 대화를 완성하시오. A : Yesterday I felt bad. Today I feel great. B : Great! You look _____ than yesterday. (good)
	단락 문맥에 맞게 단어 활용하기	• 주어진 단어를 이용하여 문장을 완성하시오. I will go to Sumi's birthday party today. But I didn't decide _____ (wear) at the party.
주어진 두 문장을 한 문장으로 바꾸기	같은 의미로 다시 쓰기	• 다음 의미가 같도록 빈칸에 알맞은 말을 쓰시오. The boy got to the bus stop. The bus already left. = _____ when _____
	두 문장을 한 문장으로 연결하기	• 다음 의미가 같도록 빈칸에 알맞은 말을 쓰시오. Tell me where I should put these empty bottles. = Tell me _____ these empty bottles.

기출에 자주 나오는 서술형 유형들을 분석하여 요목 구성과 문제 훈련 유형을
Grammar Check » Sentence Check » Writing Check 문제에
모두 반영하였습니다.

〈서술형 기출 분석표 – 문제 유형 및 예시〉

중학 기출 분석	서술형 유형	기출 예시
해석보고 작문하기	우리말에 맞게 문장 일부 쓰기 / 완성하기	• 다음 우리말에 맞게 문장을 완성하시오. 태양은 서쪽으로 진다. ⇨ _____ west.
	우리말에 맞게 문장 전체 쓰기 / 문장 쓰기	• 우리말에 맞게 문장을 쓰시오. 그녀의 남편은 유명한 작가이다. ⇨ _____
	단락 안의 문장 쓰기	• 우리말에 맞게 알맞은 문장을 쓰시오. Mary gets up early in the morning. She eats breakfast at 7:30 am and 8시에 학교에 간다.
의미가 통하게 문장 완성하기	문장 전환하기 1	• 다음을 수동태로 바꿔 쓰시오. A genius builds a robot. ⇨ A robot _____
	문장 전환하기 2	• 다음 문장을 같은 의미로 바꿔 쓰시오. To understand his accent was not easy at first. ⇨ It _____
	조건에 맞게 문장 바꿔 쓰기	• 목적어를 강조하는 문장을 쓰시오. Jim made this cake yesterday. ⇨ _____
의미에 맞게 배열하기	문장 요소 전체 배열하기	• 다음 우리말에 맞게 주어진 단어들을 바르게 배열하시오. Tom은 세 마리의 작은 흰색 개들을 갖고 있다. (small, has, Tom, white, three, dogs) ⇨ _____
	주요 단어 바꿔 쓰기	• 다음 우리말에 맞게 주어진 단어들을 바르게 배열하시오. (단, 형태를 바꾸기) 그는 새 스마트폰을 살 필요가 있다. (need, he, buy, smart phone) ⇨ _____
그림에 맞는 문장 완성하기	그림에 맞는 문장 완성하기	• 다음 그림을 보고 문맥에 맞게 문장을 완성하시오. This is Mary's room. Look at the desk. There is a computer on the desk. There is a book _____ the computer. Now look at the wall.
	그림에 맞는 대화 완성하기	• 다음 그림을 보고 대화를 완성하시오. A : Does the boy ride a bike? B : _____
상황, 문맥에 맞는 영작하기	질문에 답 쓰기(단문)	• 다음 대답을 보고 알맞은 답을 쓰시오. A : Do you swim in the sea? B : _____ I swim in the swimming pool.
	답에 질문 쓰기(단문)	• 다음 대답을 보고 알맞은 질문을 쓰시오. A : _____ B : My dad cooked dinner.
	질문에 답 쓰기	• 다음 글의 마지막 질문에 대한 답을 쓰시오. Sam has two boxes. They together weigh eleven kilos. One box weighs five kilos. How much weight does the other box?

How to 서술형 Grammar
문법이 쓰기다 — 이렇게 구성했어요!

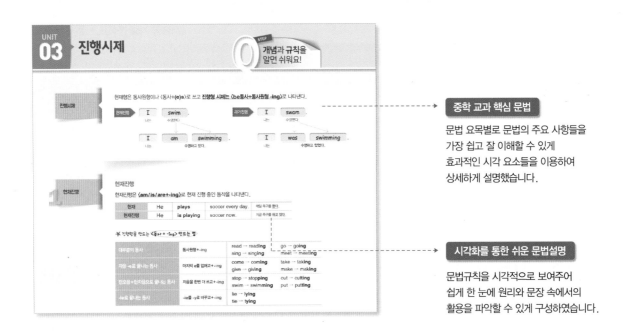

중학 교과 핵심 문법

문법 요목별로 문법의 주요 사항들을
가장 쉽고 잘 이해할 수 있게
효과적인 시각 요소를 이용하여
상세하게 설명했습니다.

시각화를 통한 쉬운 문법설명

문법규칙을 시각적으로 보여주어
쉽게 한 눈에 원리와 문장 속에서의
활용을 파악할 수 있게 구성하였습니다.

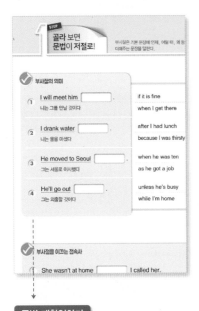

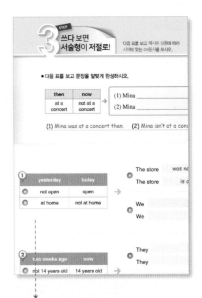

문법 재확인하기

기계적인 확인 학습이 아니라
연상 기법의 확인 문제를 통해
문법 원리를 쉽게 재확인하세요.

문법 비교하기

문법사항들을 문장 속에서 파악할 수 있게
문장별로 비교하거나 바꿔 쓰기,
배열하기 등으로 문장 구성력의 기본을
쌓을 수 있습니다.

기출 서술형 유형으로 쓰기

서술형 기출 문형을 살펴보고 유사 문제들을
반복적으로 훈련하여 문법 기초뿐만 아니라
내신 서술형 문제와 쓰기까지 잡을 수 있습니다.

서술형 끝내기

OX로 문법을 정리하며 서술형 끝내기

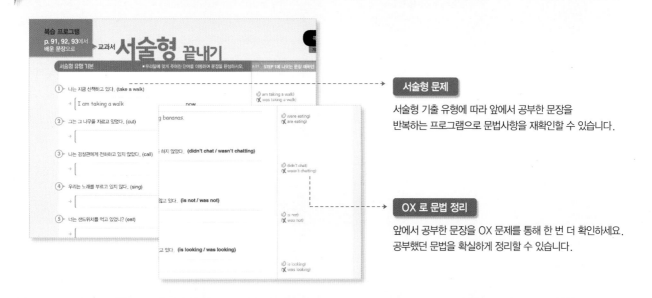

서술형 문제

서술형 기출 유형에 따라 앞에서 공부한 문장을
반복하는 프로그램으로 문법사항을 재확인할 수 있습니다.

OX 로 문법 정리

앞에서 공부한 문장을 OX 문제를 통해 한 번 더 확인하세요.
공부했던 문법을 확실하게 정리할 수 있습니다.

Test 실전문제

내신 문제 – 객관식에서 단답형 주관식, 통합형 서술형 대비

객관식 문제

종합적으로 문법 사항들을 묻는 문제로,
학교 내신 유형 문제를 보강하여 더 많은 문제 풀이가 가능합니다.

서술형 문제

각 문법에 해당되는 서술형 문제들로 구성하여
실전감을 더욱 높일 수 있게 하였습니다.

한 장의 사진으로 보는 문법이 쓰이다

앞에서 공부한 내용을 사진으로
재미있게 보며 다시 문장으로
상기시켜 주는 코너입니다.

정답과 해설

친절하고 꼭 필요한 문제 해설로
어려움 없이 문제 해결력을
높여 줍니다.

이런 순서로 공부해요!

 12종 교과서 **기출 문법 문제,** **개념 이해** **문법이 쓰기다**
문법 항목 전체 + **서술형 유형 분석** + **과정 도입** = **문법요목**

문법이
쓰기다

초등 영문법 문법이 쓰기다

중등 영문법 문법이 쓰기다

\+

\=

문법이 쓰기다
영문법
WINNER

초등문법을 제대로 배우고
저절로 써지는 Grammar for Writing

중학 영문법을 제대로 정리하고
서술형 쓰기에 최적화된 진짜 문법서

중학영문법
문법이 쓰기다

Part 1
be동사

주어 역할을 하는 **인칭대명사**와 그 주어에 따라 달라지는
be동사의 형태를 확인합니다.
그리고 be동사의 부정문과 의문문을 배웁니다.

UNIT 1 인칭대명사와 be동사

구성	기초 항목	서술형 유형
STEP 1	인칭대명사 형태	
STEP 2	주어에 따른 be동사 형태	
STEP 3		틀린 부분 고쳐 쓰기
서술형 끝내기		문장 고치기, 문장 쓰기

UNIT 2 be동사의 3가지 문장

구성	기초 항목	서술형 유형
STEP 1	be동사 다음에 오는 말	
STEP 2	be동사의 3가지 문장 배열	
STEP 3		be동사 문장 쓰기
서술형 끝내기		문장 완성, 문장 쓰기

UNIT 3 be동사의 부정문, 의문문

구성	기초 항목	서술형 유형
STEP 1	be동사 부정문, 의문문	
STEP 2	부정문, 의문문 문장 전환	
STEP 3		우리말 영작하기
서술형 끝내기		문장 고치기, 문장 쓰기

인칭대명사와 be동사

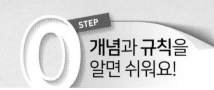

**be동사
문장구조**

be동사는 **am**, **is**, **are**의 세 가지 형태로 '**이다**', '**있다**'의 의미로 쓴다.

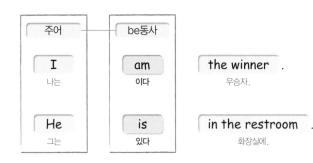

주어	be동사	
I 나는	**am** 이다	the winner . 우승자.
He 그는	**is** 있다	in the restroom . 화장실에.

1 주어, 인칭대명사

사람이나 사물을 가리키는 인칭대명사

사람이나 **사물 이름 대신 쓰는 말**을 인칭대명사라고 한다.

하나 (단수)		둘 이상 (복수)		인칭
I	나는	**We**	우리는	1인칭
You	너는	**You**	너희들은	2인칭
She	그녀는	**They**	그들은 / 그것들은	3인칭
He	그는			
It	그것은			

명사 [Mr. Kim] → **He** is at home. 그는 집에 있다.
[You and I] → **We** are at home. 우리는 집에 있다.

★ 주어 자리의 인칭대명사는 사람 성별, 단수나 복수에 따라 다르게 씀

남자 대신: he	<u>Paul</u> is my brother. **He** is a student. ↑ Paul 대신 He
여자 대신: she	<u>Susan</u> is my sister. **She** is a student. ↑ Susan 대신 She
여러 사람, 물건 대신: they	<u>**Mina and Jin**</u> are my sisters. **They** are students. ↑ Mina와 Jin 대신 They

2 be동사의 변화

주어에 따라 달라지는 be동사

주어		be동사		보어/전치사구
I	나는	**am**	있다	
You	너는	**are**	있다	at the airport. 공항에.
We	우리는			
They	그들은			
He	그는	**is**	있다	
She	그녀는			
It	그것은			

📎 〈주어 + be동사〉의 줄임말

주어 + be동사	줄임말
I am	I'm
She / He is	She's / He's
We are	We're
You are	You're
They are	They're

★ 주어가 복수이면 be동사는 모두 are를 사용

Jeremy (is / ~~are~~) an engineer. → Jeremy and Mable (~~is~~ / are) engineers.
└→ 주어가 단수   └→ 주어가 복수(둘 이상)

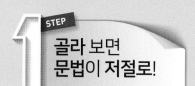
STEP

**골라 보면
문법이 저절로!**

인칭대명사는 성별이나 단·복수에 따라 다르게 쓴다.
그리고 주어에 따라 be동사는 am, is, are로 바꿔 쓸 수 있다.

✔ 밑줄 친 주어를 대신하는 인칭대명사

① <u>Mina</u> is a writer.
　☐ I　　☑ She

② <u>My friends</u> are pilots.
　☐ It　　☐ They

③ <u>John and I</u> are at the mall.
　☐ We　　☐ They

④ <u>Mr. Kim</u> is at home.
　☐ He　　☐ She

⑤ <u>The girl</u> is a pianist.
　☐ He　　☐ She

✔ 주어에 따라 달라지는 be동사

① [　　　　　　] a bookworm.
　나는 / 이다 / 책벌레.
　☑ I am　　☐ He is

② [　　　　　　] my friends.
　그들은 / 이다 / 내 친구들.
　☐ We are　　☐ They are

③ [　　　　　　] a frog.
　그것은 / 이다 / 개구리.
　☐ It is　　☐ They are

④ [　　　　　　] at school.
　그는 / 있다 / 학교에.
　☐ He is　　☐ They are

⑤ [　　　　　　] at the mall.
　그녀는 / 있다 / 쇼핑몰에.
　☐ He is　　☐ She is

⑥ [　　　　　　] in the library.
　우리는 / 있다 / 도서관에.
　☐ We are　　☐ You are

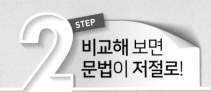
1

나는 / 이다 / 13살.

(I am) / You are   13 years old.

너는 / 이다 / 13살.

I am / You are   13 years old.

2

그는 / 있다 / 택시 안에.

He is / She is   in a taxi.

그녀는 / 있다 / 택시 안에.

He is / She is   in a taxi.

3

그것은 / 이다 / 여권.

It is / They are   a passport.

그것들은 / 이다 / 여권들.

It is / They are   passports.

4

우리는 / 있다 / 같은 팀에.

We are / You are   on the same team.

너희들은 / 있다 / 같은 팀에.

We are / You are   on the same team.

5

미나는 / 이다 / 말썽꾸러기.

Mina is / Mina are   a troublemaker.

미나와 너는 / 이다 / 말썽꾸러기들.

Mina and you is / Mina and you are
troublemakers.

6

John은 / 이다 / 나의 영웅.

John is / John are   my hero.

John과 나는 / 이다 / 가족.

John and I am / John and I are
family.

7

Jeremy는 / 이다 / 삼촌.   그는 / 있다 / 나무 아래에.

Jeremy is my uncle.

He is / She is   under the tree.

Mable은 / 이다 / 숙모.   그녀는 / 있다 / 나무 아래에.

Mable is my aunt.

He is / She is   under the tree.

8

내 이름은 / 이다 / John.   나는 / 이다 / 요리사.

My name is John.

I am / He is   a cook.

내 동생은 / 이다 / 수지.   그녀는 / 이다 / 요리사.

My sister is Suji.

I am / She is   a cook.

9

너와 John은 / 이다 / 쌍둥이.   너희들은 / 있구나 / 같은 학교에.

You and John are twins.

You are / They are   in the same school.

Suji와 John은 / 이다 / 요리사.   그들은 / 있다 / 부엌에.

Suji and John are chefs.

We are / They are   in the kitchen.

10

Mable과 나는 / 이다 / 친구.   우리는 / 이다 / 같은 반 친구.

Mable and I are friends.

We are / They are   classmates.

Mable과 Dipper는 / 이다 / 친구.   그들은 / 이다 / 같은 반 친구.

Mable and Dipper are friends.

We are / They are   classmates.

■ 다음 문장에서 **틀린** 부분을 찾아 고쳐 쓰시오.

✔ 서술형 **기출**문제

My name is Mina. ~~She is~~ an only child.

말하는 나를 대신하는
인칭대명사는 I를 쓰며
be동사는 am으로 바꾼다.

~~She is~~ an only child. → **I am** an only child.

① Mina is my friend. ~~They are~~ a bad singer.   미나는 내 친구이다. 그녀는 음치이다.

→ (She is) a bad singer.

② Suji is my sister. You are a big fan of Harry Potter.   수지는 내 여동생이다. 그녀는 해리 포터의 열렬한 팬이다.

→

③ Ding-ding is my dog. They are in the restroom.   Ding-ding은 내 강아지이다. 그것은 화장실에 있다.

→

④ Ms. Kelly is my aunt. I am a great nurse.   Ms. Kelly는 나의 숙모이다. 그녀는 훌륭한 간호사다.

→

⑤ My father is a police officer. She is a good swimmer.   나의 아버지는 경찰이다. 그는 수영을 잘한다.

→

⑥ Donna and I are at the restaurant. He is in line.   Donna와 나는 식당에 있다. 우리는 줄을 서고 있다.

→

⑦ Our first class is math. He is easy.   우리의 첫 수업은 수학이다. 그것은 쉽다.

→

⑧ My parents are teachers. It is busy on weekends.   나의 부모님은 선생님이다. 그들은 주말마다 바쁘다.

→

복습 프로그램
p. 13, 14, 15에서
배운 문장으로

교과서 **서술형 끝내기**

유형기본 ➕

기본 + 심화 문제

서술형 유형 기본
■ 밑줄 친 부분을 지시에 맞게 바꿔 쓰시오.
p.13 **STEP 1에 나오는 문장 재확인**

① <u>Mr. Kim</u> is at home. (→ Mr. Kim and I로)

→ Mr. Kim and I are at home.

(◐ Mr. Kim and I are)
(✗ Mr. Kim and I is)

② <u>John and I</u> are at the mall. (→ Mr. Kim으로)

→

(◐ Mr. Kim is)
(✗ Mr. Kim are)

③ <u>Jeremy</u> is a bookworm. (→ I로)

→

(◐ I am)
(✗ I is)

④ <u>The girl</u> is in the library. (→ They로)

→

(◐ They are)
(✗ They is)

⑤ <u>Mina</u> is a writer. (→ Our sister로)

→

(◐ Our sister is)
(✗ Our sister are)

서술형 유형 심화
■ 밑줄 친 부분을 인칭대명사로 바꾸고, 주어진 단어를 이용해 문장을 다시 쓰시오.
p.14 **STEP 2에 나오는 문장 재확인**

① <u>Mable and I</u> are *friends*. (family)

→ We are family.

우리는 가족이다.

(◐ We are)
(✗ They are)

② <u>Suji and John</u> are *chefs*. (in the kitchen)

→

그들은 주방에 있다.

(◐ They are)
(✗ You are)

③ <u>Mable</u> is *my classmate*. (a cook)

→

그녀는 요리사이다.

(◐ She is)
(✗ He is)

④ <u>John and you</u> are *twins*. (on the same team)

→

너희는 같은 팀이다.

(◐ You are)
(✗ We are)

• 소속을 나타낼 때
자신이 속한 팀이나 반 등은
on the same team, in the
same class, classmates 등
으로 표현해요.

서술형 유형 심화　　　　　　■ 우리말에 맞게 고르고 문장을 쓰시오.　　p.15 STEP 3에 나오는 문장 재확인

① Ding-ding은 내 강아지다. 그것은 (It is / They are) 화장실에 있다.

→ Ding-ding is my dog. | It is in the restroom.

(O It is)
(X They are)

② 우리의 첫 수업은 수학이다. 그것은 (It is / They are) 쉽다.

→ Our first class is math.

(O It is)
(X They are)

③ 수지는 내 동생이다. 그녀는 (He is / She is) 해리 포터의 열렬한 팬이다.

→ Suji is my sister.

(O She is)
(X He is)

④ Donna와 나는 식당에 있다. 우리는 (We are / They are) 줄을 서고 있다.

→ Donna and I are at the restaurant.

(O We are)
(X They are)

⑤ 미나는 내 친구이다. 그녀는 (He is / She is) 음치이다.

→ Mina is my friend.

(O She is)
(X He is)

⑥ 내 이름은 미나야. 나는 (I am / She is) 외동이야.

→ My name is Mina.

(O I am)
(X She is)

⑦ 아빠는 경찰관이다. 그는 (He is / She is) 수영을 잘 한다.

→ My father is a police officer.

(O He is)
(X She is)

⑧ 우리 부모님은 선생님이다. 그들은 (We are / They are) 주말마다 바쁘다.

→ My parents are teachers.

(O They are)
(X We are)

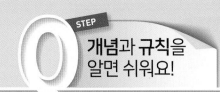

be동사의 3가지 문장

be동사 다음에 오는 것은 **명사, 형용사, 전치사구**이다.

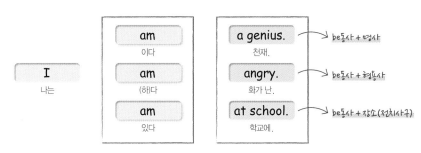

I	am	a genius.
나는	이다	천재. → be동사 + 명사
	am	angry.
	(하)다	화가 난. → be동사 + 형용사
	am	at school.
	있다	학교에. → be동사 + 장소(전치사구)

1. be동사 + 명사

be동사 다음에 명사

〈주어+be동사〉 다음에 직업, 나이 등을 쓰면 '**~이다**'로 해석한다.

I	am	a singer.	You	are	10 years old.
나는	이다	가수.	너는	이다	10살.
He	is	an actor.	She	is	a soccer player.
그는	이다	배우.	그녀는	이다	축구 선수.

2. be동사 + 형용사

〈be동사+형용사〉의 문장

〈주어+be동사〉 다음에 형용사가 오면 '**~(하)다**'의 뜻이다.

I	am	free.
나는		한가하다.
He	is	brave.
그는		용감하다.
They	are	lazy.
그들은		게으르다.

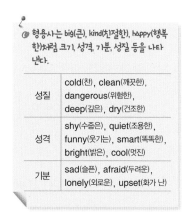

형용사는 big(큰), kind(친절한), happy(행복한)처럼 크기, 성격, 기분, 성질 등을 나타낸다.

성질	cold(찬), clean(깨끗한), dangerous(위험한), deep(깊은), dry(건조한)
성격	shy(수줍은), quiet(조용한), funny(웃기는), smart(똑똑한), bright(밝은), cool(멋진)
기분	sad(슬픈), afraid(두려운), lonely(외로운), upset(화가 난)

3. be동사 + 전치사구(장소)

be동사 다음에 전치사구(장소)

〈be동사+장소〉는 '**~에 있다**'라는 의미로 **at, in, on** 등의 전치사를 쓴다.

It	is	in the bed.	They	are	under the bed.
그것은	있다	침대 안에.	그들은	있다	침대 아래에.
It	is	on the bed.	They	are	behind the bed.
그것은	있다	침대 위에.	그들은	있다	침대 뒤에.

★ be동사 다음에 장소뿐만 아니라 **학년, 소속팀** 등을 나타내는 표현을 쓰기도 한다.

공원 옆에	next to the park	2층에	on the 2nd floor	같은 팀에	on the same team
3학년	in the 3rd grade	같은 반에	in the same class	축구 팀에	on the soccer team

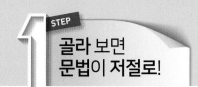

⟨be동사+명사/형용사⟩의 의미

be동사 의미에 맞게 고르기

1 He is [　　　　] .

| 그는 바쁘다. | ☑ busy | ☐ a busy writer |
| 그는 바쁜 작가이다. | ☐ busy | ☐ a busy writer |

2 They are [　　　　] .

| 그들은 친절하다. | ☐ kind | ☐ kind people |
| 그들은 친절한 사람들이다. | ☐ kind | ☐ kind people |

3 We are [　　　　] .

| 우리는 친하다. | ☐ close | ☐ close friends |
| 우리는 친한 친구이다. | ☐ close | ☐ close friends |

4 She is [　　　　] .

| 그녀는 재미있다. | ☐ funny | ☐ a funny comedian |
| 그녀는 재미있는 코미디언이다. | ☐ funny | ☐ a funny comedian |

⟨be동사+명사/전치사구⟩의 의미

be동사 뒤에 오는 말 고르기

1 It is [　　　　　　] .
그것은 / 있다 / 방에.

☐ the room　　☑ in the room

2 It is [　　　　　　] .
그것은 / 이다 / 방.

☐ the room　　☐ in the room

3 They are [　　　　　　] .
그것들은 / 이다 / 의자들.

☐ chairs　　☐ on the chair

4 They are [　　　　　　] .
그것들은 / 있다 / 의자 위에.

☐ chairs　　☐ on the chair

5 They are [　　　　　　] .
그들은 / 있다 / 공원에.

☐ parks　　☐ in the park

6 They are [　　　　　　] .
그것들은 / 이다 / 공원들.

☐ parks　　☐ in the park

is, she, free after school

영문장 → She is free after school.

우리말 → 그녀는 방과 후에는 한가하다.

---

1 are, you and Carl, the same age

영문장 →

우리말 →

---

2 is, Mr. Kim, at the bus stop

영문장 →

우리말 →

---

3 are, friendly and popular, Mable and Dipper

영문장 →

우리말 →

---

4 are, Tom and Jerry, on the same team

영문장 →

우리말 →

---

5 classmates this year, are, John and I

영문장 →

우리말 →

---

6 is, lazy, he, on Sundays

영문장 →

우리말 →

---

7 is, busy, she, on Mondays

영문장 →

우리말 →

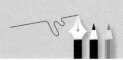

■ 다음 우리말에 맞게 주어진 단어를 이용하여 쓰시오.

☑ 서술형 **기출**문제

> A: Where is the piano?
> B: 그것은 침대 옆에 있다. (next to)

where는 위치를
묻는 의문사이므로
대답으로는 be동사 다음에
장소로 답한다.

→ *It is next to the bed.*

---

① A: Who are they?
　 B: 그들은 내 반 친구들이다. (my classmates)
→ They are my classmates.

② A: What's she like?
　 B: 그녀는 조용하고 수줍음이 많아. (quiet and shy)

③ A: How old is she?
　 B: 그녀는 14살이다. (old)

④ A: Where is Mr. Brown?
　 B: 그는 3층에 있습니다. (on)

⑤ A: Who is the man next to Jessy?
　 B: 그는 나의 삼촌입니다. (uncle)

⑥ A: Where is the snake?
　 B: 그것은 탁자 아래에 있다. (under)

⑦ A: How are the club members?
　 B: 그들은 부지런해. (diligent)

⑧ A: Who are the girls in the picture?
　 B: 그들은 야구 선수야. (baseball players)

복습 프로그램
p. 19, 20, 21에서
배운 문장으로

교과서 **서술형 끝내기**

유형기본 ➕
기본 + 심화 문제

서술형 유형 기본

■ 우리말에 맞게 문장을 완성하시오.   p.19 **STEP 1에 나오는 문장 재확인**

① 그것은 공원에 있다.

→ | It is in | the park.

(○ It is in)
(✘ It is)

② 그것은 공원이다.

→ | | a park.

(○ It is)
(✘ It is in)

③ 그것들은 의자 위에 있다.

→ | | the chair.

(○ They are on)
(✘ They are)

④ 그것들은 의자들이다.

→ | | chairs.

(○ They are)
(✘ They are on)

⑤ 그들은 나에게 친절하다.

→ | | to me.

(○ They are kind)
(✘ They are kind people)

서술형 유형 심화

■ 우리말에 맞게 주어진 단어를 이용하여 문장을 쓰시오.   p.20 **STEP 2에 나오는 문장 재확인**

① 너와 Carl은 동갑이다. (the same age)

→

You and Carl은 두 사람으로 복수형임

② John과 나는 올해 같은 반 친구이다. (classmates this year)

→

같은 반은 classmate나 in the same class로 씀

③ Mr. Kim은 버스 정류장에 있다. (the bus stop)

→

'~에 있다'는 〈be동사+장소〉로 씀

④ Mable과 Dipper는 다정하고 인기가 많다. (friendly and popular)

→

성격의 형용사 두 개를 and로 연결

• 인기 있는 학생을 말할 때
'멋지다'는 말이 어울리는
아이에게 할 수 있는 말은 cool,
awesome, nice, great 등이 있어요.

서술형 유형 심화　　　　　　　　　　■ 우리말에 맞게 고르고 문장을 쓰시오.

① 그들은 내 반 친구 **(my classmates / the same class)** 이다.

→ They are my classmates.

(〇 my classmates)
(✘ the same class)

② 그는 3층에 **(on the 3rd floor / in the 3rd floor)** 있습니다.

→

(〇 on the 3rd floor)
(✘ in the 3rd floor)

③ 그녀는 조용하고 수줍음이 많아. **(quiet and shy / quiet and smart)**

→

(〇 quiet and shy)
(✘ quiet and smart)

④ 그것은 탁자 아래에 **(under the table / behind the table)** 있다.

→

(〇 under the table)
(✘ behind the table)

⑤ 그들은 야구 선수 **(soccer players / baseball players)** 이다.

→

(〇 baseball players)
(✘ soccer players)

⑥ 그들은 부지런하다. **(lazy / diligent)**

→

(〇 diligent)
(✘ lazy)

⑦ 그녀는 14살 **(14 years / 14 years old)** 이다.

→

(〇 14 years old)
(✘ 14 years)

⑧ 그것은 침대 옆에 **(under the bed / next to the bed)** 있다.

→

(〇 next to the bed)
(✘ under the bed)

be동사의 부정문, 의문문

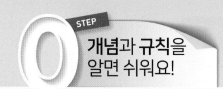

STEP
개념과 규칙을
알면 쉬워요!

부정문 / 의문문

be동사의 부정문, 의문문의 형태는 **be동사**를 중심으로 만든다.

부정문 ▶
He (그는) | is not (아니다) | my type (내 타입이.) → be동사 + not

의문문 ▶
Is he (그는 ~이니) | your type (네 타입?) ? → Be동사 + 주어 ~ ?

---

1 be동사의 부정문

be동사 부정문 만들기

부정문은 〈**be동사+not**〉으로 be동사 다음에 **not**을 쓴다.

I (나는) | am (이다) | a singer (가수.) | They (그들은) | are (있다) | in the library (도서관에.)
↓
I (나는) | am not (아니다) | a singer (가수가.) | They (그들은) | are not (없다) | in the library (도서관에.)

주어	be동사+not	〈be+not〉의 줄임말		〈주어+be동사〉의 줄임말	
I	am not	x	→	**I'm not** a liar.	나는 거짓말쟁이가 아니다.
You / We / They	are not	aren't		**You're not** a liar.	너는 거짓말쟁이가 아니다.
He / She / It	is not	isn't		**He's not** a liar.	그는 거짓말쟁이가 아니다.

---

2 be동사의 의문문

be동사 의문문 만들기

의문문은 **be동사**와 **주어의 위치**를 바꾸고 마지막에 물음표(?)를 쓴다.

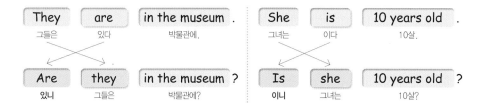

They (그들은) | are (있다) | in the museum (박물관에.) | She (그녀는) | is (이다) | 10 years old (10살.)
↓
Are (있니) | they (그들은) | in the museum (박물관에?) ? | Is (이니) | she (그녀는) | 10 years old (10살?) ?

의문문	긍정 대답	부정 대답
Am I a student?	Yes, you are.	No, you aren't.
Are you / we / they students?	Yes, we / you / they are.	No, we / you / they aren't.
Is he / she a student?	Yes, he / she is.	No, he / she isn't.

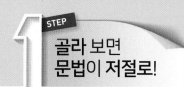
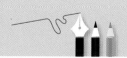
be동사의 부정문

부정문 고르기

1 She ☐ at her desk.

| 자리에 있다. | ☑ is | ☐ is not |
| 자리에 없다. | ☐ is | ☐ is not |

2 He ☐ my friend.

| 내 친구가 아니다. | ☐ is | ☐ is not |
| 내 친구이다. | ☐ is | ☐ is not |

3 They ☐ lazy.

| 게으르다. | ☐ are | ☐ are not |
| 게으르지 않다. | ☐ are | ☐ are not |

4 We ☐ tired today.

| 피곤하다. | ☐ are | ☐ are not |
| 피곤하지 않다. | ☐ are | ☐ are not |

5 I ☐ in the 2nd grade.

| 2학년이 아니다. | ☐ am | ☐ am not |
| 2학년이다. | ☐ am | ☐ am not |

be동사의 의문문

의문문 고르기

1 그것은 장미인가?

(Is it / Are they) a rose?

2 그는 병원에 있니?

Is she / Is he in the hospital?

3 네가 우승자이니?

Are you / Are we the winner?

4 그들은 수영선수들이니?

Are you / Are they swimmers?

5 그녀는 내게 화가 났니?

Is she / Is he angry with me?

6 그것들은 의자 위에 있니?

Is it / Are they on the chair?

I am good at tennis.

부정문 → I am not good at tennis.

의문문 → Am I good at tennis?

1 He is a famous singer.

부정문 →

의문문 →

2 They are sleepy.

부정문 →

의문문 →

3 The class is at 9 o'clock.

부정문 →

의문문 →

4 Janet and Jeremy are at the concert.

부정문 →

의문문 →

5 She is afraid of ghosts.

부정문 →

의문문 →

6 You are superheroes.

부정문 →

의문문 →

7 The new girl is from Korea.

부정문 →

의문문 →

8 She is free after school.

부정문 →

의문문 →

3 STEP 쓰다 보면 서술형이 저절로!

주어진 단어를 이용하여 빈칸에 알맞게
be동사의 부정문과 의문문을 쓰시오.

■ 다음 우리말에 맞게 주어진 단어를 이용하여 문장을 쓰시오.

☑ 서술형 기출문제

Dipper는 똑똑하다. 그는 바보가 아니다.

→ Dipper is smart. _____ (a fool)

→ _____ He is not a fool. _____

> 주어의 성별이 남자이므로 인칭대명사는 he를 쓰고, '아니다'라는 의미의 부정문 <be동사+not>을 쓴다.

① Mr. Park은 작가이다. 요리사가 아니다.

Mr. Park is a writer. _____ (a cook)

→ He is not a cook.

② Peter와 나는 다르다. 우리는 같지 않다.

Peter and I are different. _____ (the same)

③ 그 녹차는 차갑다. 따뜻하지 않다.

The green tea is cold. _____ (warm)

④ 민호는 한국인이다. 그는 중국인이 아니다.

Minho is Korean. _____ (Chinese)

⑤ 엄마는 의자 옆에 있다. 그녀는 의자 뒤쪽에 있지 않다.

Mom is next to the chair. _____ (behind)

⑥ A: _____ 그들은 뉴욕 출신이니? (from New York)

B: Yes, they are. 응, 맞아.

⑦ A: _____ 그는 너와 반 친구이니? (classmate)

B: No, he isn't. 아니, 그렇지 않아.

⑧ A: I'm full. _____ 너는 배가 고프니? (hungry)

B: No, I'm not. 아니, 그렇지 않아.

교과서 서술형 끝내기

서술형 유형 기본

■ 우리말에 맞게 틀린 부분을 고쳐 쓰시오.　p.25　**STEP 1**에 나오는 문장 재확인

① I not am in the 2nd grade.

→ I am not in the 2nd grade.　나는 2학년이 아니다.

(○ am not)
(✗ not am)

② They are at their desk.

→　그들은 자리에 없다.

(○ They are not)
(✗ They are)

③ Jeremy and I am not the winners.

→　Jeremy와 나는 우승자가 아니다.

(○ are not)
(✗ am not)

④ Are your mom angry with you?

→　네 엄마는 너에게 화났니?

(○ Is your mom)
(✗ Are your mom)

⑤ Is it on the chair?

→　그것들은 의자 위에 있니?

(○ Are they)
(✗ Is it)

서술형 유형 심화

■ 다음 대화에서 틀린 부분을 찾아 고쳐 쓰시오.　p.26　**STEP 2**에 나오는 문장 재확인

① A : Is Mina afraid of ghosts?　B: Yes, I am.

→

Mina에 대한 질문에 대한 답은 she로 함

② A: Is he a famous singer?　B: Yes, he is. He is an actor.

→

가수가 아니라 배우이므로 부정적 답이 옴

③ A: Is the class at 9 o'clock?　B: No. They are at 8:40.

→

the class를 대신하는 인칭대명사는 it임.

④ A: Is the new girl from Korea?　B: No, she is Korean.

→

한국에서 온 것이 아니라고 하거나 그렇다는 긍정의 답 모두 가능.

• 국적, 출신을 말할 때 한국인(Korean), 일본인(Japanese)이라고 말하고 영국인과 스위스 사람은 English, Swiss, 네덜란드 사람은 Dutch, 필리핀 사람은 Filipino 등으로 써요.

서술형 유형 심화　　　　　　　　　■ 우리말에 맞게 고르고 문장을 쓰시오.　　　p.27　STEP 3에 나오는 문장 재확인

1 ► Mr. Park은 작가이다. 그는 요리사가 아니다. **(is not / are not)**

→ Mr. Park is a writer.　│ He is not a cook. │

(**O** is not)
(**X** are not)

2 ► 엄마는 의자 옆에 계시다. 그녀는 의자 뒤에 있지 않다. **(is not / are not)**

→ Mom is next to the chair.　│　　　　　　│

(**O** is not)
(**X** are not)

3 ► Peter와 나는 다르다. 우리는 같지 않다. **(is not / are not)**

→ Peter and I are different.　│　　　　　│

(**O** are not)
(**X** is not)

4 ► 나는 배가 부르다. 너는 배가 고프니? **(Am I / Are you)**

→ I'm full.　│　　　　│

(**O** Are you)
(**X** Am I)

5 ► 그는 3학년이다. 그가 너와 반 친구이니? **(Is he / Is she)**

→ He is in the 3rd grade.　│　　　　　│

(**O** Is he)
(**X** Is she)

6 ► 민호는 한국인이다. 그는 중국인이 아니다. **(is not / are not)**

→ Minho is Korean.　│　　　　　│

(**O** is not)
(**X** are not)

7 ► Dipper는 똑똑하다. 그는 바보가 아니다. **(is not / are not)**

→ Dipper is smart.　│　　　　　│

(**O** is not)
(**X** are not)

8 ► 그 녹차는 차갑다. 그것은 따뜻하지 않다. **(is not / are not)**

→ The green tea is cold.　│　　　　　│

(**O** is not)
(**X** are not)

[01-02] 다음 빈칸에 들어갈 알맞은 말을 고르시오.

01

_____ is in the gym.

① We   ② You
③ They   ④ My sister
⑤ Mable and Dipper

02

_____ Mr. and Mrs. Brown tired?

① Is   ② Am
③ Are   ④ Is not
⑤ Am not

03 빈칸에 공통으로 들어갈 알맞은 것은?

• The team _____ the winner.
• He _____ on the soccer team.
• _____ the teacher in the classroom?

① is(Is)   ② am(Am)
③ are(Are)   ④ am not(Am not)
⑤ are not(Are not)

[04-05] 다음 빈칸에 들어갈 알맞은 것을 고르시오.

04

Susan and David are Americans. _____ are from the U.S.

① I   ② He   ③ She
④ They   ⑤ We

05

These sunglasses are expensive. _____ new ones.

① It is   ② You are   ③ They are
④ We are   ⑤ I am

06 대화의 빈칸에 들어갈 알맞은 말은?

A: Are you in the 3rd grade?
B: _____ I'm in the 2nd grade.

① Yes, you are.   ② No, I'm not.
③ No, you aren't.   ④ Yes, I am.
⑤ No, they aren't.

07 다음을 의문문으로 알맞게 바꾼 것은?

Kate is good at math.

① Is good Kate at math?
② Is good at math Kate?
③ Is Kate good at math?
④ Do Kate is good at math?
⑤ Does Kate is good at math?

[08-09] 다음 중 어법상 올바른 문장을 고르시오.

08

① Is it your cellphone?
② Are your skirt purple?
③ Are the talk show boring?
④ Is her children on the soccer team?
⑤ Is Mr. and Mrs. Kim at the bus stop now?

09

① We is basketball players.
② Tom and I am best friends.
③ The cake are so sweet and delicious.
④ The knife are so sharp.
⑤ This is a brand new watch.

10 빈칸 ⓐ, ⓑ에 들어갈 말이 바르게 짝지어진 것은?

Janet _____ⓐ_____ in her room. _____ⓑ_____ in the yard.

① is – He is
② is not – She is
③ is not – He is
④ are – She is
⑤ are not – She is

[11-12] 다음 대화의 빈칸에 들어갈 알맞은 것을 고르시오.

11

A: What is she like?
B: _____

① He is a chef.
② She is a pianist.
③ He is smart.
④ She is friendly.
⑤ It is not small.

12

A: Where are you and Jack?
B: _____

① He is at school.
② You are in the room.
③ We are in the kitchen.
④ They are at the bus stop.
⑤ We are on the same team.

13 다음 우리말을 영어로 바르게 옮긴 것은?

Mina and Minsu are from Korea. 그들은 외국인이 아니다.

① They are foreigners.
② Are they foreigners?
③ They is not foreigners.
④ They are not foreigners.
⑤ Are you foreigners?

서술형 대비 문제

14 다음 우리말에 맞게 주어진 단어들을 활용해 대화를 완성하시오.

A: 네 엄마와 아빠는 집에 계시니? (at home)
B: Yes, they are.

→

15 다음 문장에서 틀린 부분을 찾아 바르게 고치시오.

The boys and girls is middle school students.

_____ → _____

[16-17] 다음 우리말에 맞게 주어진 단어들을 이용하여 문장을 쓰시오.

16 David와 나는 친구가 아니다. (friends)

→

17 그와 그의 남동생은 같은 학교에 있다.
(in the same school)

→

18 다음 글에서 틀린 부분을 찾아 바르게 고치시오.

Hi, my name is Jenny. She is 14 years old and I'm from Canada. There are four people in my family: Mom, Dad, a baby sister and me. They are a happy family.

① _____

② _____

한 장의 사진으로 보는
문법이 쓰기다

UNIT 01
인칭대명사와 be동사

친구, 같은 반, 우리는 하나!
우리는 언제나 누군가와 함께 하고 싶죠.
학교, 반, 야구팀에서 하나가 되는 거죠~~

✎ **써 봐!**

우리는 같은 팀에 있어.
→

UNIT 02
be동사의 3가지 문장

걔는 인기가 짱이야!
잘 생겼지, 키도 크고, 똑똑하고,
게다가 친절까지 하니 인기가 짱이지~~

✎ **써 봐!**

그는 다정하고 인기가 많아.
→

UNIT 03
be동사의 부정문, 의문문

넌 어디서 왔니?
중국어를 잘해서 어찌 보면 중국인 같지만,
걔는 오리지널 한국인이야~~

✎ **써 봐!**

그 여자애는 한국인이야.
→

정답 UNIT 01. We are on the same team.   UNIT 02. He is friendly and popular.   UNIT 03. She is Korean.

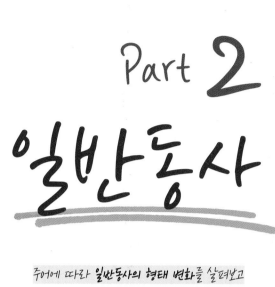

Part 2
일반동사

주어에 따라 **일반동사의 형태 변화**를 살펴보고
인칭대명사와 동사의 수 일치 여부를 확인합니다.
그리고 **be동사와 일반동사를 구별**하여 문장을 정확히 씁니다.

UNIT 1 일반동사의 변화

구성	기초 항목	서술형 유형
STEP 1	일반동사 형태 쓰기	
STEP 2	주어에 따른 일반동사 형태	
STEP 3		우리말 영작하기
서술형 끝내기		문장 완성, 문장 쓰기

UNIT 2 일반동사의 부정문, 의문문

구성	기초 항목	서술형 유형
STEP 1	의문문, 부정문 고르기	
STEP 2	의문문, 부정문 문장 전환	
STEP 3		우리말 영작하기
서술형 끝내기		문장 완성, 문장 쓰기

UNIT 3 be동사와 일반동사 구별

구성	기초 항목	서술형 유형
STEP 1	be동사/일반동사 구별	
STEP 2	비교하며 동사 구별하기	
STEP 3		우리말 영작하기
서술형 끝내기		문장 완성, 문장 쓰기

일반동사

일반동사는 '**가다, 마시다, 하다**'와 같은 동작이나 '**사랑하다, 원하다**'와 같은 상태를 나타낸다.

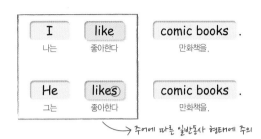

| I | like | comic books . |
| 나는 | 좋아한다 | 만화책을. |

| He | likes | comic books . |
| 그는 | 좋아한다 | 만화책을. |

→ 주어에 따른 일반동사 형태에 주의

1 주어에 따른 일반동사 변화

일반동사의 형태 변화

주어가 **he, she, it**일 때 **일반동사에 -(e)s**를 쓴다.

일반동사	주어에 따른 일반동사 형태	
	I, you, we, they가 주어일 때	**he, she, it**이 주어일 때
drink	drink	drink**s**
watch	watch	watch**es**
eat	eat	eat**s**

| 3인칭 주어 | He | ~~like~~ / likes | toys. |
| | 그는 | 좋아한다 | 장난감을. |

| 복수형 주어 | They | eat / ~~eats~~ | sandwiches. |
| | 그들은 | 먹는다 | 샌드위치를. |

★ 주어가 한 명 또는 하나인 단수이면 일반동사에 -(e)s를 씀

| 한 사람 | **Paul** loves them. | 하나의 사물/동물 | **The bird** flies away. |
| | Paul은 / 사랑한다 / 그들을. | | 그 새는 / 날아가 버린다. |

2 일반동사 변화규칙

일반동사의 변화규칙

일반동사		예
대부분의 동사	**-s**	see**s**, feel**s**, move**s**, love**s**, make**s**, learn**s**
-o, -s, -sh, -ch, -x	**-es**	doe**s**, goe**s**, watch**es**, wish**es**, touch**es**, fix**es**
자음+y	**y→i +es**	stud**ies**, tr**ies**, fl**ies**,
모음+y	**-s**	play**s**, buy**s**, say**s**, pay**s**,
* 예외		have – **has**

Jeremy **reads** a lot of books.
3인칭 단수

Jeremy and Mable **read** a lot of books.
주어가 복수
Jeremy와 Mable은 / 읽는다 / 많은 책을.

My sister **has** healthy habits.
3인칭 단수

My sisters **have** healthy habits.
주어가 복수
내 자매들은 / 갖고 있다 / 좋은 습관들을.

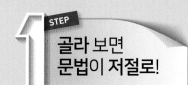

골라 보면
문법이 저절로!

주어 자리에 온 인칭대명사와 사람 수에 따라
일반동사의 형태가 바뀐다.

✓ 인칭대명사 주어에 따른 **일반동사 형태**

일반동사 형태 쓰기

+	get	finish	walk	mix	try
I	I get	I finish	I walk	I mix	I try
You					
He					
She					
It					
We					
They					

✓ 주어의 수와 인칭에 따른 **일반동사 형태**

일반동사 형태 쓰기

+	do	go	study	have	fix
Miranda	Miranda does	Miranda goes	Miranda studies	Miranda has	Miranda fixes
Parents					
Sue and I					
Tom					
Mrs. Lee					
Robots					
You and Jin					
Tom and Jerry					

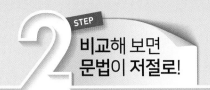
1

나는 / 본다 / TV를.

I   (watch) / watchs / watches   TV.

그는 / 본다 / TV를.

He   watch / watchs / watches   TV.

2

우리는 / 사랑한다 / 그 책을.

We   love / loves   the book.

그들은 / 사랑한다 / 그 책을.

They   love / loves   the book.

3

그는 / 한다 / 그의 숙제를.

He   do / does   his homework.

나는 / 한다 / 나의 숙제를.

I   do / does   my homework.

4

우리는 / 먹는다 / 저녁을 / 식당에서.

We   have / has   dinner at the restaurant.

그는 / 먹는다 / 저녁을 / 식당에서.

He   have / has   dinner at the restaurant.

5

나는 / 간다 / 학교에 / 버스로.

I   go / goes   to school by bus.

그들은 / 간다 / 학교에 / 버스로.

They   go / goes   to school by bus.

6

우리는 / 일어난다 / 일찍.

We   get / gets   up early.

그녀는 / 일어난다 / 일찍.

She   get / gets   up early.

7

나는 / 공부한다 / 수학을 / 밤에.

I   study / studies   math at night.

그들은 / 공부한다 / 수학을 / 밤에.

They   study / studies   math at night.

8

그것은 / 난다 / 다리 밑에서.

It   fly / flies   under the bridge.

드론은 / 난다 / 다리 밑에서.

Drones   fly / flies   under the bridge.

9

그녀는 / 전학 간다 / 다른 학교로.

She   move / moves   to another school.

나는 / 전학 간다 / 다른 학교로.

I   move / moves   to another school.

10

그들은 / 닦는다 / 그들의 이를.

They   brush / brushes   their teeth.

그는 / 닦는다 / 그의 이를.

He   brush / brushes   his teeth.

■ 다음 우리말에 맞게 주어진 단어를 이용하여 쓰시오.

☑ 서술형 **기출**문제

> 우리 형은 안경을 쓴다. 그는 눈이 나쁘다. (have, poor sight)
>
> → My brother wears glasses.

주어가 he로 3인칭이므로
<일반동사+(e)s>로 쓴다.
단, have는 3인칭
주어일 때 has로 쓴다.

→   He has poor sight.

---

1 아기가 졸려 한다. 그녀는 하루종일 운다. (cry, all day)

The baby is sleepy.

→ She cries all day.

2 나는 목마르다. 나는 물이 필요하다. (need)

I feel thirsty.

3 John은 옷을 잘 입는다. 그는 모델처럼 보인다. (look like)

John dresses well.

4 민지는 반에서 우등생이다. 그녀는 공부를 열심히 한다. (study hard)

Minji is the top student in her class.

5 나는 비행사이다. 나는 다른 나라들로 날아다닌다. (fly to)

I'm a pilot.

6 Tom과 나는 학교에 도시락을 갖고 온다. 우리는 점심을 같이 먹는다. (eat)

Tom and I bring lunch boxes to school.

7 남동생은 뚱뚱하다. 그는 매일 운동을 한다. (do exercises)

My brother is fat.

8 Ms. Lee는 새 자전거를 갖고 있다. 그녀는 학교에 자전거를 타고 간다.
(ride her bike)

Ms. Lee has a new bike.

서술형 유형 기본

■ 우리말에 맞게 주어진 단어를 이용하여 문장을 완성하시오.

p.35 **STEP 1에 나오는 문장 재확인**

① 그는 공원에서 산책한다. (walk)

→ | He walks | in the park.

(◯ walks)
(✘ walk)

② Miranda는 밤에 공부한다. (study)

→ | | at night.

(◯ studies)
(✘ study)

③ 그것은 9시에 끝난다. (finish)

→ | | at 9 o'clock.

(◯ finishes)
(✘ finish)

④ Tom과 Jerry는 차를 고친다. (fix)

→ | | cars.

(◯ fix)
(✘ fixes)

⑤ Ms. Lee는 12시에 외출한다. (go out)

→ | | at 12 o'clock.

(◯ goes out)
(✘ go out)

서술형 유형 심화

■ 우리말에 맞게 주어진 단어를 이용하여 문장을 쓰시오.

p.36 **STEP 2에 나오는 문장 재확인**

① 그는 그의 숙제를 한다. (do)

→

(◯ He does)
(✘ He do)

② 우리는 식당에서 저녁을 먹는다. (have)

→

(◯ We have)
(✘ We has)

③ 그녀는 다른 학교로 전학 간다. (move)

→

(◯ She moves)
(✘ She move)

④ 그들은 버스로 학교에 간다. (go)

→

(◯ They go)
(✘ They goes)

• 학교에 가는 방법
학교에 걸어서 가거나(walk to school), 버스나(go to school by bus), 자전거(by bike) 등으로 가기도 하죠.

서술형 유형 심화

■ 우리말에 맞게 고르고 문장을 쓰시오.

p.37 STEP 3에 나오는 문장 재확인

1 그녀는 하루종일 운다. **(cry / cries)**

→ She cries all day.

(◯ cries)
(✗ cry)

2 나는 물이 필요하다. **(need / needs)**

→

(◯ need)
(✗ needs)

3 그는 모델처럼 보인다. **(look like / looks like)**

→

(◯ looks like)
(✗ look like)

4 그녀는 공부를 열심히 한다. **(study / studies)**

→

(◯ studies)
(✗ study)

5 나는 다른 나라들로 날아다닌다. **(fly / flies)**

→

(◯ fly)
(✗ flies)

6 우리는 점심을 같이 먹는다. **(eat / eats)**

→

(◯ eat)
(✗ eats)

7 그는 매일 운동을 한다. **(do / does)**

→

(◯ does)
(✗ do)

8 그녀는 그녀의 자전거를 타고 학교에 간다. **(ride / rides)**

→

(◯ rides)
(✗ ride)

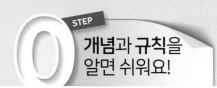

일반동사 부정문, 의문문

일반동사의 부정문, 의문문의 형태는 **do**와 **does** 사용에 주의한다.

| 부정문 | He | does not | walk | to school | . |
그는 / 걷지 않는다 / 학교까지.

| 의문문 | Does | he | walk | to school | ? |
그는 걸어가니 / 학교까지?

---

1 일반동사 부정문

일반동사의 부정문

주어가 **I**, **you**, **we**, **they**일 경우 **do not**을 쓰고, **he**, **she**, **it**의 3인칭 단수일 때는 일반동사의 부정은 **does not**을 쓴다.

I, you, we, they가 주어일 때	he, she, it이 주어일 때
I <u>like</u> salad.	He <u>likes</u> salad.
→ I **do not** <u>like</u> salad.	→ He **does not** (~~likes~~ / <u>like</u>) salad.
= I **don't** <u>like</u> salad.	= He **doesn't** (~~likes~~ / <u>like</u>) salad.
나는 / 좋아하지 않는다 / 샐러드를.	그는 / 좋아하지 않는다 / 샐러드를.

does not 다음에는 likes가 아닌 동사원형인 like를 써야 한다.

★ be동사의 부정문과 일반동사의 부정문 비교

be동사 문장: am/is/are not	일반동사 문장: do/does not
He (**isn't**) / ~~doesn't~~ absent from school.	He ~~isn't~~ / (**doesn't**) go to school.
그는 / 결석하지 않는다 / 학교에.	그는 / 가지 않는다 / 학교에.

---

2 일반동사 의문문

일반동사의 의문문

주어 앞에 **Do**나 **Does**를 쓰고 〈주어+동사〉를 뒤에 쓴다.

I, you, we, they가 주어일 때	he, she, it이 주어일 때
They play tennis.	**He plays** tennis.
→ (Do) **they play** tennis?	→ (Does) **he play** tennis?
그들은 치니 / 테니스를?	그는 치니 / 테니스를?

의문문에서 뒤에 동사는 원형으로 쓴다.

● 일반동사의 부정문, 의문문

부정문	I/you we/they	do not+동사원형
	he/she/it	does not+동사원형
의문문	I/you we/they	Do+주어+동사원형~?
	he/she/it	Does+주어+동사원형~?

★ 의문문에 대한 답은 Yes, No로 한다.

Do you like fruit?	→	**Yes, I do. / No, I don't.**
Do they(you) like fruit?	→	**Yes, they(we) do. / No, they(we) don't.**
Does he(she) like fruit?	→	**Yes, he(she) does. / No, he(she) doesn't.**

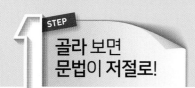

STEP

골라 보면
문법이 저절로!

일반동사의 부정문은 주어에 따라 do not이나 does not을 쓰고,
의문문은 주어 앞에 Do나 Does가 온다.

일반동사의 부정문은 do[does] not

일반동사 부정문 형태 고르기

1. I [   ] study at night. ☑ do not ☐ does not

2. We [   ] have tails. ☐ don't ☐ doesn't

3. He [   ] eat breakfast. ☐ don't ☐ doesn't

4. You [   ] love Tim. ☐ do not ☐ does not

5. They [   ] get up early. ☐ do not ☐ does not

6. She [   ] go jogging. ☐ do not ☐ does not

일반동사의 의문문은 Do[Does]+주어+동사~?

일반동사 의문문 형태 고르기

1. [   ] study at night?
   그는 / 공부하니 / 밤에?
   ☐ Do he ☑ Does he

2. [   ] want a small pet?
   그들은 / 원하니 / 작은 애완동물을?
   ☐ Do they ☐ Does they

3. [   ] teach history?
   그녀는 / 가르치니 / 역사를?
   ☐ Do she ☐ Does she

4. [   ] have two legs?
   그것은 / 있니 / 두 개의 다리가?
   ☐ Do it ☐ Does it

5. [   ] take a picture?
   우리는 / 찍니 / 사진을?
   ☐ Do we ☐ Does we

He jumps rope.

부정문 →	He does not jump rope.
의문문 →	Does he jump rope?

1 They like K-pop.

부정문 →

의문문 →

2 You take violin lessons.

부정문 →

의문문 →

3 AlphaGo plays Go against Lee Sedol.

부정문 →

의문문 →

4 She makes pizza.

부정문 →

의문문 →

5 Doctors help sick people.

부정문 →

의문문 →

6 He goes camping with me.

부정문 →

의문문 →

7 EXO meet their fans at concerts.

부정문 →

의문문 →

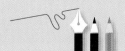
■ 다음 우리말에 맞게 주어진 단어를 이용하여 쓰시오.

✔ 서술형 **기출**문제

그녀는 늦게 <u>자지 않는다</u>. (sleep, late)

→ sleep(자다)는 일반동사로
'자지 않다'의 부정문은
<do(does)+not>으로 쓴다.

→ _____ She doesn't sleep late. _____

① 그들은 네 농담을 좋아하니? (love, your jokes)

→ Do they love your jokes?

② 너는 그의 이름을 아니? (know)

→

③ 우리는 오늘 학교에 가지 않는다. (go)

→

④ 그것은 물 속에서 헤엄치니? (swim, in the water)

→

⑤ 그들은 아이스크림을 사지 않는다. (buy)

→

⑥ 펭귄은 날지 않는다. (a penguin, fly)

→

⑦ 우리는 컴퓨터 게임을 하지 않는다. (play)

→

⑧ 그녀는 아침에 커피 한 잔을 마시니? (drink, a cup of coffee)

→

복습 프로그램
p. 41, 42, 43에서
배운 문장으로
교과서 **서술형** 끝내기

유형기본 ➕

기본 + 심화 문제

서술형 유형 기본
■ 우리말에 맞게 주어진 단어를 이용하여 문장을 완성하시오.   p.41   STEP 1에 나오는 문장 재확인

① 그는 밤에 공부하니? (study)

→ | Does he study | at night?

(◐ Does he)
(✘ Do he)

② 그들은 작은 애완동물을 원하니? (want)

→ | | a small pet?

(◐ Do they)
(✘ Does they)

③ 그들은 일찍 일어나지 않는다. (get up)

→ | | early.

(◐ They don't)
(✘ They doesn't)

④ 그녀는 조깅하러 가지 않는다. (go)

→ | | jogging.

(◐ She doesn't)
(✘ She don't)

⑤ 우리는 꼬리가 없다. (have)

→ | | tails.

(◐ We don't)
(✘ We doesn't)

서술형 유형 심화
■ 우리말에 맞게 주어진 단어를 이용하여 문장을 쓰시오.   p.42   STEP 2에 나오는 문장 재확인

① 그는 줄넘기를 안 한다. (jump rope)

→

(◐ He doesn't)
(✘ He don't)

② 너는 바이올린 수업을 받지 않는다. (take violin lessons)

→

(◐ You don't)
(✘ You doesn't)

③ 의사들은 아픈 사람들을 도와주니? (help sick people)

→

(◐ Do doctors)
(✘ Does doctors)

④ 그는 너랑 캠핑을 가니? (goes camping)

→

(◐ Does he)
(✘ Do he)

• 캠핑에 필요한 것
기본적으로 캠핑을 할 때
tent(텐트), sleeping bag(침낭),
medical kit(의약품), lantern
(랜턴) 등이 필요해요.

정답과 해설 p.06

서술형 유형 심화　　　　　　　　　　■ 우리말에 맞게 고르고 문장을 쓰시오.　　p.43　STEP 3에 나오는 문장 재확인

① 그들은 네 농담을 좋아하니? **(Do they / Does they)**

→ Do they love your jokes?

(🅞 Do they)
(✘ Does they)

② 우리는 오늘 학교에 가지 않는다. **(We don't / We doesn't)**

→

(🅞 We don't)
(✘ We doesn't)

③ 펭귄은 날지 않는다. **(A penguin don't / A penguin doesn't)**

→

(🅞 A penguin doesn't)
(✘ A penguin don't)

④ 그녀는 아침에 커피 한 잔을 마시니? **(Do she / Does she)**

→

(🅞 Does she)
(✘ Do she)

⑤ 그것은 물 속에서 헤엄치니? **(Do it / Does it)**

→

(🅞 Does it)
(✘ Do it)

⑥ 그들은 아이스크림을 사지 않는다. **(They don't / They doesn't)**

→

(🅞 They don't)
(✘ They doesn't)

⑦ 너는 그의 이름을 아니? **(Do you / Does you)**

→

(🅞 Do you)
(✘ Does you)

⑧ 우리는 컴퓨터 게임을 하지 않는다. **(We don't / We doesn't)**

→

(🅞 We don't)
(✘ We doesn't)

be동사와 일반동사 구별

be동사와
일반동사

be동사와 **일반동사**는 **의미에 따라** 구분해서 쓴다.

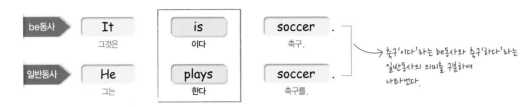

| be동사 | It 그것은 | is 이다 | soccer 축구. |
| 일반동사 | He 그는 | plays 한다 | soccer 축구를. |

→ 축구'이다'라는 be동사와 축구'하다'라는 일반동사의 의미를 구별하여 나타낸다.

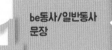
1 be동사/일반동사 문장

be동사와 일반동사의 문장형식 차이

be동사 다음에 오는 것은 **보어나 전치사구**이고, **일반동사** 다음에 오는 것은 **보어, 목적어**이다.

	주어	동사	보어/목적어	
be동사 : ~(한 상태)이다	I	(**am** / ~~speak~~)	smart.	나는 똑똑하다.
	He	(**is** / ~~study~~)		그는 똑똑하다.
일반동사 : (~을) ~하다	I	(~~am~~ / **speak**)	English.	나는 영어를 **말한다**.
	We	(~~are~~ / **study**)		우리는 영어를 **공부한다**.

★ 일반동사 다음에 목적어, 보어가 오지 않을 수도 있다.

He **sings** <u>a song</u>, 그는 노래를 부른다. → He **sings** <u>happily</u>. 그는 행복하게 노래한다.
목적어   부사

2 be동사/일반동사 의미

be동사와 일반동사의 의미 차이

① be동사는 '**~이다, (하)다, ~에 있다**'라는 3가지 뜻으로 쓴다.

be동사+명사 : ~이다	I 나는	am 이다	a dentist 치과의사.
be동사+형용사 : ~(하)다	He 그는	is 하다	tired 피곤(한).
be동사+장소 : ~에 있다	They 그들은	are 있다	in the library 도서관에.

② 일반동사는 **go**, **become**처럼 **동작, 상태의 의미**로 쓴다.

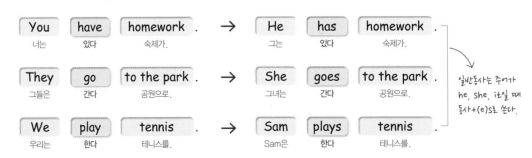

You 너는	have 있다	homework 숙제가.	→	He 그는	has 있다	homework 숙제가.
They 그들은	go 간다	to the park 공원으로.	→	She 그녀는	goes 간다	to the park 공원으로.
We 우리는	play 한다	tennis 테니스를.	→	Sam Sam은	plays 한다	tennis 테니스를.

일반동사는 주어가 he, she, it일 때 동사+(e)s로 쓴다.

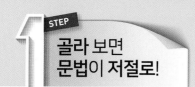

STEP

골라 보면
문법이 저절로!

be동사 am, are, is를 제외한 나머지 동사들은 일반동사이며,
be동사와 일반동사는 의미에 따라 구분해서 쓴다.

be동사와 일반동사의 구별 1

동사 고르기 1

1 나는 행복하다.

I (am)/ make happy.

2 우리는 숙제를 한다.

We are / do our homework.

3 그는 용감하다.

He is / has brave.

4 그들은 교실을 청소한다.

They are / clean the classroom.

5 그녀는 의사이다.

She is / sees a doctor.

6 나는 스페인어를 배운다.

I am / learn Spanish.

be동사와 일반동사의 구별 2

동사 고르기 2

1 I _____ juice.
나는 / 마신다 / 주스를.

☐ am   ☑ drink

2 We _____ spaghetti.
우리는 / 만든다 / 스파게티를.

☐ are   ☐ make

3 She _____ Korean.
그녀는 / 이다 / 한국사람.

☐ is   ☐ speaks

4 They _____ music lessons.
그들은 / 받는다 / 음악 수업을.

☐ are   ☐ take

5 It _____ on the table.
그것은 / 있다 / 테이블 위에.

☐ is   ☐ goes

6 He _____ a nickname.
그는 / 가진다 / 별명을.

☐ are   ☐ has

1

그것들 / 이다 / 가방들.

They (are) / buy bags.

그들은 / 산다 / 가방들을.

They are / buy bags.

2

우리는 / 있다 / 공원에.

We are / run in the park.

우리는 / 달린다 / 공원에서.

We are / run in the park.

3

그들은 / 만난다 / 야구 선수들을.

They are / meet baseball players.

그들은 / 이다 / 야구 선수들.

They are / meets baseball players.

4

그것은 / 된다 / 개구리가.

It is / becomes a frog.

그것은 / 이다 / 개구리.

It is / becomes a frog.

5

그녀는 / 원한다 / 로봇을.

She is / wants a robot.

그녀는 / 이다 / 로봇.

She is / wants a robot.

6

너는 / 이다 / 간호사.

You are / need a nurse.

너는 / 필요하다 / 간호사가.

You are / need a nurse.

7

그는 / 있다 / 방에.

He is / studies in the room.

그는 / 공부한다 / 방에서.

He is / studies in the room.

8

그녀는 / 있다 / 아기가.

She is / has a baby.

그녀는 / 이다 / 아기.

She is / has a baby.

9

나는 / 있다 / 공항에.

I am / work at the airport.

나는 / 일한다 / 공항에서.

I am / work at the airport.

10

그들은 / 배운다 / 중국어를.

They are / learn Chinese.

그들은 / 이다 / 중국인.

They are / learn Chinese.

■ 다음 우리말에 맞게 주어진 단어를 이용하여 쓰시오.

✔ 서술형 **기출**문제

미아는 피아니스트이다. 그녀는 피아노를 잘 친다.
→ Mia _____ a pianist. _____ (be, play, well)

→ be동사와 일반동사를
구별하여 문장형식에
맞게 쓴다.

→ Mia is a pianist. She plays the piano well.

1 나는 잘 들어주는 사람이다. 나는 주의 깊게 듣는다. (be, listen, carefully)
I _____ a good listener. _____
→ I am a good listener. I listen carefully.

2 그는 유명한 가수이다. 그는 강렬한 목소리를 가지고 있다.
(be, have, a powerful voice)
He _____ a famous singer.

3 Mia와 나는 점심을 같이 먹는다. 우리는 같은 반이다.
(be, eat, in the same class)
Mia and I _____ lunch together.

4 그는 무용수이다. 그는 춤을 잘 춘다. (be, dance, well)
He _____ a dancer.

5 엄마는 매일 요리한다. 그녀는 훌륭한 요리사이다. (be, cook)
My mom _____ every day.

6 그녀는 방과 후에 피곤하다. 그녀는 일찍 자러 간다. (be, go)
After school she _____ tired.

7 우리 개는 내 알람시계이다. 그는 아침에 나를 깨운다. (be, wake me up)
My dog _____ my alarm clock.

8 Jack은 제빵사이다. 그는 밀가루를 우유와 섞는다.
(be, mix, flour with milk)
Jack _____ a baker.

교과서 **서술형 끝내기**

서술형 유형 기본

■ 우리말에 맞게 주어진 단어를 이용하여 문장을 완성하시오.　p.47　**STEP 1**에 나오는 문장 재확인

① 그녀는 한국인이다. (Korean)

→ She [is Korean] .

(○ She is)
(✗ She makes)

② 우리는 숙제를 한다. (our homework)

→ We [   ] .

(○ We do)
(✗ We are)

③ 그는 용감하다. (brave)

→ He [   ] .

(○ He is)
(✗ He does)

④ 나는 주스를 마신다. (juice)

→ I [   ] .

(○ I drink)
(✗ I am)

⑤ 나는 스페인어를 배운다. (Spanish)

→ I [   ] .

(○ I learn)
(✗ I am)

서술형 유형 심화

■ 우리말에 맞게 주어진 단어를 이용하여 문장을 쓰시오.　p.48　**STEP 2**에 나오는 문장 재확인

① 그녀는 로봇을 원한다. (a robot)

→ [   ]

(○ She wants)
(✗ She is)

② 그녀는 로봇이다. (a robot)

→ [   ]

(○ She is)
(✗ She makes)

③ 그들은 중국인이다. (Chinese)

→ [   ]

(○ They are)
(✗ They learn)

④ 그들은 중국어를 배운다. (Chinese)

→ [   ]

(○ They learn)
(✗ They are)

• 한자를 영어로 하면
중국어는 영어로 Chinese라고
하지만 한자는 Chinese
characters라고 한답니다.

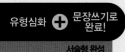

서술형 유형 심화　　　　　■우리말에 맞게 고르고 문장을 쓰시오.　　p.49　STEP 3에 나오는 문장 재확인

1 나는 주의 깊게 듣는다. **(am / listen)**

→ I listen carefully.

(◊ listen)
(✘ am)

2 그는 강렬한 목소리를 가지고 있다. **(is / has)**

→

(◊ has)
(✘ is)

3 Mia와 나는 같은 반이다. **(are / eat)**

→

(◊ are)
(✘ eat)

4 그는 춤을 잘 춘다. **(is / dances)**

→

(◊ dances)
(✘ is)

5 그녀는 훌륭한 요리사이다. **(is / cooks)**

→

(◊ is)
(✘ cooks)

6 그녀는 일찍 자러 간다. **(is / goes)**

→

(◊ goes)
(✘ is)

7 그것은 아침에 나를 깨운다. **(is / wakes)**

→

(◊ wakes)
(✘ is)

8 그는 밀가루를 우유와 섞는다. **(is / mixes)**

→

(◊ mixes)
(✘ is)

[01-03] 다음 빈칸에 공통으로 알맞은 것을 고르시오.

01

• Andy _____ not like fast food.
• _____ Mr. Franklin climb the mountain every Saturday?

① do (Do)   ② does (Does)
③ doesn't (Doesn't)   ④ don't (Don't)
⑤ are (Are)

02

• _____ you like Korean food?
• _____ they play computer games?

① Do   ② Does   ③ Doesn't
④ Aren't   ⑤ Are

03

• He _____ toys.
• She _____ furniture for her family.

① do   ② does   ③ make
④ makes   ⑤ eats

04 대화의 빈칸에 들어갈 알맞은 말로 짝지어진 것은?

A: I _____ want to go out. It's so cold today.
B: Then, _____ you want some hot tea?

① don't – do   ② doesn't – do
③ don't – does   ④ doesn't – does
⑤ does – do

05 다음 빈칸에 들어갈 말로 알맞지 <u>않은</u> 것은?

Kris and Brenda _____.

① are twin sisters
② do their homework
③ respect their parents
④ have two digital cameras
⑤ lives near the beautiful lake

06 다음 대답에 대한 질문으로 알맞은 것은?

No, it doesn't.

① Does his dad write stories?
② Does your friend send e-mails?
③ Does Jenny have a brother?
④ Does Junho live in an apartment?
⑤ Does your book matter to you?

07 다음 우리말과 뜻이 같도록 빈칸에 들어갈 말로 알맞은 것은?

Ethan은 나에게 편지를 쓰지 않는다.
→ Ethan _____ write letters to me.

① don't   ② not   ③ aren't
④ isn't   ⑤ doesn't

08 다음 중 어법상 <u>어색한</u> 문장은?

① He's from a poor family.
   → Is he from a poor family?
② She eats cheese cake.
   → She doesn't eat cheese cake.
③ He is my friend. I like him.
   → He is not my friend. I don't like him.
④ He goes to the gym every day.
   → Does he goes to the gym every day?
⑤ We have a new heater in our classroom.
   → We don't have a new heater in our classroom.

[09-10] 다음 빈칸에 들어갈 말로 알맞은 것을 고르시오.

09

He likes apples. But his sister _____ them.

① don't like ② don't likes ③ doesn't like
④ aren't like ⑤ doesn't likes

10

He dances well. _____ you good at dancing, too?

① Do ② Does ③ Is
④ Are ⑤ Doesn't

11 다음 문장을 의문문으로 쓸 때 빈칸에 알맞은 것은?

Your friend tells important things to you.
→ _____ your friend _____ important things to you?

① Is – tell ② Do – tell ③ Do – tells
④ Does – tell ⑤ Does – tells

12 다음 의미가 같도록 빈칸에 알맞은 것은?

My sister has bad habits.
→ My sister _____ healthy habits.

① has ② have
③ don't have ④ doesn't have
⑤ doesn't has

13 다음 중에서 어법에 맞는 문장은?

① Ethan go to school early in the morning.
② I has many hats and bags.
③ Mom washes the dishes after meals.
④ My baby sister like balls.
⑤ They makes dolls for the kids.

서술형 대비 문제

[14-15] 다음 미나의 하루 일과를 보고 알맞은 말을 쓰시오.

Time	to do
8:00	Go to school
12:00	Have lunch
3:00	Take a piano lesson

14

A: What does Mina do at 8 o'clock?
B: _____

15

A: Does she take a piano lesson at 12 o'clock?
B: _____, she _____. _____

[16-17] 다음 우리말에 맞게 주어진 단어를 이용하여 쓰시오.

16 Jessica는 오전 9시부터 오후 6시까지 일한다.
(work, a.m., p.m.)

→

17 우리는 3시에 만난다.
(meet, three o'clock)

→

18 다음 우리말에 맞게 괄호 안에 알맞은 말을 쓰시오.

Mary ____①____ (일어나다) early in the morning.
She ____②____ (아침을 먹다) at 7:30 a.m. and _____
____③____ (학교에 가다) at 8:00 a.m.

①

②

③

한 장의 사진으로 보는
문법이 쓰기다

UNIT 01
일반동사의 변화

학교 가는 길이니?

버스 타러 가는 길이 아닌 것 같은데?

너 어디 가니?

✏ **써 봐!**

그들은 버스로 학교에 간다.

→ _____

✏ **써 봐!**

그는 너랑 캠핑을 가니?

→ _____

UNIT 02
일반동사의 부정문, 의문문

캠핑 가는 날

친구들과 함께 가는 캠핑에 먹을 것도 잔뜩, 놀 거리도
한가득 갖고 가지만 밤하늘의 별을 보는 게 더 좋아!

UNIT 03
be동사와 일반동사 구별

바람 (풍), 불 (화)

어렸을 때 천자문으로 애들이랑 카드로
배틀을 하기도 했지! 근데 중국어로 어떻게 말하더라?

✏ **써 봐!**

그들은 중국어를 배운다.

→ _____

 정답 **UNIT 01.** They go to school by bus.　　**UNIT 02.** Does he go camping with you?　　**UNIT 03.** They learn Chinese.

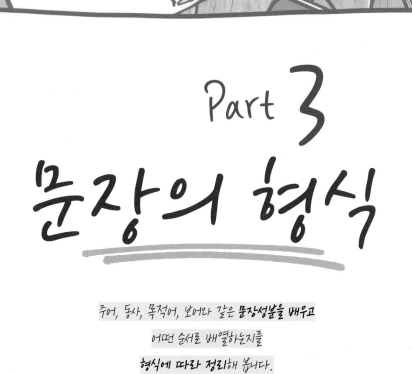

Part 3
문장의 형식

주어, 동사, 목적어, 보어라 같은 **문장성분을 배우고**
어떤 순서로 배열하는지를
형식에 따라 정리해 봅니다.

UNIT 1 1형식, 2형식, 3형식 문장

구성	기초 항목	서술형 유형
STEP 1	1, 2, 3형식 동사 구별하기	
STEP 2	문장 배열하기	
STEP 3		우리말 영작하기
서술형 끝내기		문장 완성, 문장 쓰기

UNIT 2 4형식 문장

구성	기초 항목	서술형 유형
STEP 1	4형식 문장 구조 익히기	
STEP 2	3형식과 4형식 비교하기	
STEP 3		우리말 영작하기
서술형 끝내기		배열하기, 문장 쓰기

UNIT 3 5형식 문장

구성	기초 항목	서술형 유형
STEP 1	5형식 동사 구별하기	
STEP 2	5형식 문장 배열하기	
STEP 3		틀린 부분 고쳐 쓰기
서술형 끝내기		문장 완성, 문장 쓰기

1형식, 2형식, 3형식 문장

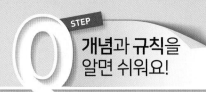

STEP

개념과 규칙을
알면 쉬워요!

문장형식 특징

1형식과 3형식은 목적어에 따라 구별된다.

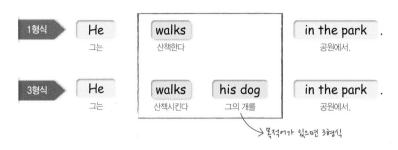

| 1형식 | He | walks | | in the park | . |
| | 그는 | 산책한다 | | 공원에서. | |

| 3형식 | He | walks | his dog | in the park | . |
| | 그는 | 산책시킨다 | 그의 개를 | 공원에서. | |

목적어가 있으면 3형식

1형식과 3형식

1형식과 3형식의 차이

목적어가 있는지에 따라 **1형식**과 **3형식**이 구별되며 둘 다 쓸 수 있는 동사들이 있다.

목적어에 따른 1형식과 3형식 문장				
	주어	동사	목적어	의미
play	I	**play**	× with him.	1형식(놀다)
		play	soccer.	3형식(축구를 하다)
leave	I	**leave**	× for Seoul.	1형식(떠나다)
		leave	home.	3형식(집을 떠나다)

1형식 He ~~speaks~~/tells slowly. **3형식** He doesn't ~~speak~~/tell a lie.
그는 / 말한다 / 천천히.   그는 / 말하지 않는다 / 거짓말을.

★ **1형식**이면서 **3형식**으로도 쓰이는 **동사들**

1형식 동사	The class **starts** at 10. 수업은 / **시작된다** / 10시에.	begin (시작되다, 시작하다) stop (멈추다, 멈추게 하다) move (움직이다, 움직이게 하다) finish (끝나다, 끝내다)
3형식 동사	He **starts** the class. 그는 / **시작한다** / 수업을.	change (변화하다, 바꾸다) return (돌아오다, 돌려 주다) continue (계속되다, 계속하다)

2형식

2형식 주요 동사

주요동사	주어	동사	보어	의미
be동사, become look, taste, smell, sound	It	**is**	beautiful.	그것은 아름답다.
		looks		그것은 아름답게 보인다.

★ **2형식** 동사의 **보어**로는 **명사**나 **형용사**가 온다.

명사 보어 It becomes **a flower**.   It looks like **snow**.   look, smell 등은
            그것은 / 된다 / 꽃이.   그것은 / 보인다 / 눈처럼.   like 다음에 명사를 씀

형용사 보어 It becomes fast/~~fastly~~.   It looks beautiful/~~beautifully~~.   부사는 보어로
              그것은 / 된다 / 빠르게.   그것은 / 보인다 / 아름답게.   쓸 수 없음

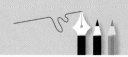
1형식과 3형식 동사 — 의미 고르기

1	His life <u>changes</u> slowly.	그의 삶은 천천히 _____.	☑ 변한다	☐ 변화시킨다
	Money <u>changes</u> people.	돈이 사람들을 _____.	☐ 변한다	☐ 변화시킨다
2	The concert <u>starts</u> at 9.	콘서트는 9시에 _____.	☐ 시작된다	☐ ~을 시작한다
	He <u>starts</u> work at 9.	그는 9시에 일을 _____.	☐ 시작된다	☐ ~을 시작한다
3	The concert <u>finishes</u> at 9.	콘서트는 9시에 _____.	☐ 끝난다	☐ ~을 끝낸다
	He <u>finishes</u> work at 9.	그는 9시에 일을 _____.	☐ 끝난다	☐ ~을 끝낸다
4	He <u>returns</u> from work.	그는 직장에서 _____.	☐ 돌아온다	☐ 돌려준다
	He <u>returns</u> the camera.	그는 카메라를 _____.	☐ 돌아온다	☐ 돌려준다

형식에 맞는 동사 — 동사, 보어 고르기

1 It [＿＿＿＿＿＿＿＿] loud.
그것은 / 들린다 / 시끄럽게.
☐ looks　☑ sounds

2 It [＿＿＿＿＿＿＿＿] sweet.
그것은 / 맛이 난다 / 달콤한.
☐ tastes　☐ smells

3 He [＿＿＿＿＿＿＿＿] young.
그는 / 보인다 / 어려.
☐ looks　☐ sounds

4 It sounds [＿＿＿＿＿＿＿].
그것은 / 들린다 / 친근하게.
☐ friend　☐ friendly

5 I feel so [＿＿＿＿＿＿＿].
나는 / 느낀다 / 매우 슬프게.
☐ sad　☐ sadly

6 The food smells [＿＿＿＿＿＿＿].
음식이 / 냄새가 난다 / 상한.
☐ bad　☐ badly

Messi, soccer, well, plays

영문장 → Messi plays soccer well.

우리말 → Messi는 축구를 잘한다.

---

1 from red to green, the lights, change

영문장 →

우리말 →

---

2 smartphones, our lives, change

영문장 →

우리말 →

---

3 rises, the sun, in the East

영문장 →

우리말 →

---

4 raises, his arms, Iron Man

영문장 →

우리말 →

---

5 for Seoul, we, leave

영문장 →

우리말 →

---

6 home, we, leave, at 12

영문장 →

우리말 →

---

7 look, we, foolish

영문장 →

우리말 →

■ 다음 우리말에 맞게 주어진 단어를 이용하여 쓰시오.

✔ 서술형 기출문제

> 연극은 10시에 끝난다. (finish)

→ The play finishes at 10.

finish는 목적어가 없을 때는 '끝나다'의 의미이고 목적어가 있으면 '~을 끝내다'의 뜻으로 쓴다.

① 그는 그의 큰 머리를 흔든다. (shake)

→ He shakes his big head.

② 그는 그의 연설을 시작한다. (begin)

→

③ 그는 나에 대해 거짓말하지 않는다. (tell, a lie)

→

④ 슈퍼맨은 지구로 돌아온다. (return, to the Earth)

→

⑤ 그 소년은 행복하게 미소 짓는다. (smile)

→

⑥ 그녀의 목소리는 따뜻하게 들린다. (warm)

→

⑦ Thomas는 그의 아버지처럼 생겼다. (look like)

→

⑧ 나는 처음으로 녹차 맛을 본다. (taste, for the first time)

→

복습 프로그램

p. 57, 58, 59에서
배운 문장으로

교과서 **서술형 끝내기**

유형기본 ➕

기본 + 심화 문제

서술형 유형 기본

■ 우리말에 맞게 주어진 단어를 이용하여 문장을 완성하시오.

p.57 **STEP 1에 나오는 문장 재확인**

| finish | look | return | sound |

1 콘서트는 9시에 끝난다.

→ The concert finishes   at 9.

finish의 1형식은 '끝나다', 3형식은 '~을 끝내다'의 의미로 씀

2 그는 카메라를 돌려준다.

→   the camera.

return의 1형식은 '돌아오다', 3형식은 '~을 돌려주다'의 의미임

3 그는 어려 보인다.

→   young.

look은 '~하게 보인다'라는 의미의 2형식 동사임

4 그것은 친근하게 들린다.

→   friendly.

sound는 '~하게 들린다'는 2형식 동사임

서술형 유형 심화

■ 우리말에 맞게 주어진 단어를 이용하여 문장을 쓰시오.

p.58 **STEP 2에 나오는 문장 재확인**

1 우리는 서울로 떠난다. (leave, for Seoul)

→

leave가 1형식 문장일 때는 부사구가 옴

2 신호등이 빨간색에서 초록색으로 바뀐다. (change, from red to green)

→

change(바뀌다)는 1형식일 때 부사구가 따라 옴

3 우리는 12시에 집을 떠난다. (leave, home)

→

'~을 떠나다'는 3형식으로 leave 다음에 목적어가 따라 옴

4 스마트폰이 우리 생활을 변화시킨다. (change, our lives)

→

change가 '~을 바꾸다'의 의미일 때 목적어가 옴

• 스마트폰을 말할 때
일반적으로 스마트폰, 핸드폰은
smartphone, cellphone, cellular
phone, mobile phone 등으로 말해요.

서술형 유형 심화

■ 우리말에 맞게 고르고 문장을 쓰시오.

p.59 STEP 3에 나오는 문장 재확인

① 그는 그의 큰 머리를 흔든다. **(shakes / shakes in)**

→ He shakes his big head.

(◯ shakes)
(✘ shakes in)

② 그는 그의 연설을 시작한다. **(begins / begins with)**

→

(◯ begins)
(✘ begins with)

③ 그는 나에 대해 거짓말하지 않는다. **(tell / speak)**

→

(◯ tell)
(✘ speak)

④ 슈퍼맨은 지구로 돌아온다. **(returns the Earth / returns to the Earth)**

→

(◯ returns to the Earth)
(✘ returns the Earth)

⑤ 그 소년은 행복하게 미소 짓는다. **(smiles happy / smiles happily)**

→

(◯ smiles happily)
(✘ smiles happy)

⑥ 그녀의 목소리는 따뜻하게 들린다. **(sounds warm / sounds warmly)**

→

(◯ sounds warm)
(✘ sounds warmly)

⑦ Thomas는 그의 아버지처럼 생겼다. **(looks / looks like)**

→

(◯ looks like)
(✘ looks)

⑧ 나는 처음으로 녹차 맛을 본다. **(taste / sound)**

→

(◯ taste)
(✘ sound)

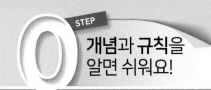

4형식 문장

4형식은 **목적어가 2개인** 문장을 말한다.

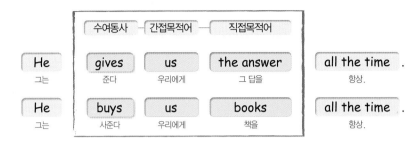

1 4형식 동사

4형식 문장을 만드는 수여동사

4형식 문장은 두 개의 목적어를 갖는 것으로 그 동사를 **수여동사**라고 하며, 두 개의 목적어는 **간접목적어(~에게), 직접목적어(~을)**라고 한다.

주어	수여동사	간접목적어	직접목적어
I 나는	**give** 준다	her 그녀에게	presents 선물들을.
	make 만들어 준다		some apple jam. 사과잼을.

★ 4형식 문장으로 쓰이는 동사는 수여동사

teach 가르쳐 주다	cook 요리해 주다	
show 보여 주다	make 만들어 주다	+ 간접목적어(~에게) + 직접목적어(~을)
send 보내 주다	get 가져다주다	
tell 말해 주다	buy 사 주다	

2 4형식의 3형식 전환

3형식으로의 전환

① 4형식 문장은 **간접목적어**와 **직접목적어의 위치를 바꿔** 3형식으로 만들 수 있다.

4형식 ▸ He | writes | me | love letters | .

3형식 ▸ He | writes | love letters | (to) me | .
그는 / 쓴다 / 연애편지를 / 나에게.

② 3형식으로 바꿔 쓸 때 **간접목적어 앞에 전치사**를 쓴다.

give, send, teach, show, tell이 동사일 때	make, buy, get, cook이 동사일 때
He **sends** me text messages.	He **buys** her a ring.
→ He **sends** text messages **to** me. 그는 / 보낸다 / 문자를 / 나에게.	→ He **buys** a ring **for** her. 그는 / 사 준다 / 반지를 / 그녀에게.

★ ask일 때는 간접목적어 앞에 of를 쓴다.

I asked him a question. → I asked a question **of him**. 나는 그에게 질문을 했다.

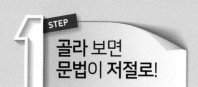

STEP 1

골라 보면 문법이 저절로!

4형식은 목적어가 2개인 문장을 말한다.
이 목적어를 간접목적어(~에게), 직접목적어(~을)라고 한다.

4형식 어순 및 수여동사

순서 및 동사 고르기

1. I send [ ] . ☑ him presents ☐ presents him
2. He never makes [ ] . ☐ a dress her ☐ her a dress
3. My mom cooks [ ] . ☐ us lunch ☐ lunch us
4. I [ ] him funny stories. ☐ buy ☐ tell
5. They [ ] me their pictures. ☐ cook ☐ show
6. We [ ] them history. ☐ give ☐ teach

4형식의 3형식 전환

전치사 고르기

1. He shows some books [ ] me. ☑ to ☐ for
그는 / 보여 준다 / 책들을 / 나에게.

2. Mom always buys books [ ] me. ☐ to ☐ for
엄마는 / 항상 사 준다 / 책들을 / 나에게.

3. Josh gives the gold ring [ ] her. ☐ of ☐ to
Josh는 / 준다 / 금반지를 / 그녀에게.

4. Clara tells lies [ ] us. ☐ to ☐ for
Clara는 / 말한다 / 거짓말을 / 우리에게.

5. Can you make sandwiches [ ] me? ☐ to ☐ for
너는 만들어 줄 수 있니 / 샌드위치를 / 나에게?

Nick sends Judy love letters.

3형식 → Nick sends love letters to Judy.

우리말 → Nick은 연애편지를 Judy에게 보낸다.

1 Tony lends Thor some money.

3형식 →

우리말 →

2 Harry teaches Ron magic.

3형식 →

우리말 →

3 Animals show children tricks.

3형식 →

우리말 →

*trick: 묘기

4 He cooks me ramen.

3형식 →

우리말 →

5 Natasha gives Hulk some advice.

3형식 →

우리말 →

6 Marvel makes superheroes nicknames.

3형식 →

우리말 →

7 I send my future self a message.

3형식 →

우리말 →

*future self: 미래의 자신

■ 다음 우리말에 맞게 주어진 단어를 이용하여 쓰시오.

✔ 서술형 **기출**문제

> Tony는 아이언맨 수트를 나에게 만들어 준다. (make, for)
>
> → Tony makes Iron Man suits for me.

두 개의 목적어가 있는
4형식 문장으로
<간접목적어+직접목적어>
순으로 쓰지만, 전치사가
있으므로 3형식으로 만든다.

① 그녀는 우리에게 책들을 읽어 준다. (read, to)

→ She reads books to us.

② 나의 삼촌은 일요일마다 나에게 아이스크림을 사 준다. (buy, for)

→

③ David은 Victoria에게 그의 비밀들을 말한다. (tell, to)

→

④ Hedwig는 Sirius에게 짧은 메시지들을 보낸다. (send)

→

⑤ 세돌은 우리에게 자신의 재능을 보여 준다. (show, to)

→

⑥ 요리사들은 그들의 가족들에게 닭튀김 요리를 해 준다. (cook, for)

→

⑦ 그는 나에게 재미있는 얘기를 해 준다. (tell)

→

⑧ 나는 매일 아빠께 포옹을 해 드린다. (give, a hug)

→

교과서 서술형 끝내기

서술형 유형 기본

■ 우리말에 맞게 주어진 단어를 배열하여 문장을 완성하시오.　　p.63　**STEP 1에 나오는 문장 재확인**

① 그는 결코 그녀에게 드레스를 만들어 주지 않는다.　(he, her, makes, a dress, never)

→ He never makes her a dress.

수여동사 make 다음에는 간접목적어, 직접목적어 순으로 씀

② 우리는 그들에게 역사를 가르친다.　(we, history, teach, them)

→

〈teach+간접목적어+직접목적어〉 순으로 옴

③ Clara는 우리에게 거짓말을 한다.　(Clara, to, tells, us, lies)

→

tell은 3형식일 때 간접목적어 앞에 to를 씀

④ 그는 나에게 책들을 보여 준다.　(he, to, shows, me, books)

→

show는 3형식일 때 간접목적어 앞에 to를 씀

⑤ 엄마는 우리에게 점심을 요리해 주신다.　(cooks, us, my mom, lunch)

→

cook은 수여동사로 간접목적어, 직접목적어 순으로 씀

서술형 유형 심화

■ 우리말에 맞게 주어진 단어를 이용하여 문장을 쓰시오.　　p.64　**STEP 2에 나오는 문장 재확인**

① Harry는 마법을 Ron에게 가르친다.　(teach, magic, to)

→

teach 다음에는 〈직접목적어 + to 간접목적어〉로 씀

② 동물들은 묘기를 어린이들에게 보여 준다.　(show, tricks, to)

→

〈show + 직접목적어 + to 간접목적어〉 순으로 씀

③ Natasha는 Hulk에게 충고를 한다.　(give, some advice, to)

→

give 다음에는 간접목적어 앞에 to가 옴

④ Marvel사는 슈퍼영웅들에게 별명을 만들어 준다.　(make, nicknames, for)

→

make 다음에는 〈직접목적어 + for 간접목적어〉가 옴

• 슈퍼 히어로
영웅을 다루는 픽션의 장르이자
초인적인 영웅을 뜻하는 단어로
미국의 DC 코믹스, 마블 코믹스
가 슈퍼히어로 장르로 유명해요.

서술형 유형 심화

■우리말에 맞게 고르고 지시대로 문장을 쓰시오.

p.65 **STEP 3에 나오는 문장 재확인**

① 나는 매일 아빠께 포옹을 해 드린다. **(give / make)**

→ 4형식 I give my dad a hug every day.

(◐ give)
(✘ make)

② Tony는 나에게 아이언맨 수트를 만들어 준다. **(sends / makes)**

→ 3형식

(◐ makes)
(✘ sends)

③ 나의 삼촌은 일요일마다 나에게 아이스크림을 사 준다. **(buys / uses)**

→ 3형식

(◐ buys)
(✘ uses)

④ 세돌은 우리에게 자신의 재능을 보여 준다. **(gives / shows)**

→ 3형식

(◐ shows)
(✘ gives)

⑤ David은 Victoria에게 그의 비밀들을 말한다. **(tells / writes)**

→ 3형식

(◐ tells)
(✘ writes)

⑥ Hedwig는 Sirius에게 짧은 메시지를 보낸다. **(shows / sends)**

→ 4형식

(◐ sends)
(✘ shows)

⑦ 그녀는 우리에게 책들을 읽어 준다. **(gives / reads)**

→ 3형식

(◐ reads)
(✘ gives)

⑧ 요리사들은 그들의 가족들에게 닭튀김 요리를 해 준다. **(buy / cook)**

→ 3형식

(◐ cook)
(✘ buy)

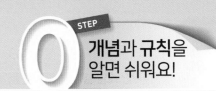
STEP
개념과 규칙을
알면 쉬워요!

5형식 특징

5형식 문장에서 **목적보어**는 2형식의 보어가 주어를 보충해 주는 것처럼 **목적어를 설명**해 준다.

| 5형식 | He 그는 | makes 만든다 | me 나를 | a super star . 슈퍼스타로. | 〈목적어+목적보어〉의 순서로 씀 |

=

| 2형식 | I 나는 | am 이다 | a super star 슈퍼스타. |

=

1 5형식 문장

5형식 문장의 특징

5형식 문장은 목적어 다음에 **목적보어가 오는 문장형식**을 말한다.

		동사	목적어	목적보어	
3형식	Can you	find	him?		그를 찾을 수 있니?
5형식	I	find	**him**	**cool.**	그가 멋지다고 생각한다(여기다).

목적보어가 목적어의 성질, 상태를 설명해 준다.

★ **형식에 따라 동사의 의미가 달라지는 것에 주의**

3형식 She **calls** him. 그에게 전화한다.

5형식 She **calls** him Babe. 그를 베이브라고 부른다.

2 목적보어의 종류

5형식 문장을 만드는 동사

① 5형식으로 쓰이는 **동사**와 **의미**를 정리한다.

동사	목적어	목적보어	동사	목적어	목적보어
make 만들다	him 그를	sad 슬프게	**leave** 남겨두다	him 그를	alone 혼자
think 생각한다	him 그가	honest 정직하다고	**keep** 유지하다	it 그것을	fresh 신선하게
find 생각하다 / 알게 되다	him 그가	cool 멋지다고	**call** 부른다	it 그것을	pink 핑크라고

find의 의미는 '~라고 여기다(생각하다)'와 '(시도, 경험 등으로) 알게 되다, 발견하다'는 뜻이다.

② 목적보어로 명사, 형용사가 온다.

보어의 형태	5형식 문장		
명사	It makes him	**a teacher.**	그를 선생님으로 만든다.
형용사		(**sad** / sadly).	그를 슬프게 만든다.

목적보어로 부사는 올 수 없다.

We **find** him a genius. → We **find** him handsome.
　　　목적보어(명사)　　　　　　　　　　목적보어(형용사)

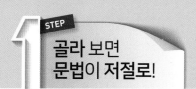
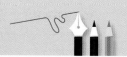

5형식 동사의 의미

동사 의미 고르기

1. I <u>find</u> him everywhere.
   I <u>find</u> him handsome.

   - ☑ 찾다   ☐ 생각하다 / 알게 되다
   - ☐ 찾다   ☐ 생각하다 / 알게 되다

2. She <u>calls</u> him.
   She <u>calls</u> him Jim.

   - ☐ 전화하다   ☐ ~라고 부른다
   - ☐ 전화하다   ☐ ~라고 부른다

3. We <u>keep</u> all the books.
   We <u>keep</u> all the books clean.

   - ☐ 보관하다   ☐ ~하게 유지한다
   - ☐ 보관하다   ☐ ~하게 유지한다

4. She <u>makes</u> her own clothes.
   She <u>makes</u> her own clothes pretty.

   - ☐ 만들다   ☐ ~하게 만들다
   - ☐ 만들다   ☐ ~하게 만들다

5. I never <u>leave</u> him.
   I never <u>leave</u> him alone.

   - ☐ 떠나다   ☐ 남겨두다
   - ☐ 떠나다   ☐ 남겨두다

5형식 문장의 목적보어

목적보어 고르기

1. He makes me [   ].

   그는 / 만든다 / 나를 / 슬프게.

   - ☑ sad   ☐ sadly

2. She keeps tomatoes [   ].

   그녀는 / 유지한다 / 토마토를 / 신선하게.

   - ☐ fresh   ☐ freshly

3. Chloe finds Brooklyn [   ].

   Chloe는 / 알게 된다 / Brooklyn이 / 사랑스럽다는 걸.

   - ☐ love   ☐ lovely

4. Anna calls him a [   ].

   Anna는 / 부른다 / 그를 / 거짓말쟁이라고.

   - ☐ lie   ☐ liar

5. Elsa always leaves the gate [   ].

   Elsa는 / 항상 둔다 / 문이 / 열려 있도록.

   - ☐ open   ☐ close

Mr. Kim, her, thinks, honest

5형식 → Mr. Kim thinks her honest.

우리말 → Mr. Kim은 그녀가 정직하다고 생각한다.

---

1 someone, the door, leaves, open, always

5형식 →

우리말 →

---

2 makes, the movie, him, a big star

5형식 →

우리말 →

---

3 Jay, finds, funny, him

5형식 →

우리말 →

---

4 Ms. Lee, my room, keeps, clean

5형식 →

우리말 →

---

5 we, 'Avengers', call, the superheroes

5형식 →

우리말 →

---

6 makes, every news, angry, my parents

5형식 →

우리말 →

---

7 the room, Holmes, finds, empty

5형식 →

우리말 →

■ 다음 우리말을 보고 <u>틀린</u> 부분을 고쳐 쓰시오.

☑ 서술형 **기출**문제

> 미나는 나를 Piggy라고 부른다.
> → Mina calls Piggy me.

5형식 동사 call은 목적
어(me) 다음에 목적보어
(Piggy)가 온다.

Mina calls Piggy me. → Mina calls me Piggy

---

1 Elsa는 눈사람을 "Olaf"라고 이름 짓는다.

Elsa names "Olaf" the snowman. → Elsa names the snowman "Olaf".

2 우리는 그를 "bunny"라고 부른다.

We call "bunny" him. →

3 전쟁은 사람들을 불행하게 만든다.

War makes people unhappily. →

4 나는 그 문제들이 쉽다는 걸 안다.

I find the problems easily. →

5 그 요리사는 그의 요리가 별로라는 것을 깨닫는다.

The chef finds his cooking badly. →

6 너의 어머니께서는 너의 방을 더러운 채로 두신다.

Your mother your room leaves dirty. →

7 그 소음이 때때로 나를 미치게 만든다.

The noise sometimes me drives crazy. →

8 그들은 항상 한강을 깨끗하게 보존한다.

They always keep clean the Han River. →

복습 프로그램
p. 69, 70, 71에서
배운 문장으로
교과서 **서술형 끝내기**

유형기본
기본 + 심화 문제

서술형 유형 기본
■ 우리말에 맞게 주어진 단어를 이용하여 문장을 완성하시오.　p.69　STEP 1에 나오는 문장 재확인

| find | leave | call | keep |

① 나는 그가 잘생겼다고 생각한다.

→ I find him _____ handsome.

(⬭ find him)
(✗ find)

② Anna는 그를 거짓말쟁이라고 부른다.

→ _____ a liar.

(⬭ calls him)
(✗ calls)

③ 나는 결코 그를 홀로 남겨두지 않는다.

→ _____ alone.

(⬭ leave him)
(✗ leave)

④ 우리는 모든 책들을 깨끗하게 유지한다.

→ _____ clean.

(⬭ keep all the books)
(✗ keep)

서술형 유형 심화
■ 우리말에 맞게 주어진 단어를 이용하여 문장을 쓰시오.　p.70　STEP 2에 나오는 문장 재확인

① 그 영화가 그를 엄청난 스타로 만든다. (makes, a big star)

→

5형식 동사 make 다음에는 〈목적어+목적보어〉가 옴

② Jay는 그가 재미있다고 생각한다. (finds, funny)

→

5형식 동사 find 다음에는 목적보어로 형용사가 옴

③ 우리는 그 슈퍼영웅들을 'Avengers'라고 부른다. (call, the superheroes)

→

5형식 동사 call 다음에는 〈목적어 + 목적보어〉가 옴

④ Holmes는 그 방이 비어 있는 것을 알게 된다. (find, empty)

→

5형식 동사 find의 목적보어로 명사, 형용사가 오며 부사는 쓸 수 없음

• 셜록 홈즈 (Sherlock Holmes)
코난 도일의 추리 소설에 등장하는 유명한 탐정으로 BBC 드라마로 현대적으로 재탄생되었답니다.

1 Elsa는 눈사람을 "Olaf"라고 이름 짓는다. **(names / tells)**

→ Elsa names the snowman "Olaf".

(◐ names)
(✗ tells)

2 우리는 그를 "bunny"라고 부른다. **(call / find)**

→

(◐ call)
(✗ find)

3 나는 그 문제들이 쉽다는 걸 안다. **(easy / easily)**

→

(◐ easy)
(✗ easily)

4 그 요리사는 그의 요리가 별로라는 것을 깨닫는다. **(bad / badly)**

→

(◐ bad)
(✗ badly)

5 너의 어머니께서는 너의 방을 더러운 채로 두신다. **(dirty / clean)**

→

(◐ dirty)
(✗ clean)

6 그 소음이 때때로 나를 미치게 만든다. **(drives / gets)**

→

(◐ drives)
(✗ gets)

7 그들은 항상 한강을 깨끗하게 유지한다. **(keep / make)**

→

(◐ keep)
(✗ make)

8 전쟁은 사람들을 불행하게 만든다. **(people unhappy / people unhappily)**

→

(◐ people unhappy)
(✗ people unhappily)

[01-03] 다음 빈칸에 들어갈 말로 알맞은 것을 고르시오.

01

Hurry up! The movie _____ at 10.

① buys
② starts
③ gives
④ finds
⑤ teaches

02

I _____ e-mails to my best friend, Jack.

① cook
② buy
③ make
④ ask
⑤ send

03

He finds the book _____.

① hardly
② easy
③ easily
④ difficulty
⑤ difficultly

[04-05] 다음 빈칸에 알맞은 말이 순서대로 짝지어진 것을 고르시오.

04

• The sun _____ in the East.
• The exam makes him _____.

① raises – nervous
② raises – nervously
③ rises – nervously
④ rises – nervous
⑤ rises – with me

05

• His voice _____ warm.
• The clothes _____ soft.

① smells – feel
② tastes – look
③ feels – sound
④ sounds – smell
⑤ sounds – feel

06 다음 빈칸에 들어갈 수 없는 말은?

The pizza smells _____.

① delicious
② good
③ badly
④ wonderful
⑤ strange

07 빈칸에 들어갈 말이 나머지 넷과 다른 것은?

① Mr. Jason teaches English _____ us.
② I always give a birthday gift _____ Kelly.
③ Peter sends text messages _____ him.
④ My grandmother tells stories _____ us.
⑤ My mom buys game CDs _____ me.

[08-09] 다음 우리말에 맞게 빈칸에 들어갈 말로 알맞은 것을 고르시오.

08

그 꽃들은 달콤한 냄새가 난다.
→ The flowers _____ sweet.

① smell
② feel
③ look
④ sound
⑤ taste

09

엄마는 나를 Angel이라고 부른다.
→ My mom _____ me Angel.

① makes
② thinks
③ calls
④ finds
⑤ gets

10 다음 빈칸에 공통으로 들어갈 말로 알맞은 것은?

- The news _____ me angry.
- Tim _____ me a chocolate cake.

① finds　　② thinks　　③ keeps
④ makes　　⑤ calls

11 다음 중 어법상 <u>어색한</u> 문장은?

① The boy looks smart.
② Jean doesn't bother Kelly.
③ My mom calls me Nana.
④ The old man smiles happily.
⑤ My grandmother shows old books us.

12 다음 우리말에 맞는 문장으로 알맞은 것은?

① 그것은 곰처럼 보인다.
　→ It looks a bear.
② 그것은 부드럽게 느껴진다.
　→ It sounds soft.
③ 그녀는 내게 우동을 요리해 준다.
　→ She cooks Udon noodles for me.
④ 그것은 우리 삶을 바꾼다.
　→ It changes to our lives.
⑤ 나는 그 문제가 어렵다는 것을 알게 된다.
　→ I find the problem difficulty.

13 다음 문장을 3형식으로 바르게 바꾼 것은?

He always gives Mina some tea after meal.

① He always gives some tea Mina after meal.
② He always gives some tea to Mina after meal.
③ He always gives some tea for Mina after meal.
④ He always gives some tea of Mina after meal.
⑤ He always gives Mina to some tea after meal.

서술형 대비 문제

[14-16] 다음 문장의 뜻이 같도록 빈칸에 알맞은 말을 쓰시오.

14

Can you give me that book?
= Can you give that book _____ me?

15

He doesn't tell me the truth.
= He doesn't tell the truth _____ me.

16

My dad cooks me pasta for dinner.
= My dad cooks pasta for dinner _____ me.

[17-18] 다음 주어진 단어들을 이용하여 우리말에 맞게 배열하시오.

17 너의 몸을 건강하게 유지해라.
(body, keep, your, healthy)

→

18 아빠가 항상 나에게 생일 카드를 보내신다.
(a birthday card, me, to, Dad, sends, always)

→

19 다음 글에서 틀린 부분을 모두 찾아 바르게 고치시오.

I like science. I have science class today. The class starts at 9. Mr. Park is my homeroom teacher. He teaches science us. He will tell to us about Einstein today. I can't wait!

①　

②

한 장의 사진으로 보는
문법이 쓰기다

UNIT 01
1형식, 2형식, 3형식 문장

스마트폰, 어디까지 써 봤니?
스마트폰으로 할 수 있는 것들은
1. 인터넷 2. SNS 3. 네비게이션 4. 카메라
5. 멀티미디어 재생 6. 컨텐츠 제작 등이 있죠.

✎ 써 봐!
스마트폰이 우리 생활을 변화시킨다.

→ [   ]

UNIT 02
4형식 문장

마블사의 슈퍼히어로들은 누규?
아이언맨, 헐크, 스파이더맨, 엑스맨
캡틴 아메리카, 울버린 등 진짜 어벤져들이 있죠!

✎ 써 봐!
Marvel은 슈퍼히어로들에게 별명를 만들어준다.

→ [   ]

UNIT 03
5형식 문장

셜록 홈즈가 21세기에 부활
홈즈 시리즈가 19세기가 아니라 21세기에 다시 만들어져
현재에 걸맞게 스마트폰을 쓰는 홈즈, 블로그를 하는 왓슨
의 모습을 볼 수 있어요!

✎ 써 봐!
Holmes는 그녀가 방에서 깨어 있는 걸 알게 된다.

→ [   ]

정답 UNIT 01. Smartphones change our lives.　　　UNIT 02. Marvel makes nicknames for superheroes.
UNIT 03. Holmes finds her awake in the room.

Part 4

시제

어떤 동작이나 사건이 **예전에 일어났던 일인지,**
앞으로 일어날 것인지에 대해 구체적으로 표현할 때
동사의 모양을 달리 쓰는데, 이것을 시제라고 합니다.

UNIT 1 과거시제 – be동사

구성	기초 항목	서술형 유형
STEP 1	과거시제 파악하기	
STEP 2	시제 비교해 보기	
STEP 3		상황에 맞게 영작하기
서술형 끝내기		문장 고치기, 문장 쓰기

UNIT 2 과거시제 – 일반동사

구성	기초 항목	서술형 유형
STEP 1	동사 형태 변화 익히기	
STEP 2	시제 비교해 보기	
STEP 3		대화문 영작하기
서술형 끝내기		시제별 문장 완성, 문장 쓰기

UNIT 3 진행시제

구성	기초 항목	서술형 유형
STEP 1	진행 형태 변화 익히기	
STEP 2	시제별 문장 바꿔 써보기	
STEP 3		틀린 부분 고쳐 쓰기
서술형 끝내기		문장 완성, 문장 쓰기

UNIT 4 미래시제

구성	기초 항목	서술형 유형
STEP 1	시제 파악하기	
STEP 2	시제 비교해 보기	
STEP 3		우리말 영작하기
서술형 끝내기		바꿔 쓰기, 문장 쓰기

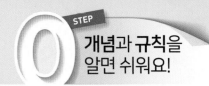

STEP Q 개념과 규칙을 알면 쉬워요!

be동사의 과거시제

be동사의 현재형은 **am**, **is**, **are**이고 **과거형은 was, were**를 쓴다.

| 현재 | I 나는 | am 이다 | a vet 수의사. |
| 과거 | I 나는 | was 였다 | a vet 수의사. |

---

1 be동사 과거형

be동사의 과거형

be동사의 현재형은 **am, is, are**이지만, 과거형은 **was**와 **were**를 쓴다.

주어		be동사	
I	나는		
He	그는	**was** 있었다	
She	그녀는		at the airport.
It	그것은		공항에
You	너는		
We	우리는	**were** 있었다	
They	그들은		

> **be동사 과거의 의미와 형태**
>
> | was/were+ 명사/형용사 | ~이었다, ~였다 |
> | was/were+ 전치사구 | ~에 있었다 |
>
> am, is → was
> are → were

I **am** a nurse. → I **was** a nurse. (간호사이다 → 간호사였다)
She **is** at school. → She **was** at school. (학교에 있다 → 학교에 있었다)
They **are** different. → They **were** different. (다르다 → 달랐다)

---

2 be동사 과거 부정문, 의문문

be동사 과거시제의 부정문, 의문문

① be동사의 부정문: **be동사 다음에 not**을 쓴다.

| I 나는 | was 였다 | a baker 제빵사. | | They 그들은 | were 있었다 | in the library 도서관에. |
| I 나는 | was not 아니었다 | a baker 제빵사가. | | They 그들은 | were not 없었다 | in the library 도서관에. |

② be동사의 의문문

의문문은 **be동사와 주어의 위치를 바꾸고** 마지막에 물음표(?)를 쓴다.

| They 그들은 | were 있었다 | in the museum 박물관에. | | She 그녀는 | was 였다 | 10 years old 10살. |
| Were 있었니 | they 그들은 | in the museum 박물관에? | | Was 이었니 | she 그녀는 | 10 years old 10살? |

시제에 맞는 be동사 형태

be동사 시제 고르기

1 나는 간호사였다.

I   [am / (was)]   a nurse.

2 너는 운이 좋았다.

You   [are / were]   lucky.

3 그녀는 미용실에 있다.

She   [is / was]   at the beauty shop.

4 그는 게을렀다.

He   [is / was]   lazy.

5 그들은 같은 반이었다.

They   [was / were]   in the same class.

6 그것은 공항에 있었다.

It   [was / were]   at the airport.

be동사의 과거 부정문, 의문문

부정문, 의문문 형태 고르기

1 나는 요리사가 아니었다.

I   [(was not)/ were not]   a cook.

2 그녀는 예쁘지 않았다.

She   [was not / were not]   pretty.

3 그는 천재가 아니었다.

He   [was not / were not]   a genius.

4 그것은 장미였니?

[Is it / Was it]   a rose?

5 너는 우리 반이니?

[Are you / Were you]   in our class?

6 그녀는 너희 담임 선생님이었니?

[Is she / Was she]   your homeroom teacher?

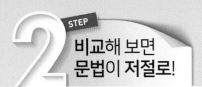
1

그녀는 / 였다 / 그의 가장 친한 친구.

She is / (was) his best friend.

나는 / 이다 / 그의 가장 친한 친구.

I am / was his best friend.

2

그 영화들은 / 아주 멋지다.

The movies are / were so cool.

그 배우는 / 아주 멋있었다.

The actor is / was so cool.

3

너는 / 다정했었다.

You are / was / were friendly.

그는 / 다정했었다.

He is / was / were friendly.

4

그녀는 있니 / 버스 정류장에?

Is / Was / Were she at the bus stop?

그는 있었니 / 버스 정류장에?

Is / Was / Were he at the bus stop?

5

그들은 이었니 / 같은 반 친구?

Is / Was / Were they classmates?

우리들은 이었니 / 같은 반 친구?

Is / Was / Were we classmates?

6

우리는 / 친하지 않다.

We aren't / weren't close.

그들은 / 친하지 않았다.

They aren't / weren't close.

7

너는 였니 / 2학년 / 그때?

Are / Were you in the 2nd grade then?

너는 이니 / 3학년 / 이제?

Are / Were you in the 3rd grade now?

8

책들은 / 없다 / 책상 위에.

Books aren't / weren't on the desk.

그와 그녀는 / 없었다 / 학교에.

He and she aren't / weren't at school.

9

Jennifer는 / 아니었다 / 혼자가.

Jennifer isn't / wasn't alone.

너와 나는 / 아니다 / 혼자가.

You and I aren't / weren't alone.

10

그것은 / 아니었다 / 나의 거북이가.

It isn't / wasn't my turtle.

그것들은 / 아니었다 / 나의 거북이들이.

They aren't / weren't my turtles.

■ 다음 표를 보고 문장을 알맞게 완성하시오.

☑ 서술형 **기출**문제

then	now
at a concert	not at a concert

→

(1) Mina _____ then.

(2) Mina _____ now.

↪ 시제를 나타내는 then,
now 등에 주의하여 쓴다.

(1) Mina was at a concert then.   (2) Mina isn't at a concert now.

1

	yesterday	today
ⓐ	not open	open
ⓑ	at home	not at home

→

ⓐ The store **was not open** yesterday.
The store **is open** today.

ⓑ We _____ yesterday.
We _____ today.

2

	two weeks ago	now
ⓐ	not 14 years old	14 years old
ⓑ	students	not students

→

ⓐ They _____ two weeks ago.
They _____ now.

ⓑ We _____ two weeks ago.
We _____ now.

3

	last night	tonight
ⓐ	lonely	not lonely
ⓑ	not busy	busy

→

ⓐ I _____ last night.
I _____ tonight.

ⓑ Steve and I _____ last night.
Steve and I _____ tonight.

4

	this morning	now
ⓐ	not at the zoo	at the zoo
ⓑ	not a big fan of *the Simpsons*	a big fan of *the Simpsons*

→

ⓐ They _____ this morning.
They _____ now.

ⓑ I _____ this morning.
I _____ now.

복습 프로그램

p. 79, 80, 81에서
배운 문장으로

교과서 **서술형 끝내기**

유형기본 ➕

기본 + 심화 문제

서술형 유형 기본

■ 우리말을 보고 틀린 부분을 고쳐 쓰시오.　p.79　**STEP 1**에 나오는 문장 재확인

① You are lucky.

→ You were lucky.　　　　　　너는 운이 좋았다.

(⭕ were)
(❌ are)

② She is at the beauty shop.

→ 　　　　　　　　　　　그녀는 미용실에 있었다.

(⭕ was)
(❌ is)

③ He were lazy.

→ 　　　　　　　　　　　그는 게으르지 않았다.

(⭕ was not)
(❌ were)

④ She is not pretty.

→ 　　　　　　　　　　　그녀는 예쁘지 않았다.

(⭕ was not)
(❌ is not)

⑤ Were she your homeroom teacher?

→ 　　　　　　　　　　　그녀는 너희 담임 선생님이었니?

(⭕ Was she)
(❌ Were she)

서술형 유형 심화

■ 문맥에 맞게 주어진 단어로 문장을 완성하시오.　p.80　**STEP 2**에 나오는 문장 재확인

① Jenny was my best friend. She ＿＿＿＿＿＿＿＿ last year.

→ 　　　　　　　　　　　(my classmate)

작년에 같은 반 친구였다는 과거를 나타냄

② John and Minsu ＿＿＿＿＿＿＿＿ last year. But they are close now.

→ 　　　　　　　　　　　(close)

지금은 친하지만 작년에는 안 친했다는 의미

③ Jennifer ＿＿＿＿＿＿＿＿. She was with me.

→ 　　　　　　　　　　　(alone)

나와 함께 있었다는 의미이므로 혼자가 아니었다는 의미로 씀

④ John was my friend. He ＿＿＿＿＿＿＿.

→ 　　　　　　　　　　　(friendly)

John의 성격이 다정했다는 의미가 적절함

• 다정하고 다정한
'다정한(friendly)'은 '친구처럼
행동하는(acting like a friend)'
이라는 의미로 '친절하고 도움이
되는(kind and helpful)' 것을 말
하죠.

서술형 유형 심화

■ 우리말에 맞게 고르고 문장을 쓰시오.

p.81 **STEP 3에 나오는 문장 재확인**

① 그 가게는 어제 문을 열지 않았다. **(is not / was not)**

→ The store was not open yesterday.

(◯ was not)
(✘ is not)

② 우리는 어제 집에 없었다. **(are not / were not)**

→

(◯ were not)
(✘ are not)

③ 미나는 그때 콘서트에 있었다. **(is / was)**

→

(◯ was)
(✘ is)

④ Steve와 나는 어젯밤에 바쁘지 않았다. **(are not / were not)**

→

(◯ were not)
(✘ are not)

⑤ 나는 심슨 가족의 열렬한 팬이다. **(am / was)**

→

(◯ am)
(✘ was)

⑥ 그들은 2주 전에 14살이 아니었다. **(are not / were not)**

→

(◯ were not)
(✘ are not)

⑦ 나는 어젯밤에 외로웠다. **(am / was)**

→

(◯ was)
(✘ am)

⑧ 그들은 오늘 아침에 동물원에 없었다. **(are not / were not)**

→

(◯ were not)
(✘ are not)

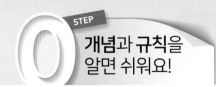

O

개념과 규칙을
알면 쉬워요!

일반동사 과거시제

일반동사의 과거시제는 '~했다'라는 의미로 **과거에 이미 있었던 일**을 나타낸다.

| 현재 ▶ | I 나는 | like 좋아한다 | comic books . 만화책을. |

| 과거 ▶ | I 나는 | liked 좋아했다 | comic books . 만화책을. |

🖉 과거를 나타내는 표현

yesterday	어제
last year	작년에
last week	지난 주에
last night	어젯밤에
a year ago	일년 전에
before	예전에

1 일반동사의 과거형

일반동사의 과거 시제

과거에 이미 끝난 일은 **동사의 과거형**으로 나타낸다.

[동사의 과거형 규칙]

규칙변화	대부분의 동사	동사원형+-ed	talk → talk**ed** want → want**ed**	help → help**ed** watch → watch**ed**
	-e로 끝나는 동사	동사원형+-d	like → lik**ed**	live → liv**ed**
	자음+-y로 끝나는 동사	y를 i로 바꾸고 +-ed	study → stud**ied** carry → carr**ied**	cry → cr**ied** try → tr**ied**
	단모음+단자음으로 끝나는 동사	자음을 한번 더 쓰고 +-ed	stop → stop**ped** plan → plan**ned**	drop → drop**ped** fit → fit**ted**
불규칙변화	형태가 같은 동사	read → **read**　cut → **cut**　put → **put**　hit → **hit**		
	불규칙하게 변하는 동사	eat → **ate** meet → **met** write → **wrote** give → **gave** catch → **caught**	drink → **drank** run → **ran** draw → **drew** have → **had** lie → **lay**	see → **saw** take → **took** tell → **told** buy → **bought** go → **went**

2 일반동사의 과거 부정문, 의문문

일반동사의 과거 부정문, 의문문

부정문: did not+동사원형	의문문: Did+주어+동사원형~?
He watch**ed** TV.	He watch**ed** TV.
→ He **did not** (~~watched~~ / watch) TV.	→ **Did** he (~~watched~~ / watch) TV?
= He **didn't** (~~watched~~ / watch) TV.	그는 봤니 / TV를?
그는 / 보지 않았다 / TV를.	

부정문, 의문문일 때 did 다음에는 watched가 아닌 동사원형인 watch를 쓴다.

✈ 의문문에 대한 답을 Yes, No로 한다.

Did you **like** fruit? → **Yes, I did. / No, I didn't.**
Did they **live** in New York? → **Yes, they did. / No, they didn't.**
Did the shop **open** yesterday? → **Yes, it did. / No, it didn't.**

STEP
골라 보면
문법이 저절로!

일반동사의 과거는 '～했다'라는 의미로 과거에 있었던 일을
나타낸다. 형태는 규칙적으로 혹은 불규칙적으로 바뀐다.

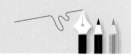

일반동사의 과거형

일반동사의 과거형 쓰기

현재형	과거형	현재형	과거형	현재형	과거형
drink	drank	make		cut	
want		write		watch	
study		go		put	
do		have		try	
talk		say		buy	
cry		read		catch	
drop		run		see	
plan		hit		call	

과거시제의 부정문, 의문문

과거시제 부정문, 의문문 고르기

1. [_____] yesterday?
   그는 / 공부했니 / 어제?
   ☐ Does he study   ☑ Did he study

2. [_____] tennis?
   그들은 / 쳤니 / 테니스를?
   ☐ Did they play   ☐ Did they played

3. Hulk [_____] you.
   Hulk는 / 때리지 않았다 / 너를.
   ☐ doesn't hit   ☐ didn't hit

4. She [_____] the cake.
   그녀는 / 좋아하지 않았다 / 그 케익을.
   ☐ doesn't like   ☐ didn't like

5. You [_____] the TV show.
   너는 / 보지 않았다 / 그 TV쇼를.
   ☐ don't watch   ☐ didn't watch

1

나는 / 본다 / TV를 / 매일.

I **watch** / watched   TV every day.

그는 / 봤다 / TV를 / 어제.

He   watches / **watched**   TV yesterday.

2

나는 / 한다 / 숙제를 / 매일.

I   do / did   my homework every day.

그는 / 했다 / 숙제를 / 어젯밤에.

He   does / did   his homework last night.

3

군인들은 / 쓴다 / 편지를 / 매일 밤에.

Soldiers   write / wrote   letters every
night.

Romeo는 / 썼다 / 편지를 / Juliet에게.

Romeo   writes / wrote   a letter to
Juliet.

4

그 배우는 / 먹니 / 사과 한 개를 / 매일?

Does / Did   the actor eat an apple
every day?

그녀는 / 먹었니 / 사과 한 개를 / 점심시간 전에?

Does / Did   she eat an apple before
lunch?

5

그는 / 떨어트리지 않는다 / 그의 가방을.

He   doesn't drop / didn't drop
/ didn't dropped   his bag.

너는 / 떨어트리지 않았다 / 나의 가방을.

You   doesn't drop / didn't drop
/ didn't dropped   my bag.

6

그 아기는 / 마시니 / 많은 우유를?

Does the baby drink / Did the baby drink
a lot of milk?

학생들은 / 마셨니 / 많은 우유를?

Do students drink / Did students drink
a lot of milk?

7

내 남동생은 / 가지 않는다 / 수영하러 / 아침에.

My brother   doesn't go / didn't go
swimming in the morning.

우리는 / 가지 않았다 / 수영하러 / 이틀 전에.

We   don't go / didn't go   swimming
two days ago.

8

Tyler와 나는 / 살지 않는다 / 한국에서 / 지금.

Tyler and I   don't live / didn't live
in Korea now.

Tyler는 / 살지 않았다 / 한국에서 / 작년에.

Tyler   doesn't live / didn't live
in Korea last year.

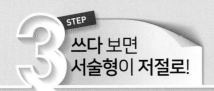

■다음 우리말에 맞게 주어진 단어를 이용하여 쓰시오.

✔서술형 **기출**문제

> A: Why are you upset?
>
> B: 나는 어제 내 시계를 잃어버렸다. (lose)

과거에 일어난 일을
말하고 있으므로 동사의
과거형을 쓴다.

→ I lost my watch yesterday.

1 A: What did you get for your birthday?
B: 나는 새로운 핸드폰을 얻었어. (get)

→ I got a new cellphone.

2 A: 너는 어제 우리 엄마를 만났니? (meet)
B: Yes, I did.

3 A: What did she do after school?
B: 그녀는 집에 일찍 갔어. (go home)

4 A: Why are you so sad?
B: 나는 시험을 잘 못 봤어. (do well, on the test)

5 A: 그 사진사가 그의 사진을 찍었니? (take his picture)
B: No, he didn't.

6 A: 사람들이 아침에 나무와 꽃을 심었니? (plant)
B: Yes, they did.

7 A: What did he say?
B: 그는 아무 말도 하지 않았어. (say anything)

8 A: Why did you make the school newspaper?
B: 나는 오래 전에 그것을 계획했어. (plan)

문법이 쓰기다

복습 프로그램
p. 85, 86, 87에서
배운 문장으로

교과서 서술형 끝내기

유형기본 ➕

기본 + 심화 문제

서술형 유형 기본
■ 시제에 맞게 주어진 동사를 바꿔 쓰시오.   p.85 STEP 1에 나오는 문장 재확인

| call | watch | live | play |

① My friend [calls] me every day.

My friend [ ] me yesterday.

내 친구는 매일 내게 전화한다.
내 친구는 어제 내게 전화했다.

② She [ ] tennis on Wednesdays.

She [ ] tennis three days ago.

그녀는 수요일마다 테니스를 한다.
그녀는 3일 전에 테니스를 했다.

③ He [ ] in Busan now.

He [ ] in Busan in 2008.

그는 지금 부산에 산다.
그는 2008년에 부산에 살았다.

④ They [ ] the TV show every Sunday.

They [ ] the TV show last weekend.

그들은 일요일마다 그 TV쇼를 본다.
그들은 지난 주말에 그 TV쇼를 봤다.

서술형 유형 심화
■ 우리말에 맞게 주어진 단어를 이용하여 문장을 쓰시오.   p.86 STEP 2에 나오는 문장 재확인

① 너는 매일 숙제를 하니? (do)

→

습관을 말하기 때문에 현재형을 씀

② 그는 어젯밤에 숙제를 했니? (do)

→

어젯밤이라는 지난 일을 나타내는 과거 의문문을 씀

③ 그는 아침에 수영하러 가지 않는다. (go)

→

현재 부정문은 〈do/does not〉을 씀

④ 우리는 이틀 전에 수영하러 가지 않았다. (go)

→

과거 부정문은 〈did not + 동사원형〉을 씀

• 운동의 모든 것
'운동하다(do exercise)'는
'조깅하기(jog)', '축구하기
(play soccer)', '야구하기(play
baseball)', '테니스하기(play
tennis)' 등이 있지요.

서술형 유형 심화

■ 우리말에 맞게 고르고 문장을 쓰시오.

p.87 STEP 3에 나오는 문장 재확인

① 나는 새로운 핸드폰을 얻었다. **(get / got)**

→ I got a new cellphone.

(O got)
(X get)

② 그녀는 집에 일찍 갔어. **(goes / went)**

→

(O went)
(X goes)

③ 나는 시험을 잘 못 봤어. **(don't do / didn't do)**

→

(O didn't do)
(X don't do)

④ 너는 어제 우리 엄마를 만났니? **(Do you / Did you)**

→

(O Did you)
(X Do you)

⑤ 나는 오래 전에 그것을 계획했다. **(plan / planned)**

→

(O planned)
(X plan)

⑥ 그는 아무 말도 하지 않았다. **(doesn't say / didn't say)**

→

(O didn't say)
(X doesn't say)

⑦ 사람들이 아침에 나무와 꽃을 심었니? **(Do people / Did people)**

→

(O Did people)
(X Do people)

⑧ 그 사진사가 그의 사진을 찍었니? **(Does the photographer / Did the photographer)**

→

(O Did the photographer)
(X Does the photographer)

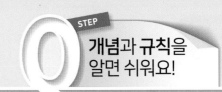
개념과 규칙을
알면 쉬워요!

진행시제

현재형은 동사원형이나 〈동사+(e)s〉로 쓰고 **진행형 시제는 〈be동사+동사원형 -ing〉**로 나타낸다.

현재진행 ▶ | I | swim | .
나는 / 수영한다.

I | am | swimming | .
나는 / 수영하고 있다.

과거진행 ▶ | I | swam | .
나는 / 수영했다.

I | was | swimming | .
나는 / 수영하고 있었다.

1 현재진행

현재진행

현재진행은 〈am/is/are+-ing〉로 현재 진행 중인 동작을 나타낸다.

| 현재 | He | plays | soccer every day. | 매일 축구를 **한다**. |
| 현재진행 | He | is playing | soccer now. | 지금 축구를 **하고 있다**. |

★ 진행형을 만드는 〈동사 + -ing〉 만드는 법

대부분의 동사	동사원형+-ing	read → read**ing** go → go**ing** sing → sing**ing** meet → meet**ing**
자음 -e로 끝나는 동사	마지막 e를 없애고+-ing	come → com**ing** take → tak**ing** give → giv**ing** make → mak**ing**
단모음+단자음으로 끝나는 동사	자음을 한번 더 쓰고+-ing	stop → stop**ping** cut → cut**ting** swim → swim**ming** put → put**ting**
-ie로 끝나는 동사	-ie를 -y로 바꾸고+-ing	lie → l**ying** tie → t**ying**

2 과거진행

과거진행

과거 한때에 진행 중이었던 일을 나타내는 것으로 〈was/were+-ing〉로 쓴다.

👉 과거진행에 쓰이는 표현들
at that time (그 당시에)
then (그때)
when (~했을 때)

	현재진행	과거진행
형태	is/am/are + 동사원형-ing	was/were + 동사원형-ing
의미	~하고 있다	~하고 있었다

| 현재진행 | She | is calling her father. | 아빠에게 전화하고 **있다**. |
| 과거진행 | | was calling her father. | 아빠에게 전화하고 **있었다**. |

3 진행시제 부정문, 의문문

진행시제의 부정문, 의문문

	현재진행시제	과거진행시제
부정문	is/am/are+not+-ing	was/were+not+-ing
의문문	Is/Are+주어+-ing ~?	Was/Were+주어+-ing ~?

We **are not singing** a song. 우리는 노래하고 있지 않다.
We **were not singing** a song. 우리는 노래하고 있지 않았다.

Is he **taking** a shower now? 그는 지금 씻고 있니?
Was he **taking** a shower then? 그는 그때 씻고 있었니?

STEP

골라 보면
문법이 저절로!

진행형은 현재에 진행 중이거나 과거에 진행 중이었던 일을 표현한다.
형태는 〈be동사+동사원형 -ing〉로 나타낸다.

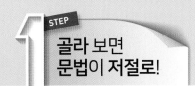

진행형 동사 만드는 법

진행형 쓰기

동사	진행형	동사	진행형	동사	진행형
drink	drinking	make		go	
read		come		buy	
sing		give		get	
cut		swim		plan	
stop		take		wait	
drop		play		put	
lie		write		catch	

현재진행과 과거진행

진행시제 고르기

(1) I [   ] a walk now.
나는 / 산책하고 있다 / 지금.

☑ am taking   ☐ was taking

(2) He [   ] the trees.
그는 / 자르고 있었다 / 나무를.

☐ is cutting   ☐ was cutting

(3) We [   ] a song.
우리는 / 부르고 있지 않다 / 노래를.

☐ are not singing   ☐ were not singing

(4) I [   ] a police officer.
나는 / 전화하고 있지 않았다 / 경찰관에게.

☐ am not calling   ☐ was not calling

(5) [   ] for him?
그녀는 / 기다리고 있는 중이니 / 그를?

☐ Is she waiting   ☐ Was she waiting

(6) [   ] a sandwich?
너는 / 먹고 있었니 / 샌드위치를?

☐ Are you eating   ☐ Were you eating

I <u>make</u> Kimchi. 나는 김치를 담근다.

make

→ I [am making] Kimchi. 나는 김치를 담그고 있다.

→ I [was making] Kimchi. 나는 김치를 담그고 있었다.

---

1 read

The wizard <u>reads</u> *Harry Potter*. 그 마법사는 해리포터를 읽는다.

→ The wizard [   ] *Harry Potter*. 그 마법사는 해리포터를 읽고 있다.

→ The wizard [   ] *Harry Potter*. 그 마법사는 해리포터를 읽고 있었다.

---

2 ride

We <u>ride</u> skateboards. 우리는 스케이트보드를 탄다.

→ We [   ] skateboards. 우리는 스케이트보드를 타고 있다.

→ We [   ] skateboards. 우리는 스케이트보드를 타고 있었다.

---

3 tell

The spy <u>tells</u> me his secret. 그 스파이는 그의 비밀을 나에게 얘기한다.

→ The spy [   ] me his secret. 그 스파이는 나에게 그의 비밀을 얘기하고 있다.

→ The spy [   ] me his secret. 그 스파이는 나에게 그의 비밀을 얘기하고 있었다.

---

4 show

Does Steve <u>show</u> his friends the new iPhone? Steve는 친구들에게 새 아이폰을 보여주니?

→ [   ] his friends the new iPhone? Steve는 친구들에게 새 아이폰을 보여주고 있니?

→ [   ] his friends the new iPhone? Steve는 친구들에게 새 아이폰을 보여주고 있었니?

---

5 drive

Do you <u>drive</u> a car? 너는 운전하니?

→ [   ] a car now? 너는 지금 운전 중이니?

→ [   ] a car then? 너는 그때 운전 중이었니?

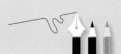

■ 다음 우리말을 보고 <u>틀린</u> 부분을 고쳐 쓰시오.

✔ 서술형 **기출**문제

> 그는 운동화를 빨고 있다.
> → He <u>was</u> washing his sneakers.

진행시제는 현재와 과거로 나누기 때문에 의미에 따른 시제에 주의한다.

He was washing his sneakers. → He is washing his sneakers.

---

① 원숭이들은 바나나를 먹고 있었다.

Monkeys was eating bananas. → Monkeys were eating bananas.

② 새로운 이웃들이 이사를 하고 있는 중이다.

New neighbors moves in. →

③ Ben은 이를 닦고 있지 않다.

Ben not is brushing his teeth. →

④ Romeo가 Juliet에게 커다란 풍선을 주고 있었다.

Romeo gives a big balloon to Juliet. →

⑤ Rapunzel은 머리카락을 기르고 있는 중이다.

Rapunzel was growing her hair. →

⑥ Nemo는 바다 속에서 아빠를 찾고 있는 중이다.

Nemo looks for his father under the sea. →

⑦ 나의 강아지는 신문을 가져오지 않고 있다.

My dog not picking up the newspaper. →

⑧ Jerry는 지난밤에 온라인 채팅을 하지 않았다.

Jerry was not chatting online last night. →

복습 프로그램
p. 91, 92, 93에서
배운 문장으로

교과서 **서술형** 끝내기

유형기본 ➕
기본 + 심화 문제

서술형 유형 기본
■ 우리말에 맞게 주어진 단어를 이용하여 문장을 완성하시오.　　p.91　**STEP 1에 나오는 문장 재확인**

1 나는 지금 산책하고 있다. (take a walk)

→ | I am taking a walk | now.

(◐ am taking a walk)
(✘ was taking a walk)

2 그는 그 나무를 자르고 있었다. (cut)

→ | | the trees.

(◐ was cutting)
(✘ is cutting)

3 나는 경찰관에게 전화하고 있지 않았다. (call)

→ | | a police officer.

(◐ was not calling)
(✘ am not calling)

4 우리는 노래를 부르고 있지 않다. (sing)

→ | | a song.

(◐ are not singing)
(✘ were not singing)

5 너는 샌드위치를 먹고 있었니? (eat)

→ | | a sandwich?

(◐ Were you eating)
(✘ Are you eating)

서술형 유형 심화
■ 우리말에 맞게 주어진 단어를 이용하여 문장을 쓰시오.　　p.92　**STEP 2에 나오는 문장 재확인**

1 그 마법사는 해리포터를 읽고 있었다. (read)

→ |

(◐ was reading)
(✘ is reading)

2 너는 지금 운전 중이니? (drive)

→ |

(◐ Are you)
(✘ Were you)

3 우리는 스케이트보드를 타고 있다. (ride)

→ |

(◐ are riding)
(✘ were riding)

4 그 스파이는 나에게 그의 비밀을 얘기하고 있었다. (tell)

→ |

(◐ was telling)
(✘ is telling)

• 007 시리즈
전 세계적으로 가장 유명한 스파이는 007 시리즈의 제임스 본드일 거예요. 그는 정보기관 M16 소속의 스파이로 엄청난 미션을 수행하죠.

① 원숭이들은 바나나를 먹고 있었다. **(are eating / were eating)**

→ Monkeys were eating bananas.

(◑ were eating)
(✘ are eating)

② Jerry는 지난밤에 온라인 채팅을 하지 않았다. **(didn't chat / wasn't chatting)**

→

(◑ didn't chat)
(✘ wasn't chatting)

③ 나의 강아지는 신문을 가져오지 않고 있다. **(is not / was not)**

→

(◑ is not)
(✘ was not)

④ Nemo는 바다 속에서 아빠를 찾고 있다. **(is looking / was looking)**

→

(◑ is looking)
(✘ was looking)

⑤ Rapunzel은 머리카락을 기르고 있는 중이다. **(is growing / was growing)**

→

(◑ is growing)
(✘ was growing)

⑥ Romeo가 Juliet에게 커다란 풍선을 주고 있었다. **(is giving / was giving)**

→

(◑ was giving)
(✘ is giving)

⑦ Ben은 이를 닦고 있지 않다. **(is not / was not)**

→

(◑ is not)
(✘ was not)

⑧ 새로운 이웃들이 이사를 하고 있는 중이다. **(are moving / were moving)**

→

(◑ are moving)
(✘ were moving)

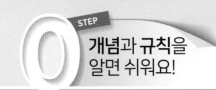

미래시제

미래시제는 〈**will / be going to**+동사원형〉으로 나타낸다.

| 현재 | I 나는 | am 이다 | 13 years old . 13살. |
| 미래 | I 나는 | will be 될 것이다 | 13 years old . 13살. |

미래시제 형태

1 미래시제의 의미와 형태

① 의미: '~일 것이다', '~할 것이다'라는 미래를 나타낸다.

		미래의 상태: ~일 것이다	
현재		**is** a soccer player.	축구 선수<u>이다</u>.
과거	He	**was** a soccer player.	축구 선수<u>였다</u>.
미래		**will be** a soccer player.	축구 선수가 <u>될 것이다</u>.

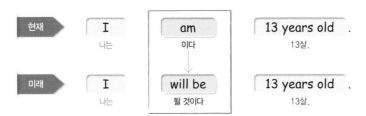

미래시제와 자주 쓰는 부사

tomorrow	내일
soon	곧
later	나중에
next time	다음에

		미래의 동작: ~할 것이다	
현재		**plays** soccer every day.	매일 축구를 <u>한다</u>.
과거	He	**played** soccer then.	그때 축구를 <u>했다</u>.
미래		**will play** soccer tomorrow.	내일 축구를 <u>할 것이다</u>.

② 형태: 미래는 **will** 또는 **be going to**로 나타낼 수 있다.

	will	be going to
의미	(막 결정된 일을) 할 것이다	(이미 계획된 일을) 할 것이다
예문	I feel tired. I**'ll** go to bed. 나는 피곤해. 나는 자러 갈 거야.	I have a plan. I**'m going to** travel to Jeju. 나는 계획이 있어. 나는 제주도로 여행을 할 계획이야.

미래시제의 부정문, 의문문

2 미래시제의 부정문과 의문문 형태

	will	be going to
부정문	will+not / won't	be not going to
의문문	Will+주어 ~?	Is / Are+주어+going to ~?

He <u>will leave</u> soon.
그는 / 떠날 것이다 / 곧.

부정문 → He **will not** leave soon. 떠나지 않을 것이다.
= He **won't** leave soon.
의문문 → **Will he** leave soon? 떠날 거니?

He <u>is going to leave</u> soon.
그는 / 떠날 예정이다 / 곧.

부정문 → He **is not going to** leave soon. 떠날 예정이 아니다.
= He **isn't going to** leave soon.
의문문 → **Is he going to** leave soon? 떠날 예정이니?

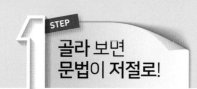

STEP 1

골라 보면 문법이 저절로!

미래시제는 '~할 것이다, ~일 것이다'라는 앞으로의 일을 나타낸다.
형태는 will 또는 be going to로 나타낼 수 있다.

✔ 미래시제

시제 구별하기

1
She _____ 12 years old last year. — 작년에 12살이었다. ☐ is ☑ was
She _____ 14 years old next year. — 내년에 14살이 될 것이다. ☐ was ☐ will be

2
She _____ me yesterday. — 어제 방문했다. ☐ visits ☐ visited
She _____ him tomorrow. — 방문할 것이다. ☐ visited ☐ will visit

3
She _____ a good writer. — 훌륭한 작가였다. ☐ is ☐ was
She _____ a good writer. — 훌륭한 작가가 될 것이다. ☐ was ☐ will be

4
She _____ the class last month. — 지난달에 그 수업을 들었다. ☐ took ☐ takes
She _____ the class next month. — 다음 달에 그 수업을 들을 것이다. ☐ takes ☐ will take

5
They _____ Taekwondo now. — 태권도를 배우고 있다. ☐ learn ☐ are learning
They _____ Taekwondo next year. — 태권도를 배울 것이다. ☐ learn ☐ will learn

---

✔ 미래시제의 부정문과 의문문

시제별 부정문, 의문문 고르기

1
They _____ me tomorrow. — 내일 전화하지 않을 것이다. ☐ don't call ☑ won't call
They _____ me every day. — 매일 전화하지 않는다. ☐ don't call ☐ didn't call

2
He _____ to bed early. — 일찍 자지 않을 것이다. ☐ won't go ☐ doesn't go
He always _____ to bed early. — 항상 일찍 자지는 않는다. ☐ didn't go ☐ doesn't go

3
_____ camping this summer? — 캠핑을 갈 거니? ☐ Did he go ☐ Are you going to go
_____ camping last summer? — 캠핑을 갔니? ☐ Did he go ☐ Will he go

4
_____ cookies tonight? — 쿠키를 만들 거니? ☐ Do you make ☐ Will you make
_____ cookies last weekend? — 쿠키를 만들었어? ☐ Do you make ☐ Did you make

5
She _____ meat. — 고기를 먹지 않는다. ☐ doesn't eat ☐ won't eat
She _____ meat from now on. — 고기를 먹지 않을 것이다. ☐ doesn't eat ☐ won't eat

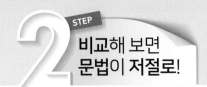
1

그는 / 만났다 / 친구를.

He ⟨met⟩ / meets a friend.

그는 / 만날 것이다 / 친구를.

He meets / will meet a friend.

2

Justin은 / 노래를 부를 것이다 / 샤워 중에.

Justin sings / will sing in the shower.

Justin은 / 노래를 불렀다 / 샤워 중에.

Justin sang / will sing in the shower.

3

나는 / 계획을 세웠다 / 특별한 여행.

I planned / am planning a special trip.

나는 / 계획을 세울 것이다 / 특별한 여행.

I was planning / will plan a special trip.

4

세호는 / 먹을 계획이다 / 저녁을 / 가족과 함께.

Se-ho has / is going to have dinner with his family.

세호는 / 먹는다 / 저녁을 / 가족과 함께.

Se-ho has / is going to have dinner with his family.

5

Aducci는 / 이사 갈 계획인가요 / 부산으로?

 Is Aducci going to / Did Aducci move to Busan?

Aducci는 / 이사 갔나요 / 부산으로?

 Is Aducci going to / Did Aducci move to Busan?

6

그들은 모으고 있니 / 돈을 / 돼지 저금통에?

 Are they saving / Will they save money in their piggy bank?

그들은 모을 거니 / 돈을 / 돼지 저금통에?

 Are they saving / Will they save money in their piggy bank?

7

병호는 / 지지 않을 것이다 / 결승전에서.

Byung-ho didn't / won't lose in the finals.

병호는 / 지지 않았다 / 결승전에서.

Byung-ho didn't / won't lose in the finals.

8

그는 / 말하지 않았다 / 그의 비밀을 / 누구에게도.

He didn't / won't tell his secret to anyone.

그는 / 말하지 않을 것이다 / 그의 비밀을 / 누구에게도.

He didn't / won't tell his secret to anyone.

■ 다음 우리말에 맞게 주어진 단어를 이용하여 쓰시오.

✔ 서술형 **기출**문제

저는 이번 토요일에 캠핑을 갈 거예요. (go camping)

→ I'm going to(=will) go camping this Saturday.

'이번 토요일에(this Saturday)'
또는 '내일(tomorrow)'과 같은
부사구와 함께 앞으로의 일을
말할 때는 미래시제를 쓴다.

① 나는 다음 달에 시험을 볼 거예요. (take an exam)

→ I am going to (=will) take an exam next month.

② Sonia는 내일 파티를 열 것이다. (have a party)

→

③ 나는 다시는 Jack과 말하지 않을 것이다. (talk)

→

④ 너는 독서 클럽에 가입할 거니? (join)

→

⑤ 우리는 이번 주말에 낚시하러 갈 거니? (go fishing)

→

⑥ Ruffy는 보물을 찾을 것이다. (find the treasure)

→

⑦ 그녀는 새로운 컴퓨터를 살 건가요? (buy)

→

⑧ 나는 실력 없는 요리사가 되지 않을 것이다. (be a bad chef)

→

서술형 끝내기

서술형 유형 기본

■ 밑줄 친 부분을 지시에 맞게 바꿔 쓰시오.　　p.97　**STEP 1**에 나오는 문장 재확인

① She was 12 years old last year. (→ next year로)

→ She will be 12 years old next year.

작년에 그녀는 12살이었다.
내년에 그녀는 12살이 될 것이다.

② She visited me yesterday. (→ tomorrow로)

→

그녀는 어제 나를 방문했다.
그녀는 내일 나를 방문할 것이다.

③ She was a good writer in 1988. (→ in the future로)

→

1988년에 그녀는 훌륭한 작가였다.
미래에 그녀는 훌륭한 작가가 될 것이다.

④ She took the class last month. (→ next month로)

→

그녀는 지난달에 그 수업을 들었다.
그녀는 다음 달에 그 수업을 들을 것이다.

⑤ Did you make cookies last weekend? (→ tomorrow로)

→

너는 지난 주말에 쿠키를 만들었니?
너는 내일 쿠키를 만들 거니?

서술형 유형 심화

■ 우리말에 맞게 주어진 단어를 이용하여 문장을 쓰시오.　　p.98　**STEP 2**에 나오는 문장 재확인

① 그는 부산으로 이사 갈 예정인가요? (move)

→

(⭕ Is he going to move)
(❌ Does he move)

② 그들은 돼지 저금통에 돈을 모을 거니? (save)

→

(⭕ Will they save)
(❌ Are they saving)

③ 그는 결승전에서 지지 않을 것이다. (lose)

→

(⭕ He won't)
(❌ He didn't)

④ 그는 아무에게도 그의 비밀을 말하지 않을 것이다. (tell)

→

(⭕ He won't)
(❌ He didn't)

• 말할 수 없는 비밀
'말할 수 없는 비밀(Secret)'이라는
대만 영화는 예술고등학생들의 시공
간을 넘어서는 비밀 같은 사랑이야기
랍니다.

서술형 유형 심화 ■ 우리말에 맞게 고르고 문장을 쓰시오. p.99 STEP 3에 나오는 문장 재확인

1 나는 실력 없는 요리사가 되지 않을 것이다. (will / won't)

→ I won't be a bad chef.

(O won't)
(X will)

2 그녀는 새로운 컴퓨터를 살 것인가요? (Does she / Is she going to)

→

(O Is she going to)
(X Does she)

3 Ruffy는 보물을 찾을 것이다. (will / won't)

→

(O will)
(X won't)

4 우리는 이번 주말에 낚시하러 갈 거니? (Do we / Are we going to)

→

(O Are we going to)
(X Do we)

5 너는 독서 클럽에 가입할 거니? (Will you / Do you)

→

(O Will you)
(X Do you)

6 나는 다시는 Jack과 말하지 않을 것이다. (will / won't)

→

(O won't)
(X will)

7 Sonia는 내일 파티를 열 것이다. (is going to / won't)

→

(O is going to)
(X won't)

8 나는 다음 달에 시험을 볼 거예요. (am going to / won't)

→

(O am going to)
(X won't)

[01-02] 다음 빈칸에 들어갈 알맞은 말을 고르시오.

01

_____ he at home last night?

① Do　　　② Does　　　③ Was
④ Were　　　⑤ Did

02

What _____ you eat for lunch yesterday?

① will　　　② did　　　③ do
④ were　　　⑤ are

03 빈칸에 공통으로 들어갈 말로 알맞은 것은?

• She _____ visit Mina soon.
• _____ it be cold tomorrow?

① is(Is)　　　　② will(Will)
③ are(Are)　　　④ was(Was)
⑤ is going to(Is going to)

[04-05] 다음 대화에 들어갈 말로 알맞은 것을 고르시오.

04

A: Do you like strawberries?
B: _____ I like grapes.

① Yes, I do.
② Yes, you do.
③ No, I didn't.
④ No, I don't.
⑤ No, you don't.

05

A: Did you go to the concert last month?
B: _____ It was fantastic!

① Yes, I did.　　　② Yes, you did.
③ No, I didn't.　　④ No, you didn't.
⑤ Yes, you will.

06 다음 중 짝지어진 대화가 <u>어색한</u> 것은?

① A: Does he like chocolate cake?
　 B: Yes, he loves it.
② A: Did you go to the movies?
　 B: No, I didn't. I did my homework.
③ A: Will you go there tomorrow?
　 B: No, I won't.
④ A: What are you going to do tonight?
　 B: I played the computer game.
⑤ A: Where were you yesterday?
　 B: I was at the library.

[07-08] 다음 우리말에 알맞은 문장을 고르시오.

07

우리는 일요일마다 공원에 간다.

① We go to the park this Sunday.
② We went to the park last Sunday.
③ We go to the park on Sundays.
④ We will go to the park on Sundays.
⑤ We were going to the park last Sunday.

08

그는 지금 농구를 하고 있지 않다.

① He isn't going to play basketball now.
② He won't play basketball now.
③ He didn't play basketball now.
④ He wasn't playing basketball now.
⑤ He isn't playing basketball now.

09 빈칸에 들어갈 말로 순서대로 바르게 짝지어진 것은?

A: What did you _____ for lunch?
B: I _____ spaghetti and salad.

① eat – eats
② ate – ate
③ eat – ate
④ eat – eat
⑤ ate – eat

10 빈칸에 들어갈 말로 알맞지 <u>않은</u> 것은?

I went shopping with Jessie _____.

① last Sunday
② yesterday
③ two days ago
④ a week ago
⑤ next week

11 우리말에 맞게 빈칸에 들어갈 알맞은 말은?

그녀는 개와 산책하는 중이었다.
→ She _____ a walk with her dog.

① takes
② is taking
③ was taking
④ will take
⑤ is going to take

[12-13] 다음 중 어법상 올바른 문장을 고르시오.

12

① Did she cried last night?
② He writed an e-mail to Mina.
③ We were cutting the trees.
④ They're not swiming in the pool.
⑤ He will is a soccer player.

13

① She will visit them yesterday.
② She is making Kimchi now.
③ Will you be a teacher last year?
④ They were playing tennis tomorrow.
⑤ Tom and Jessy are best friends two years ago.

서술형 대비 문제

[14-16] 표의 내용과 일치하도록 빈칸에 알맞은 말을 쓰시오.

yesterday	now	tomorrow
practice soccer	chat online	see a movie

14

Jack _____ _____ yesterday.

15

Jack _____ _____ online now.

16

Jack _____ _____ _____
_____ a movie tomorrow.

[17-18] 다음 우리말에 맞게 문장을 쓰시오.

17 그녀는 내일 파티에 오지 않을 것이다. (will 사용)

→

18 나는 도서관에서 Kelly를 기다리는 중이었다.

→

19 다음 그림을 보고 빈칸에 알맞을 말을 쓰시오.

A: Is Mike watching TV?
B: ___①___ He ___②___ a book.

①

②

한 장의 사진으로 보는
문법이 쓰기다

과거시제 - be동사

✏ 써 봐!

John은 내 친구였다. 그는 다정했다.

→

내 옛 친구, 반갑구만, 반가워요!
지금은 서로 다른 학교에 있지만
늘 너를 그리워 해!

UNIT 02

과거시제 - 일반동사

운동 어디까지 해 봤니?
건강하기(fit) 위해 우리가 하는 운동들은 참 많지.
근데 운동 표현에 쓰이는 동사는 do, play, go 정도야.

✏ 써 봐!

우리는 이틀 전에 수영하러 가지 않았다.

→

UNIT 03

진행시제

✏ 써 봐!

그 스파이는 내게 그의 비밀을 얘기하고 있었다.

→

전 세계적으로 유명한 007시리즈
첩보 스파이 영화의 상징인 007 시리즈는
지금까지 24편이 제작되었어!

UNIT 04

미래시제

대만 영화 '말할 수 없는 비밀'의 클래식!
'말할 수 없는 비밀'에서 유명한 장면인 피아노
배틀에는 쇼팽의 '흑건'과 '왈츠'가 나오지!

✏ 써 봐!

그는 아무에게도 그 비밀을 말하지 않을 것이다.

→

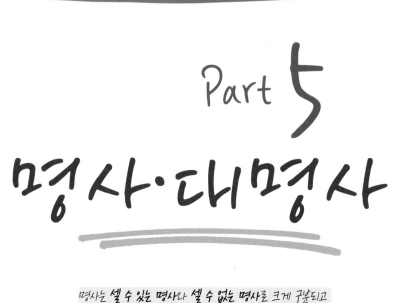

Part 5
명사 · 대명사

명사는 셀 수 있는 명사와 셀 수 없는 명사로 크게 구분되고
그에 따라 명사 앞에 사용하는 관사나 수량을 나타내는 형용사가 달라집니다.
그리고 명사를 대신하는 대명사도 인칭에 따른 형태와 쓰임을 구별해 봅니다.

UNIT 1 명사의 종류

구성	기초 항목	서술형 유형
STEP 1	명사 구별하기	
STEP 2	명사 표현 비교해 보기	
STEP 3		틀린 부분 고쳐 쓰기
서술형 끝내기		문장 완성, 문장 쓰기

UNIT 2 대명사

구성	기초 항목	서술형 유형
STEP 1	문장성분으로 대명사 구별하기	
STEP 2	문장 바꿔 써보기	
STEP 3		틀린 부분 고쳐 쓰기
서술형 끝내기		바꿔 쓰기, 문장 쓰기

UNIT 3 There is[are]~

구성	기초 항목	서술형 유형
STEP 1	주어로 문장 구조 익히기	
STEP 2	문장 바꿔 써보기	
STEP 3		우리말 영작하기
서술형 끝내기		문장 고치기, 문장 쓰기

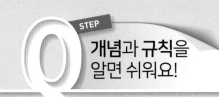

개념과 규칙을
알면 쉬워요!

명사의 종류

명사는 동물, 사람, 장소 혹은 사물 등에 붙여진 **이름**으로, **셀 수 있는 명사**와 **셀 수 없는 명사**로 분류할 수 있다.

셀 수 있는 명사		셀 수 없는 명사	
부정관사 a, an을 쓴다.	a book	부정관사 a, an을 쓸 수 없다.	~~a water~~ → water
복수형 -(e)s를 쓴다.	books	복수형이 없다.	~~peaces~~ → peace

1 셀 수 있는 명사

셀 수 있는 명사의 복수형

① **규칙적**으로 변화하는 명사들

하나 (단수)	a/an + 명사 (단수 동사 is와 함께 사용)		a book, a desk, a box, a bus, an orange, an apple, an hour
둘 이상 (복수)	대부분의 명사	+s	book**s**, desk**s**, pen**s**, cup**s**, flower**s**
	-s, -sh, -ch, -x	+es	dish**es**, box**es**, bus**es**, church**es**
	자음+y	y → i+es	baby-bab**ies**, story-stor**ies**, fly-fl**ies**
	자음+o	+es	potato**es**, hero**es** (*예외 piano**s**, photo**s**)
	-f, -fe	f(e) → v+es	leaf-lea**ves**, knife-kni**ves** (*예외 roof**s**)

② **불규칙적**으로 변화하는 명사들

모음 변화	man-m**e**n, woman-wom**e**n, foot-f**ee**t, tooth-t**ee**th
끝부분 변화	child-child**ren**, ox-ox**en**, mouse-m**ice**
같은 모양	sheep-sheep, fish-fish, deer-deer

🖉 **항상 복수로 쓰는 명사**
쌍을 이루고 있는 것은 항상 복수로 쓴다.
glasses – 안경 pants – 바지
socks – 양말 scissors – 가위

2 셀 수 없는 명사

셀 수 없는 명사

① 특징

고유명사는 항상 대문자로	It is far from (~~busan~~ / Busan).	부산에서 멀다.
	New York is a big city.	뉴욕은 큰 도시이다.
복수형 -s를 보통 쓰지 않음	(Sugar / ~~Sugars~~) is sweet.	설탕은 달다.
	Stone is hard.	돌은 딱딱하다.
부정관사 a/an을 쓰지 않음	(~~An oil~~ / Oil) is expensive.	기름은 비싸다.
	(~~A butter~~ / Butter) is bad for your health.	버터는 네 건강에 좋지 않다.

→ 셀 수 없는 명사는 단수 취급한다.

② 수량 형용사와의 쓰임

	많은		조금 있는	거의 없는	약간의
셀 수 있는 명사	many	a lot of	a few	few	some, any
셀 수 없는 명사	much	lots of	a little	little	

셀 수 없는 명사의 수 표현 : 단위 명사 이용	
컵: a cup of coffee[tea, flour]	잔: a glass of water[juice]
쪽: a slice of cheese[bread]	조각: a piece of paper[bread, cake]
병: a bottle of juice[milk, ink]	장: a sheet of paper
스푼: a spoonful of sugar[salt]	덩어리: a loaf of bread

STEP

골라 보면
문법이 저절로!

셀 수 있는 명사는 부정관사와 복수형을 쓸 수 있지만
셀 수 없는 명사는 쓸 수 없기 때문에 구별해야 한다.

셀 수 있는 명사와 셀 수 없는 명사 · 명사 구분하기

1. a, an, (X) bread   a, an, X boy
2. a, an, X key   a, an, X lady
3. a, an, X ice   a, an, X orange
4. a, an, X water   a, an, X rabbit
5. a, an, X sugar   a, an, X apple
6. a, an, X book   a, an, X eagle

수량 형용사와 명사 · 수량 형용사 고르기

1. few / (little) money   many / much balls
2. a few / little air   many / much snow
3. few / much oil   many / a little children
4. a loaf / bottle of milk   a slice / spoonful of cheese
5. a sheet / loaf of paper   a cup / piece of cake
6. two bottles / loaves of wine two slices / spoonfuls of salt

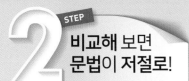
1

우리는 / 눈이 많이 온다 / 겨울에.

We have (much) / many snow in winter.

우리는 / 눈이 거의 안 온다 / 겨울에.

We have few / little snow in winter.

2

나는 / 마신다 / 우유 한 잔을.

I drink a glass / bottle of milk.

나는 / 마신다 / 우유 두 병을.

I drink two glasses / bottles of milk.

3

Bill은 / 떠났다 / 학교를 / 며칠 전에.

Bill left school a few / few days ago.

Bill은 / 남겼다 / 약간의 돈을 / 그녀에게.

Bill left a little / a few money for her.

4

나는 / 지낸다 / 런던에서.

I stay in London / a London .

나는 / 이사 간다 / 부산으로.

I move to Busan / a Busan .

5

나는 / 먹있다 / 사과를.

I ate a apple / an apple .

그는 / 먹었다 / 케익 한 조각을.

He ate a sheet / a piece of cake.

6

그는 / 이야기 히고 있디 / 그 어지들괴.

He is talking to the women / womans .

그는 / 이야기 하고 있다 / 음악에 대해서.

He is talking about music / a music .

7

나는 / 사줬다 / 안경을 / 그녀에게.

I bought glasses / a glasses for her.

나는 / 사줬다 / 신발을 / 그녀에게.

I bought shoes / a shoes for her.

8

나는 / 찍는다 / 사진을 / 나의 강아지와.

I take photos / photoes with my dog.

나는 / 갖는다 / 1시간을 / 점심시간으로.

I take an hour / a hour for lunch.

9

나는 / 넣는다 / 설탕 두 스푼을 / 커피에.

I put two spoonfuls of sugar /
spoonful of sugars in the coffee.

나는 / 넣는다 / 많은 설탕을 / 커피에.

I put much / many sugar in the
coffee.

10

할머니는 / 기른다 / 토마토들을 / 농장에서.

My grandmother grows tomatos /
tomatoes on the farm.

할머니는 / 기른다 / 감자들을 / 농장에서.

My grandmother grows potatos /
potatoes on the farm.

■ 다음 문장에서 **틀린** 부분을 고쳐 쓰시오.

✔ 서술형 **기출**문제

> 나는 점심을 먹은 후에 양치를 한다.
> → I brush my tooths after lunch.

명사 tooth는 셀 수 있는
명사이며 복수형은 가운데
모음이 바뀌어 teeth가
된다.

tooths → teeth

① Jane sent many text message to him. <small>Jane은 그에게 문자를 많이 보냈다.</small>

→ text message → text messages

② The capital of France is paris. <small>프랑스의 수도는 파리이다.</small>

→

③ We have bread with a butter for breakfast. <small>우리는 아침으로 버터 바른 빵을 먹는다.</small>

→

④ My husband washes the dish every morning. <small>내 남편은 아침마다 설거지를 한다.</small>

→

⑤ It makes leafs green. <small>그것은 나뭇잎들을 초록색으로 만든다.</small>

→

⑥ We need a lot of ices in summer. <small>우리는 여름에 많은 얼음이 필요하다.</small>

→

⑦ Many childs learn Taekwondo. <small>많은 아이들이 태권도를 배운다.</small>

→

⑧ It will be an piece of cake. <small>그것은 식은 죽 먹기가 될 것이다.</small>

→

복습 프로그램
p. 107, 108, 109에서
배운 문장으로

교과서 **서술형 끝내기**

유형기본 ➕
기본 + 심화 문제

서술형 유형 기본

■ 다음 문장에서 틀린 부분을 고쳐 쓰시오. p.107 STEP 1에 나오는 문장 재확인

① I need two potato.

→ | I need two potatoes. | 나는 감자 두 개가 필요하다.   (⭕ two potatoes)
(❌ two potato)

② The baby has small foots.

→ | | 그 아기는 발이 작다.   (⭕ small feet)
(❌ small foots)

③ A sugar is sweet.

→ | | 설탕은 달다.   (⭕ Sugar)
(❌ A sugar)

④ They have three boxs.

→ | | 그들은 세 개의 상자가 있다.   (⭕ three boxes)
(❌ three boxs)

⑤ We have many snow in winter.

→ | | 우리는 겨울에 눈이 많이 온다.   (⭕ much snow)
(❌ many snow)

서술형 유형 심화

■ 우리말에 맞게 주어진 단어를 이용하여 문장을 쓰시오. p.108 STEP 2에 나오는 문장 재확인

① 우리는 겨울에 눈이 거의 안 온다. (little)

→ | | 눈은 셀 수 없는 명사이므로 little snow로 씀

② 나는 매일 우유 한 잔을 마신다. (glass)

→ | | 셀 수 없는 명사는 단위명사를 이용하여 씀

③ 나는 커피에 설탕을 많이 넣지 않는다. (much)

→ | | sugar는 셀 수 없는 명사로 much를 씀

④ 그는 케익 한 조각을 먹었다. (piece)

→ | | 조각을 piece로 나타냄

• 식은 죽 먹기
케익 한 판을 먹는 것보다 한 조각을 먹는 것이 더 쉽겠죠? 그래서 'a piece of cake'은 다른 말로 '쉬운 일'을 뜻해요.

서술형 유형 심화 ■ 우리말에 맞는 것을 고르고 문장을 쓰시오.

p.109 STEP 3에 나오는 문장 재확인

1 Jane은 그에게 문자를 많이 보냈다. **(much text message / many text messages)**

→ Jane sent many text messages to him.

(○ many text messages)
(✗ much text message)

2 우리는 아침으로 버터 바른 빵을 먹는다. **(bread with a butter / bread with butter)**

→

(○ bread with butter)
(✗ bread with a butter)

3 내 남편은 아침마다 설거지를 한다. **(the dish / the dishes)**

→

(○ the dishes)
(✗ the dish)

4 그것은 나뭇잎들을 초록색으로 만든다. **(leafs / leaves)**

→

(○ leaves)
(✗ leafs)

5 우리는 여름에 많은 얼음이 필요하다. **(a lot of ices / a lot of ice)**

→

(○ a lot of ice)
(✗ a lot of ices)

6 많은 아이들이 태권도를 배운다. **(childs / children)**

→

(○ children)
(✗ childs)

7 나는 점심을 먹은 후에 양치를 한다. **(tooths / teeth)**

→

(○ teeth)
(✗ tooths)

8 그것은 식은 죽 먹기가 될 것이다. **(a cake / a piece of cake)**

→

(○ a piece of cake)
(✗ a cake)

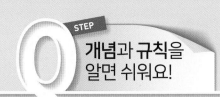
대명사의 특징

대명사는 **명사를 대신하여** 문장 안에서 **주어, 보어, 목적어**로 사용된다.

My daughter		likes		the dog .
나의 딸은		좋아한다		그 개를.
↓				↓
She		likes		it .
그녀는		좋아한다		그것을.

1 인칭대명사

인칭대명사 형태

① **주어 자리**의 대명사 형태

한 사람 (단수)		두 사람 이상 (복수)		인칭
I	나는	We	우리는	1인칭
You	너는/당신은	You	너희들은/당신들은	2인칭
She	그녀는/그 여자는	They	그들은	3인칭
He	그는/그 남자는			

② **주어가 아닌 자리**의 대명사 형태

단수			복수		
주격	소유격	목적격	주격	소유격	목적격
I	my	me	we	our	us
you	your	you	you	your	you
he	his	him			
she	her	her	they	their	them
it	its	it			

◈ 소유대명사

소유격은 명사의 소유를 나타내며,
소유대명사는 〈소유격+명사〉을
대신한다.

mine	나의 것	hers	그녀의 것
yours	너의 것	ours	우리의 것
his	의 것	theirs	그들의 것

This is his watch.
→ This is his(=his watch).
　　　　　소유대명사

Kate has her bike. → She has it. 그녀는 그것을 갖고 있다.
주어　　목적어　　　　주격　　목적격

2 재귀대명사

재귀대명사

재귀대명사는 주어를 반복하여 **자신을 지칭**할 때 쓴다.

주격	재귀대명사	주격	재귀대명사
I	myself	we	ourselves
you	yourself	they	themselves
he	himself	you	yourselves
she	herself	it	itself

재귀대명사는 '자기 자신'이라는 의미

자기 자신(재귀 용법)　Did you hurt (**you / yourself**)? 너는 다쳤니? → 목적어로 쓰여 생략할 수 없음

직접(강조 용법)　　　He (**himself**) fixed his computer. 그가 직접 컴퓨터를 고쳤다. → 강조일 때는 생략 가능

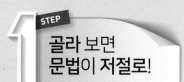

✓ 명사를 대신하는 인칭대명사

인칭대명사 고르기

1 Mom likes cookies.
엄마는 쿠키를 좋아한다.

☐ She likes it. ☑ She likes them.

2 Romeo loves Juliet.
Romeo는 Juliet을 사랑한다.

☐ He loves her. ☐ He loves she.

3 Harry's book is on the chair.
Harry의 책은 의자 위에 있다.

☐ His book is on it. ☐ He's book is on them.

4 Mr. and Mrs. Smith entered Hana's room.
Smith 부부는 하나의 방에 들어갔다.

☐ They entered her room. ☐ They entered its room.

5 Wanda leaves Loki and me soon.
Wanda는 Loki와 나를 곧 떠난다.

☐ She leaves our soon. ☐ She leaves us soon.

✓ 재귀대명사

재귀대명사 고르기

1 We often talk to [　　　　].
우리는 / 종종 말한다 / 자기 자신에게.

☐ us ☑ ourselves

2 I love [　　　　] so much.
나는 / 사랑한다 / 내 자신을 정말.

☐ me ☐ myself

3 She [　　　] takes care of her little sister.
그녀는 / 그녀 스스로 / 돌본다 / 그녀의 어린 동생을.

☐ her ☐ herself

4 They were proud of [　　　　].
그들은 / 자랑스러웠다 / 그들 자신을.

☐ them ☐ themselves

5 Conan [　　　　] solves a crime.
코난은 / 그 스스로 / 해결한다 / 범죄를.

☐ him ☐ himself

6 I enjoyed [　　　　] at the party.
나는 / 즐겼다 / 파티에서.

☐ me ☐ myself

<u>Tom</u> makes <u>a desk</u>.

영문장 → He makes it.

우리말 → 그는 그것을 만든다.

1 <u>Spider-Man</u> helps <u>Jane's</u> mother.

영문장 →

우리말 →

2 <u>Tom</u> caught <u>two mice</u>.

영문장 →

우리말 →

3 <u>Monica</u> will send a message to <u>Ross</u>.

영문장 →

우리말 →

4 <u>Michael Sandel</u> answered <u>students'</u> questions.

영문장 →

우리말 →

5 <u>Tony and Sarah</u> read <u>the newspaper</u> every day.

영문장 →

우리말 →

6 <u>My brother and I</u> lost <u>her</u> watch.

영문장 →

우리말 →

7 Are <u>you and Jay</u> waiting for <u>Monica</u>?

영문장 →

우리말 →

■다음 대화에서 <u>틀린</u> 부분을 고쳐 쓰시오.

☑ 서술형 **기출**문제

> A: That's my teddy bear.
> B: No, ~~they're~~ mine.

→ 이미 언급된 특정한
'하나의 사물'을 대신하는
인칭대명사 it을 쓴다.

No, they're mine. → No, it's mine.

---

① A: This movie is very exciting.
B: Yes, they are.
→ Yes, they are. → Yes, it is.

② A: Is Mr. Rogers handsome?
B: No, she isn't.
→

③ A: Is this Jun-ki's bag?
B: No, it is your.
→

④ A: Where are Miranda and Parker?
B: We are in the kitchen.
→

⑤ A: Are mice under the bed?
B: No, it is in the cupboard.
→

⑥ A: What is Jack like?
B: He is kind. I like his.
→

⑦ A: Does your mom know you well?
B: No, but she knows himself very well.
→

⑧ A: Did you hear the news?
B: Yes, you heard them yesterday.
→

서술형 유형 기본

■ 지시에 맞게 바꿔 다시 쓰시오.　　p.113　**STEP 1에 나오는 문장 재확인**

① Romeo loves Juliet. (→ 목적어를 인칭대명사로)

→ Romeo loves her.

목적어는 Juliet으로 her로 씀

② Mom likes cookies. (→ 주어를 인칭대명사로)

→

주어는 Mom으로 She로 씀

③ Harry's book is on the chair. (→ Harry's를 소유격으로)

→

명사's는 소유격으로 바꿔 쓸 수 있음

④ Wanda leaves Loki and me soon. (→ 목적어를 인칭대명사로)

→

이 문장의 목적어는 Loki and me로 us로 바꿔 씀

⑤ Mr. and Mrs. Smith entered Hana's room. (→ 주어를 인칭대명사로)

→

이 문장의 주어는 Mr. and Mrs. Smith로 They로 바꿔 씀

서술형 유형 심화

■ 우리말에 맞게 주어진 단어를 배열하시오.　　p.114　**STEP 2에 나오는 문장 재확인**

① answered, he, questions, their (그는 그들의 질문에 대답했다.)

→

소유격은 명사 앞에 씀

② lost, we, hers (우리는 그녀의 것을 잃어버렸다.)

→

주격과 소유대명사를 구별함

③ are, for, waiting, you, her, ? (너희들은 그녀를 기다리고 있니?)

→

전치사 다음에는 목적격 대명사가 옴

④ she, a message, will, to, send, him (그녀는 그에게 메시지를 보낼 것이다.)

→

동사를 중심으로 주어와 목적어를 구별

• 통신수단 비둘기
옛날에 비둘기들은 멀리 떨어진 지역에 소식을 전달해줬다고 해요. 이들을 '전서구'라고 하는데 주로 군사적인 목적으로 쓰였어요.

서술형 유형 심화

■ 우리말에 맞게 고르고 문장을 쓰시오. p.115 **STEP 3**에 나오는 문장 재확인

1 그것은 **(It / They)** 매우 재미있어.

→ It is very exciting.

(◯ It)
(✗ They)

2 이것은 준기의 **(Jun-ki / Jun-ki's)** 가방이니?

→

(◯ Jun-ki's)
(✗ Jun-ki)

3 그들은 **(They / Them)** 부엌에 있어.

→

(◯ They)
(✗ them)

4 나는 어제 그것을 **(it / them)** 들었다.

→

(◯ it)
(✗ them)

5 그녀는 그녀 본인을 **(her / herself)** 매우 잘 알아.

→

(◯ herself)
(✗ her)

6 그것들은 **(It / They)** 찬장 안에 있어.

→

(◯ They)
(✗ It)

7 너희 어머니는 너를 **(you / your)** 잘 아니?

→

(◯ you)
(✗ your)

8 그 테디베어는 나의 것 **(mine / my)** 이다.

→

(◯ mine)
(✗ my)

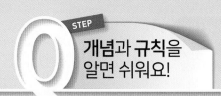

문장구조

There is[are]는 '~가 있다'는 의미로 뒤에 나오는 명사의 단·복수에 따라
There is와 **There are**로 구별된다.

There is	butter		in the fridge	.
있다	버터가		냉장고에.	

There are	stars		in the sky	.
있다	별들이		하늘에.	

↳ 이것이 주어

1 There is ~ / There are ~

There is와 There are

명사가 단수이면 **There is**를, 복수이면 **There are**를 쓴다.

There is + 단수 명사	There are + 복수 명사
There is milk on the table.	**There are books** in my bag.
있다 / 우유가 / 탁자에.	있다 / 책들이 / 내 가방에.

There is[are]의 의문문

① 의문문: **there**와 **be동사**의 **순서를 바꾸기**

There	are	many books	on the desk	.
있다		많은 책들이	책상 위에.	

Are	there	many books	on the desk	?
있니		많은 책들이	책상 위에?	

> ✏ **There is[are]~의 과거형**
>
> '~이 있었다'는 과거를 나타낼 때는
> there was[were]~로 쓴다.
>
> 정원에 큰 나무가 있었다.
> There was a big tree in the garden.
> ↳ ~이 있었다

② How many ~ are there? / How much ~ is there?

'**얼마나 많은 ~이 있니?**'라는 의미의 질문으로 **대답은 There is[are]~문장**으로 한다.

How many + 셀 수 있는 복수명사	How much + 셀 수 없는 명사
How many books are there in your bag?	**How much water** is there in the vase?
네 가방 안에 책이 몇 권 있니?	꽃병 안에 물이 얼마나 있니?
↓	↓
There are three books in my bag.	**There is** little water in the vase.
내 가방 안에 세 권의 책이 있어.	꽃병 안에 물이 거의 없어.

2 it의 쓰임

it의 다양한 쓰임

여러 가지 역할을 하는 **it**	사물, 동물, 앞에서 언급된 일을 가리키는 인칭대명사 it
	Look at <u>the dog</u>! **It** is running really fast. 저 강아지 봐! 그것은 엄청 빨리 달리고 있어. ↑ 앞에서 언급된 the dog을 대신
	비인칭 주어 it – 날씨, 시간, 거리, 명암, 온도, 날짜, 계절 등 표현
	It is too cold today. (날씨) 오늘은 너무 춥다.
	It is 10 o'clock. (시간) 10시이다.　　**It** is far from Seoul. (거리) 서울에서 멀다.
	It is dark outside. (명암) 밖은 어둡다.　　**It** is spring now. (계절) 지금은 봄이다.

★ 대명사 it과 one의 차이

막연한 것을 가리키는 부정대명사 **one**	Do you have <u>a bike</u>?	→	I have **one**.
특정한 것을 가리키는 인칭대명사 **it**	Did you see <u>my bike</u>?	→	I saw ~~one~~ / **it**.

↳ my bike를 대신함

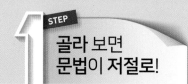

STEP

골라 보면
문법이 저절로!

There is[are]~는 '~가 있다'는 것을 표현할 때 쓴다.
It은 인칭대명사, 비인칭주어로 쓰인다.

There is[are]~ 다음의 명사

명사 고르기

1 There are ☐ .
☑ many dogs ☐ much water

2 There is ☐ .
☐ some orange juice ☐ some orange juices

3 There is ☐ .
☐ much sugar ☐ many fish

4 Is there ☐ ?
☐ any change ☐ any changes

5 Are there ☐ ?
☐ many friends ☐ a little friend

6 Is there ☐ ?
☐ questions ☐ a question

It의 다양한 쓰임

대명사 고르기

1 ☐ is raining.
비가 / 오고 있다.
☑ It ☐ That

2 ☐ is December 25th.
12월 25일이야.
☐ It ☐ This

3 ☐ is next to the restaurant.
그것은 / 있다 / 식당 옆에.
☐ It ☐ These

4 ☐ will be hot tomorrow.
(날씨가) 더울 것이다 / 내일은.
☐ There ☐ It

5 ☐ is about 10km from here.
(거리가) 약 10km입니다 / 여기서부터.
☐ There ☐ It

There is a fly on the wall.

의문문 → Is there a fly on the wall?

우리말 → 벽에 파리가 있니?

1 There is a mouse in your house.

의문문 →

우리말 →

2 There are five members in the club.

의문문 →

우리말 →

3 There are seven days in a week.

의문문 →

우리말 →

4 There is a sheet of paper on the desk.

의문문 →

우리말 →

5 There is a big tree in the garden.

의문문 →

우리말 →

6 It was cloudy in London yesterday.

의문문 →

우리말 →

7 It is dark outside.

의문문 →

우리말 →

■ 다음 우리말에 맞게 주어진 단어를 이용하여 쓰시오.

☑ 서술형 **기출**문제

> 냉장고에 <u>우유가</u> 두 병 있어요. (in the fridge)

→ <u>There are two bottles of milk in the fridge.</u>

milk(우유)는 셀 수 없는
명사이므로 복수형을 쓸 수
없다. 대신 병(bottle)이라는
단위명사를 이용한다.

① 이 집에는 방이 3개 있어요. (in this house)

→ There are three rooms in this house.

② 네팔에는 높은 산들이 있다. (in Nepal)

→

③ 서울에서 부산까지는 멀다. (far from Seoul to Busan)

→

④ 도서관에는 책들이 몇 권 있었다. (a few, in the library)

→

⑤ 치즈케이크 남은 것이 있나요? (any cheesecake left)

→

⑥ 동물원에 판다가 있나요? (in the zoo)

→

⑦ 얼마나 많은 의자가 거실에 있나요? (chairs)

→

⑧ 거리에는 많은 영웅들이 있었다. (hero, on the street)

→

교과서 **서술형 끝내기**

서술형 유형 기본

■ 다음 문장에서 틀린 부분을 고쳐 쓰시오.   p.119 **STEP 1에 나오는 문장 재확인**

① There are some orange juice.

→ There is some orange juice.   오렌지 주스가 조금 있다.

(○ There is)
(✗ There are)

② There is many dogs.

→   많은 개들이 있다.

(○ There are)
(✗ There is)

③ Is there many friends?

→   친구들이 많이 있니?

(○ Are there)
(✗ Is there)

④ Are there any change?

→   어떤 변화가 있니?

(○ Is there)
(✗ Are there)

⑤ There are much sugar.

→   설탕이 많이 있다.

(○ There is)
(✗ There are)

서술형 유형 심화

■ 우리말에 맞게 주어진 단어를 이용하여 문장을 쓰시오.   p.120 **STEP 2에 나오는 문장 재확인**

① 밖은 어둡다. (outside)

→

명암은 비인칭주어 it을 씀

② 벽에 파리가 있다. (on the wall)

→

There is[are]~ 다음에 '무엇'이 '어디'에 있다는 내용이 옴

③ 정원에 큰 나무가 있니? (in the garden)

→

의문문은 there와 is의 위치를 바꿈

④ 일주일에는 7일이 있니? (in a week)

→

의문문은 there와 are의 순서를 바꿈

• 24/7
24/7(twenty for seven)은 '하루
24시간 1주일 7일 내내'라는 뜻으
로, 이는 '항상(always)'의 의미로
쓰이는 표현이에요.

서술형 유형 심화
■ 우리말에 맞게 고르고 문장을 쓰시오.
p.121 **STEP 3에 나오는 문장 재확인**

1 이 집에는 방이 3개 있다. **(There is / There are)**

→ There are three rooms in this house.

(○ There are)
(✗ There is)

2 거리에는 많은 영웅들이 있었다. **(There was / There were)**

→

(○ There were)
(✗ There was)

3 동물원에 판다가 있나요? **(Is there / Is it)**

→

(○ Is there)
(✗ Is it)

4 서울에서 부산까지는 멀다. **(It is / Seoul is)**

→

(○ It is)
(✗ Seoul is)

5 얼마나 많은 **(How much / How many)** 의자가 거실에 있나요?

→

(○ How many)
(✗ How much)

6 치즈케이크 남은 것이 있나요? **(Is there / Are there)**

→

(○ Is there)
(✗ Are there)

7 네팔에는 높은 산들이 있다. **(There is / There are)**

→

(○ There are)
(✗ There is)

8 도서관에는 책들이 몇 권 있었다. **(There was a little / There were a few)**

→

(○ There were a few)
(✗ There was a little)

01 다음 명사의 복수형이 잘못 짝지어진 것은?

① man – men
② child – children
③ sheep – sheep
④ dish – dishes
⑤ foot – foots

[02-03] 다음 빈칸에 들어갈 말이 순서대로 바르게 짝지어진 것을 고르시오.

02

I met Mr. Kim yesterday. _____ is my English teacher. I like _____ because he is very kind.

① He – he
② Him – his
③ He – him
④ His – him
⑤ His – he

03

- We are taking care of _____ children.
- We had _____ snow last year.

① many – little
② much – many
③ many – many
④ a lot – much
⑤ lots of – few

04 다음 우리말을 영어로 바르게 옮긴 것은?

꽃병에 많은 꽃들이 있다.

① There is many flower in the vase.
② There are many flower in the vase.
③ There are many flowers in the vase.
④ There are much flowers in the vase.
⑤ There is much flowers in the vase.

05 다음 밑줄 친 부분에 들어갈 수 없는 것은?

He has _____ time now.

① little
② few
③ much
④ a lot of
⑤ a little

[06-07] 다음 밑줄 친 부분의 쓰임이 어색한 것을 고르시오.

06

① Can I have a cup of coffee, please?
② I need a sheet of paper.
③ Mom bought a loaf of bread.
④ Put a slice of sugar into the bowl.
⑤ I ate a piece of cake for the dessert.

07

① I saw two mice on the floor.
② Can you help me carry these boxes?
③ Look at the tallen leaves.
④ Black sheep are sleeping on the grass.
⑤ Brush your toothes after lunch.

08 다음 밑줄 친 부분을 생략할 수 있는 것은?

① Let me introduce myself.
② He himself fixed his bike.
③ They are proud of themselves.
④ Julia enjoyed herself at the party.
⑤ Mike expresses himself very well.

09 다음 중 밑줄 친 it의 쓰임이 나머지 넷과 다른 것은?

① It is getting dark outside.
② It is far from here.
③ It is your bag.
④ It is too hot today.
⑤ It is 3:40.

10 다음 중 빈칸에 a(an)이 어울리지 <u>않은</u> 것은?

① She will move to _____ Busan soon.

② I saw _____ dog at the shopping mall.

③ Mom bought _____ apple pie.

④ He is _____ science teacher.

⑤ _____ baby is sleeping in the cradle.

[11-12] 다음 대화의 빈칸에 들어갈 말로 알맞은 것을 고르시오.

11

A: Whose pen is this?
B: It's _____.

① I   ② me
③ my   ④ myself
⑤ mine

12

A: Are there any children in the playground?
B: _____ Many children are playing there.

① Yes, there are.
② No, there aren't.
③ Yes, there is.
④ No, there isn't.
⑤ Yes, it is.

서술형 대비 문제

[13-15] 다음 우리말에 맞게 보기에서 알맞은 말을 찾아 문장을 완성하시오.

보기

a slice of   a bottle of   a piece of

13 생수 한 병을 주시겠어요?

→ Can I have _____ water?

14 나는 치즈 한 조각을 먹었다.

→ I ate _____ cheese.

15 엄마는 가구 한 점을 샀다.

→ Mom bought _____ furniture.

16 다음 우리말에 맞게 주어진 단어를 이용하여 문장을 쓰시오.

얼마나 많은 학생들이 너희 반에 있니? (in your class)

→ _____

[17-19] 다음 문장에서 <u>잘못된</u> 부분을 바르게 고쳐 쓰시오.

17 She fell over a stone. She hurt her.

→ _____

18 Kate has a dog. She loves itself.

→ _____

19 We need some milk. There is a few milk in the jar.

→ _____

20 다음 글을 읽고 틀린 부분을 찾아 고쳐 쓰시오.

I have a friend, Mike. He loves his cat. But the cat doesn't like his. It loves it's blanket.

① _____

② _____

한 장의 사진으로 보는
문법이 쓰기다

UNIT 01
명사의 종류

식은 죽 먹기? 케이크 먹기?
우리말에 쉬운 일을 식은 죽 먹기라고 하지?
영어로는 It's a piece of cake.라고 해.
식은 죽보다 케이크 먹기가 더 쉬우려나 ㅎㅎㅎ

✎ **써 봐!**

그는 케이크 한 조각을 먹었다.

→

✎ **써 봐!**

그녀는 그에게 메시지를 보낼 것이나.

→

UNIT 02
대명사

비둘기는 필요 없어?
지금은 도심 속의 골칫거리가 되었지만, 비둘기들에게는
뛰어난 귀소본능이 있어서 예전에는 메세지를 주고 받는
전서구 역할을 했었지.

UNIT 03
There is[are] ~

24/7
SERVICE

24/7 service!
이 말은 '연중무휴'라는 뜻이야. 편의점을
생각하면 쉽지? 1년 내내, 항상, 온종일 열려 있잖아!

✎ **써 봐!**

일주일에는 7일이 있니?

→

Part 6
조동사

말하는 사람의 의도나 확신, 조언 등의
의미를 더해 줄 필요가 있을 때
동사와 함께 쓰는 것을 조동사라고 합니다.

UNIT 1 조동사 can, may

구성	기초 항목	서술형 유형
STEP 1	조동사의 의미 파악하기	
STEP 2	문장 배열하기	
STEP 3		대화 완성하기
서술형 끝내기		문장 고치기, 문장 쓰기

UNIT 2 must/have(has) to/should/had better

구성	기초 항목	서술형 유형
STEP 1	조동사 의미 파악하기	
STEP 2	문장 배열하기	
STEP 3		대화 완성하기
서술형 끝내기		문장 고치기, 문장 쓰기

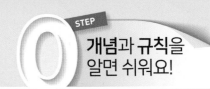

조동사 규칙

조동사는 동사를 도와 문장에 **추가적인 의미를 제공**해 주는 역할을 한다.

| I | can | fix the car | . | ← 조동사 뒤에 항상 동사원형 |

나는 ／ 차를 고칠 수 있다.

| She | ~~cans~~ / can | fix the car | . | ← 3인칭 주어여도 그대로 |

그녀는 ／ 차를 고칠 수 있다.

| You | ~~can are~~ / can be | late tomorrow | . | ← is, are는 be로 씀 |

너는 ／ 내일 늦어도 된다.

---

1 조동사 can과 may

조동사 can과 may의 의미

① can의 의미

능력	She **can** play the piano.	그녀는 피아노를 칠 줄 안다.
허락	You **can** go home.	너는 집에 가도 된다.
요청	**Can** I go home?	집에 가도 될까?

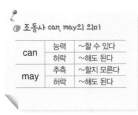

조동사 can, may의 의미

can	능력	~할 수 있다
	허락	~해도 된다
may	추측	~할지 모른다
	허락	~해도 된다

★ can의 과거시제: could

I **could**n't swim but I **can** now. 나는 수영을 못했지만 지금은 한다.

② may의 의미

추측	He **may** be tired.	그는 피곤할지 모른다.
허락	You **may** sit here.	여기 앉아도 된다.
금지	You **may not** sit here.	여기 앉으면 안 된다.

---

2 can, may의 부정문, 의문문

조동사 can, may의 부정문, 의문문 형태

부정문	의문문
You (can) be here with us. 너는 / 여기 있을 수 있다 / 우리와 함께.	You (can) make cookies. 너는 / 만들 수 있다 / 쿠키를.
You **cannot[can't]** be here with us. 너는 / 여기 있을 수 없다 / 우리와 함께.	**Can** you make cookies? 너는 만들 수 있니 / 쿠키를?

↳ 부정문을 만들 때는 조동사 바로 뒤에 not을 붙인다. ↳ 의문문은 조동사가 문장 앞에 나온다.

부정문	I **can** make a cake.	→	I **can't** make a cake.
	He **may** be here.	→	He **may not** be here.
의문문	He **can** be here with us.	→	**Can he** be here with us?
	You **may** use my phone.	→	**May I** use your phone?

	허락 / 요청	긍정의 대답	부정의 대답
May Can	I close the door?	Of course. / Sure. / Yes, you can(may).	No, you can't(may not). / I'm sorry but you can't(may not).

조동사의 규칙과 의미

조동사 고르기

1 그녀는 내일 올지도 모른다.

She [**may** / mays] come tomorrow.

2 그는 요리를 잘 할 수 있다.

He [can cook / can cooks] well.

3 그녀는 피곤할지도 모른다.

She [may am / may be] tired.

4 토끼는 빨리 달릴 수 있다.

Rabbits [can / may] run fast.

5 그는 교통 체증 때문에 늦을지도 모른다.

He [can / may] be late because of traffic.

6 우리는 스페인어를 할 줄 안다.

We [can / may] speak Spanish.

조동사 can, may의 부정문, 의문문

조동사 부정문, 의문문 고르기

1 Anne은 교회에 안 갈지도 모른다.

Anne [cannot / **may not**] go to church.

2 나는 운전을 할 줄 모른다.

I [cannot / may not] drive a car.

3 너는 여기 앉으면 안 돼.

You [may / may not] sit here.

4 내가 네 컴퓨터를 써도 될까?

[Can you / May I] use your computer?

5 너는 피아노를 연주할 수 있니?

[Can you / May you] play the piano?

6 내가 창문을 열어도 되니?

[May you / Can I] open the window?

can, lend me, you, a pencil, ?

영문장 → Can you lend me a pencil?

우리말 → 너는 내게 연필을 빌려주겠니?

---

1 wear, may, my hat, you

영문장 →

우리말 →

---

2 may, not, close, the door, you

영문장 →

우리말 →

---

3 can't, the child, walk, yet

영문장 →

우리말 →

---

4 have, Frodo, the ring, may

영문장 →

우리말 →

---

5 may, go, with my friends, I, outside, ?

영문장 →

우리말 →

---

6 Bill Gates, not, be, may, rich

영문장 →

우리말 →

---

7 Si-jin, live, cannot, her, without

영문장 →

우리말 →

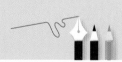

3 STEP 쓰다 보면 서술형이 저절로!

조동사 may, can에 유의하여 우리말에 맞게 주어진 표현으로 문장을 완성하시오.

■ 다음 우리말에 맞게 주어진 표현을 이용하여 쓰시오.

> A: Where is your brother?
>
> B: I don't know. _____ (may, in his room)
>
> 그는 그의 방에 있을 거예요.

'~할지도 모른다'는 추측은 조동사 may를 쓰고 may 뒤에 동사원형이 온다.

→ He may be in his room.

---

1 A: 제가 도와드릴까요? (may, help)

B: No, thanks.

→ May I help you?

2 A: 나는 내 가방을 찾을 수가 없어. (can, find)

B: It may be in your room.

3 A: It is really cold today.

B: 오늘 밤에 눈이 올지도 몰라요. (may, snow)

4 A: I have a lot of books.

B: Then, 내가 네 책을 빌려도 될까? (can, borrow)

5 A: I want some cookies.

B: 나는 네게 쿠키를 만들어 줄 수 있어. (can, make)

6 A: I left my cellphone at home.

B: 너는 내 핸드폰을 써도 돼. (may, use)

7 A: Tarzan can talk with animals.

B: 그것은 사실이 아닐지도 몰라. (may, be true)

8 A: 이 셔츠 입어볼 수 있을까요? (can, try on)

B: Sure. What size do you want?

서술형 유형 기본

■ 우리말에 맞게 틀린 부분을 고쳐 쓰시오.　p.129　**STEP 1에 나오는 문장 재확인**

① Rabbits may run fast.

→ Rabbits can run fast.　　　　토끼는 빨리 달릴 수 있다.

(◯ can)
(✗ may)

② May you play the piano?

→ 　　　　너는 피아노를 연주할 수 있니?

(◯ Can)
(✗ May)

③ I may not drive a car.

→ 　　　　나는 운전을 할 줄 모른다.

(◯ cannot)
(✗ may not)

④ Anne cannot go to church.

→ 　　　　Anne은 교회에 안 갈지도 모른다.

(◯ may not)
(✗ cannot)

⑤ Can you use your computer?

→ 　　　　내가 네 컴퓨터를 써도 될까?

(◯ Can I)
(✗ Can you)

서술형 유형 심화

■ 우리말에 맞게 주어진 단어를 이용하여 문장을 쓰시오.　p.130　**STEP 2에 나오는 문장 재확인**

① 시진은 그녀 없이 살 수 없다. (can, live without)

→

'살 수 없다'는 부정의 의미이므로 cannot을 씀

② 그 아이는 아직 걷지 못한다. (can, walk yet)

→

'걸을 수 없다'는 부정의 의미이므로 can't을 씀

③ Bill Gates는 부자가 아닐지도 모른다. (may, be rich)

→

'아닐지도 모른다'는 부정의 의미이므로 may not을 씀

④ Frodo가 그 반지를 가지고 있을지도 모른다. (may, have)

→

추측을 나타내는 조동사 may를 써서 나타냄

• 절대 반지
Frodo는 영화 반지의 제왕(The Lord of the Rings)에 나오는 주인공으로 절대반지를 파괴하기 위한 여정을 떠나요.

서술형 유형 심화

■ 우리말에 맞게 고르고 문장을 쓰시오.

p.131 STEP 3에 나오는 문장 재확인

1 그는 그의 방에 있을 거예요. **(may be / may is)**

→ He may be in his room.

(⭕ may be)
(❌ may is)

2 나는 내 가방을 찾을 수 없다. **(can / can't)**

→

(⭕ can't)
(❌ can)

3 오늘 밤에 눈이 올지도 몰라요. **(may snow / may snows)**

→

(⭕ may snow)
(❌ may snows)

4 나는 네 책을 빌려도 될까? **(Can I / May you)**

→

(⭕ Can I)
(❌ May you)

5 나는 너에게 쿠키를 만들어 줄 수 있어. **(can make / may make)**

→

(⭕ can make)
(❌ may make)

6 너는 내 핸드폰을 써도 돼. **(I may / You may)**

→

(⭕ You may)
(❌ I may)

7 그것은 사실이 아닐지도 몰라. **(may / may not)**

→

(⭕ may not)
(❌ may)

8 이 셔츠 입어볼 수 있을까요? **(Can I / May I)**

→

(⭕ Can I / May I)
(❌ 없음)

must / have[has] to / should / had better

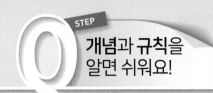

개념과 규칙을
알면 쉬워요!

조동사의 의미

의무나 **추측, 충고**를 나타내는 조동사는 **must, should, have[has] to**가 있다.

조동사	의미	부정형
must	의무: ~해야 한다	must not(금지)
	추측: ~임에 틀림 없다	cannot(~일 리 없다)
have to	의무: ~해야 한다	don't have to(~할 필요 없다)
should	충고: ~하는 게 낫다	should not

→ 부정형으로 바뀔 때
의미가 달라지는 것에 유의한다.

---

1 must / have to

조동사 must와 have[has] to

① **must**는 **의무**나 **강한 추측**을 나타낼 때 쓴다.

의무	You **must** take a break at home.	너는 집에서 쉬어야 한다.
강한 추측	He **must be** a Japanese.	그는 일본인임에 틀림없다.

② 의무 **must = have to / has to**

I / You / We / They	**have to**	lock the door. 문을 잠가야 한다.
He / She	**has to**	

★ '~해야 한다'는 의무의 have to는 주어가 **3인칭 단수**일 때 **has to**로 쓴다.

He ~~have to~~ / **has to** clean his room. 그는 그의 방을 청소해야 한다.

③ **must** 의미에 따른 **부정문**

의무	He (**must not** / ~~doesn't have to~~) make a mistake.	그는 실수해서는 안 된다.
강한 추측	He (~~must not~~ / **cannot**) be tired.	그는 피곤할 리가 없다.

★ 의무를 묻는 의문문은 have to를 이용한다.

Does he **have to** /~~has to~~ clean his room? 그는 그의 방을 청소해야 하니?

> **have[has] to 부정문의 의미**
>
> don't(doesn't) have to는 '~할 필요가 없다'라는 뜻으로 must not 과 다르다는 점에 유의한다.
>
> You <u>don't have to</u> go there.
> = You <u>don't need to</u> go there.
> (너는 거기에 갈 필요 없다.)

---

2 should / had better

조동사 should, had better

should	충고	You **should** take an umbrella now.	너는 지금 우산을 갖고 가야 해.
	제안	I think you **should** go home now.	너는 지금 집에 가는 게 좋겠어.
had better	강한 권유	You **had better** go to the dentist.	너는 치과에 가는 게 좋겠다.

* should는 가벼운 충고라면 had better는 강한 권고, 충고를 나타낸다.

★ 조동사 should, had better 부정문

You **should** listen to your mom.	We **had better** take a taxi.
↓	↓
You **should not** listen to your mom.	We **had better not** take a taxi.

└ 조동사 부정문처럼 should 바로 뒤에 not을 쓴다.   └ 부정문은 had better 바로 뒤에 not을 붙인다.

문법이 쓰기다

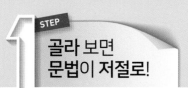

STEP

골라 보면
문법이 저절로!

의무를 나타낼 때 사용할 수 있는 조동사는 should, have[has] to, must이다. 그리고 충고는 should, had better를 쓴다.

조동사 must, have[has] to, should, had better

조동사 고르기

1 그는 일본인임에 틀림없다.

He （must） / has to   be a Japanese.

2 너는 문을 잠가야 한다.

You   has to / have to   lock the door.

3 우리는 일요일에 교회에 가야 한다.

We   must / must be   go to church on Sunday.

4 그녀는 약속을 지켜야 한다.

She   has to / have to   keep her promise.

5 그녀는 지금 분명 자고 있는 게 틀림없다.

She   should / must   be sleeping now.

6 그들은 기차를 타는 게 낫다.

They   had better / had better not   take the train.

must, have[has] to, should의 부정문

조동사 부정문 고르기

1 너는 거기 갈 필요는 없어.

You   must not / （don't have to）   go there.

2 그녀가 내 여자친구일 리가 없다.

She   must / cannot   be my girlfriend.

3 그들은 실수를 해서는 안 된다.

They   must not / don't have to   make mistakes.

4 나는 학교에 늦지 않는 게 좋겠다.

I   should not / don't have to   be late for school.

5 그는 마법사일 리가 없다.

He   must / cannot   be a wizard.

6 그녀는 남동생과 싸워서는 안 된다.

She   should not / cannot   fight with her brother.

doesn't, he, send, to Mina, have to, a present

영문장 → He doesn't have to send a present to Mina.

우리말 → 그는 미나에게 선물을 보낼 필요가 없다.

---

1 follow, we, the school, must, rules

영문장 →

우리말 →

---

2 all students, have, quiet, in the library, be, to

영문장 →

우리말 →

---

3 should, you, drive, not, in the rain, fast

영문장 →

우리말 →

---

4 you don't, tell, have, the truth, your friends, to

영문장 →

우리말 →

---

5 she, have, to, her mom, phone, every day, does, ?

영문장 →

우리말 →

---

6 children, use, had better, not, smartphones

영문장 →

우리말 →

---

7 get, by 9 o'clock, you, must, there.

영문장 →

우리말 →

■ 다음 우리말에 맞게 주어진 표현을 이용하여 쓰시오.

☑ 서술형 **기출**문제

A: Mom, 제가 운동화를 빨아야 해요? (wash my sneakers)

B: Yes, you do.

의무에 대한 의문문은
have to를 이용하여
<Do(es)+주어+have to~?>로
쓴다.

→ _____Do I have to wash my sneakers?_____

---

1 A: It is getting dark.

B: 우리는 이제 집에 가야 해요? (go home)

→ Do we have to go home now?

---

2 A: Jane doesn't look well.

B: Right. 그녀는 아픈 게 틀림없어. (sick)

→

---

3 A: She cannot swim well.

B: 그녀는 연습을 매일 해야 해. (practice)

→

---

4 A: You look good today.

B: I'm feeling better. 나는 병원에 갈 필요가 없어.
(see a doctor)

→

---

5 A: 너는 내 생일파티에 꼭 와야 해. (come to)

B: Okay, I will.

→

---

6 A: My mother was very upset.

B: 너는 그녀에게 다시는 거짓말해선 안 된다.
(lie, again)

→

---

7 A: You have an exam tomorrow, don't you?

B: Are you sure? 그게 사실일 리가 없다. (true)

→

---

8 A: Lisa got A grades in all subjects.

B: 그녀는 천재임이 틀림없다. (genius)

→

서술형 유형 기본

■ 다음 우리말을 보고 틀린 부분을 고쳐 쓰시오. p.135 **STEP 1에 나오는 문장 재확인**

① He has to be a Japanese.

→ He must be a Japanese.　　　그는 일본인임에 틀림없다.

(◐ must be)
(✘ has to be)

② You must not go there.

→　　　　너는 거기 갈 필요가 없어.

(◐ don't have to)
(✘ must not)

③ She doesn't have to keep her promise.

→　　　　그녀는 약속을 지켜야 한다.

(◐ has to)
(✘ doesn't have to)

④ He must not be a wizard.

→　　　　그는 마법사일 리가 없다.

(◐ cannot)
(✘ must not)

⑤ They don't have to make mistakes.

→　　　　그들은 실수해선 안 된다.

(◐ must not)
(✘ don't have to)

서술형 유형 심화

■ 우리말에 맞게 주어진 단어를 이용하여 문장을 쓰시오. p.136 **STEP 2에 나오는 문장 재확인**

① 그녀가 매일 엄마에게 전화해야 하니? (have to, phone her mom)

→

have to를 이용하여 의문문을 씀

② 모든 학생들이 도서관에서 조용히 해야 한다. (must, be quiet)

→

의무를 나타내는 조동사로 must를 씀

③ 너는 그 진실을 친구들에게 말할 필요는 없다. (have to, tell, the truth)

→

don't have to는 '~할 필요가 없다'는 의미

④ 우리는 학교 규칙을 따라야 한다. (have to, follow)

→

의무를 나타내는 조동사는 have to를 씀

• 교칙 준수
출석(attendance)을 잘 하는 것은 가장 기본적인 학교의 규칙이겠죠? 일부러 결석(miss a class)하는 것은 선생님께 혼날지도 몰라요!!

서술형 유형 심화
■ 우리말에 맞게 고르고 문장을 쓰시오.
p.137 STEP 3에 나오는 문장 재확인

(1) 우리는 이제 집에 가야 해요? **(Do we have to / Have we to)**

→ Do we have to go home now?

(◯ Do we have to)
(✘ Have we to)

(2) 그게 사실일 리가 없다. **(must / cannot)**

→

(◯ cannot)
(✘ must)

(3) 너는 그녀에게 다시는 거짓말해선 안 된다. **(must not / don't have to)**

→

(◯ must not)
(✘ don't have to)

(4) 그녀는 연습을 매일 해야 해. **(has to / have to)**

→

(◯ has to)
(✘ have to)

(5) 나는 병원에 갈 필요가 없다. **(must not / don't have to)**

→

(◯ don't have to)
(✘ must not)

(6) 제가 운동화를 빨아야 하나요? **(Do I have to / Have I to)**

→

(◯ Do I have to)
(✘ Have I to)

(7) 그녀는 천재임이 틀림없다. **(must / cannot)**

→

(◯ must)
(✘ cannot)

(8) 너는 내 생일파티에 꼭 와야 해. **(should / cannot)**

→

(◯ should)
(✘ cannot)

[01-03] 다음 빈칸에 들어갈 말로 알맞은 것을 고르시오.

01

A: _____ I come in?
B: Yes, please do.

① Have to   ② Will   ③ May
④ Do   ⑤ Did

02

Kevin solved the difficult problem.
He _____ be a genius.

① can't   ② must   ③ won't
④ shouldn't   ⑤ had better

03

A: I'm sorry I'm late. The traffic was terrible.
B: You _____ leave home early next
   time.

① should   ② may   ③ will
④ may not   ⑤ can't

04   빈칸에 들어갈 말이 순서대로 바르게 짝지어진 것은?

A: Can you go to the movies with me?
B: Sorry, I _____ . I _____ finish
   my homework.

① can – should   ② can't – can
③ should – have to   ④ don't – must not
⑤ can't – have to

05   빈칸에 들어갈 대답으로 알맞지 않은 것은?

A: May I go home now?
B: _____ .

① Sure.
② Of course.
③ Yes, you may.
④ I'm sorry, but you may not.
⑤ I'd love to.

[06-07] 다음 밑줄 친 부분의 뜻이 다른 것을 고르시오.

06

① She cannot play the guitar.
② I can't drive a car.
③ It cannot be easy.
④ They can't speak French.
⑤ He can't swim in the river.

07

① She must be tired.
② He must pay the bill by May 15th.
③ You must go to the meeting on time.
④ You must come home by 6.
⑤ He must take a bath.

08   다음 대화의 빈칸에 들어갈 말로 짝지어진 것은?

A: You don't look good. What's wrong?
B: I didn't go to Mina's birthday.
A: Oh, she _____ be angry.
   You _____ say sorry to her.

① should – may
② must – cannot
③ has to – won't
④ must – should
⑤ may – had better not

09 빈칸에 공통으로 들어갈 말로 알맞은 것은?

- You _____ better take a bus.
- I _____ to take the medicine yesterday.

① should   ② need   ③ had
④ must   ⑤ may

[10-11] 다음 중 어법상 어색한 것을 고르시오.

10

① May I use the bathroom?
② You had better take an umbrella.
③ Can you come to my birthday party?
④ I should practice soccer today.
⑤ Have I to take the lesson?

11

① He may join us.
② You don't had better eat too much.
③ Does she have to keep the room clean?
④ May I go to the party tonight?
⑤ I cannot read the book fast.

12 대화에 들어갈 말로 적절한 것은?

A: Hurry up. We may be late for school.
Let's cross the street.
B: Wait, the light is red. We _____ be in a hurry. We _____ follow the traffic rules.

① must not – must
② have not to – must
③ had better – should
④ had better not – should not
⑤ don't have to – may

[13-14] 다음 우리말과 뜻이 같도록 주어진 단어를 알맞게 배열하시오.

13 너는 건강을 위해 규칙적으로 운동해야 한다.
(you, your health, should, regularly, for, exercise)

→

14 나는 숙제를 내일까지 끝낼 필요는 없다.
(finish, my homework, don't, I, by, have to, tomorrow)

→

[15-16] 다음 문장에서 틀린 부분을 찾아 바르게 고쳐 쓰시오.

15 It is raining heavily. We had better to stay at home.

→

16 Please be quiet. You should talk on the phone in the library.

→

17 다음 그림을 보고 우리말에 맞게 대화를 완성하시오.

A: Is Jack good at skiing?
B: Yes, He is a good skier. He ① 아주 빨리 내려갈 수 있어. (go down)
A: Can I learn from him?
B: I don't know. I think he ② 지금 바쁠지도 모른다. (busy)

①

②

한 장의 사진으로 보는
문법이 쓰기다

UNIT 01
조동사 can, may

 써 봐!

Frodo가 그 반지를 가지고 있을지도 모른다.

→

My precious, 골룸~ 골룸~
절대반지 때문에 괴물이 된 골룸은
주인공 Frodo에게서 그 반지를 다시 되찾으려 하지.
골룸을 조심해!

 써 봐!

Bill Gates는 부자가 아닐지도 모른다.

→

★

세계에서 가장 부자는?
마이크로 소프트 창업자인 Bill Gates는
전 재산이 무려 712억 달러라고 해.
기부도 많이 하는 걸 보니
마음이 훨씬 더 부자일지도 몰라!

UNIT 02
must / have[has] to / should / had better

수업에 참여하지 않으면
출석부(roll)에 기록이 남아.
그러니까 땡땡이는 안 돼!
지켜야 할 교칙을 어기면 안 되겠지?

써 봐!

우리는 교칙을 따라야 한다.

→

Part 7

수동태

주어가 (무엇을) 하는지에 관한 것이면 **능동태**를
주어가 무슨 일을 당했는지, 무슨 일이 벌어졌는지를
나타내면 **수동태**를 씁니다.

UNIT 1 수동태 기본

구성	기초 항목	서술형 유형
STEP 1	동사 형태 변화 익히기	
STEP 2	수동태로 바꿔 써보기	
STEP 3		틀린 부분 고쳐 쓰기
서술형 끝내기		문장 완성, 문장 쓰기

UNIT 2 여러 가지 수동태

구성	기초 항목	서술형 유형
STEP 1	능동태와 수동태 구별하기	
STEP 2	태, 시제 비교해 보기	
STEP 3		우리말 영작하기
서술형 끝내기		문장 완성, 문장 쓰기

수동태 기본

**수동태
문장구조**

수동태는 주어가 스스로 동작을 하는 능동태와 달리 〈be동사+과거분사〉로 '누구'보다
'무슨 일이 어떻게 되었는지'를 강조할 때 쓴다.

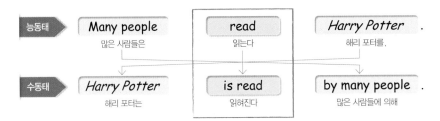

능동태	Many people	read	Harry Potter .
	많은 사람들은	읽는다	해리 포터를.
수동태	Harry Potter	is read	by many people .
	해리 포터는	읽혀진다	많은 사람들에 의해

**수동태
만들기**

수동태의 형태

수동태의 동사 형태는 〈be동사+과거분사〉로 〈by+행위자〉가 뒤에 온다.

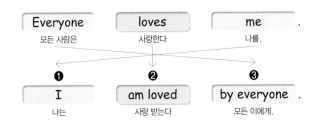

	Everyone	loves	me .
	모든 사람은	사랑한다	나를.
	❶	❷	❸
	I	am loved	by everyone .
	나는	사랑 받는다	모든 이에게.

❶ **목적어를 주어로** 바꿔 쓴다.

목적격 → 주격으로 바꿔 쓰기	me → I him → He her → She you → You us → We them → They

❷ **동사를** 〈be동사+과거분사(p.p.)〉로 바꿔 쓴다. 일반적으로 과거형과 **과거분사는** 〈동사+-ed〉이지만
다음과 같이 수동태에 많이 쓰이는 불규칙동사에 주의한다.

동사	과거	과거분사	동사	과거	과거분사
be	was/were	been	send	sent	sent
buy	bought	bought	see	saw	seen
go	went	gone	beat	beat	beaten
build	built	built	lose	lost	lost
think	thought	thought	speak	spoke	spoken
keep	kept	kept	take	took	taken
eat	ate	eaten	write	wrote	written
give	gave	given	catch	caught	caught
leave	left	left	cut	cut	cut

❸ **주어를 목적어로** 바꿔 〈by+목적어〉로 쓴다.

주격 → 목적격으로 바꿔 쓰기	I → me He → him She → her You → you We → us They → them

★ 일반적으로 알 수 없거나 중요하지 않은 사람인 us, you, them, somebody, people 등이
〈by+행위자〉일 경우는 생략이 가능하다.

The thief was caught (**by them**). 도둑이 (그들에 의해) 잡혔다.

STEP

골라 보면
문법이 저절로!
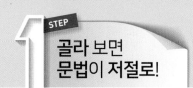

수동태는 주어가 수동적으로 되어지는 것을 나타낸다.
형태는 〈be동사+과거분사〉로 〈by+행위자〉가 뒤따른다.
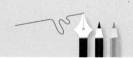

✔ 동사변화

과거, 과거분사 쓰기

동사	과거	과거분사	동사	과거	과거분사
be	was/were	been	send		
buy			see		
go			beat		
build			call		
think			speak		
keep			take		
eat			write		
give			fix		
leave			cut		

✔ 수동태의 형태

능동태·수동태 고르기

1 Sometimes I [   ] paper.

종이를 자른다.	☑ cut	☐ am cut by
종이에 베인다.	☐ cut	☐ am cut by

2 Steve [   ] Mina every day.

미나를 방문한다.	☐ visits	☐ is visited by
미나의 방문을 받는다.	☐ visits	☐ is visited by

3 Paul [   ] them.

그들의 도움을 받는다.	☐ helps	☐ is helped by
그들을 돕는다.	☐ helps	☐ is helped by

4 Messi [   ] them.

그들에게 사랑 받는다.	☐ loves	☐ is loved by
그들을 사랑한다.	☐ loves	☐ is loved by

5 He [   ] Lisa each year.

Lisa를 초대한다.	☐ invites	☐ is invited by
Lisa에게 초대 받는다.	☐ invites	☐ is invited by

Many people use smartphones.

수동태 → Smartphones are used by many people.

우리말 → 스마트폰은 많은 사람들에 의해 사용된다.

---

1 The victors write history.

수동태 →

우리말 →

*victor: 승리자

---

2 Web designers design web sites.

수동태 →

우리말 →

---

3 Many Chinese eat Korean food.

수동태 →

우리말 →

---

4 We make the school newspaper.

수동태 →

우리말 →

---

5 Students clean the classroom.

수동태 →

우리말 →

---

6 Farmers grow vegetables.

수동태 →

우리말 →

---

7 Engineers build robots.

수동태 →

우리말 →

---

8 Reporters write news reports.

수동태 →

우리말 →

■ 다음 우리말을 보고 <u>틀린</u> 부분을 고쳐 쓰시오.

✔ 서술형 **기출**문제

알파고는 구글에 의해 개발된다.
→ AlphaGo invents Google.

→ 주어가 '알파고'이므로
동사 invent를 '개발된다'는
의미의 수동태로 쓴다.

AlphaGo **invents** Google. → AlphaGo is invented by Google.

---

① 훌륭한 해산물 요리는 요리사들에 의해 제공된다.

Chefs are served great sea food. → Great sea food is served by chefs.

---

② 웃긴 농담은 TV 코미디언들에 의해 말해진다.

TV comedians are told by funny jokes. →

---

③ 루브르 박물관은 많은 사람들에 방문을 받는다.

Many people are visited by the Louvre. →

---

④ 내 남자친구가 스파게티를 요리한다.

My boyfriend is cooked spaghetti. →

---

⑤ Julie의 조부모님은 그녀의 도움을 받는다.

Julie helps her grandparents. →

---

⑥ 사냥꾼들은 때때로 사자들에 의해 겁먹는다.

Lions sometimes scare hunters. →

---

⑦ 우리 모든 학우들은 반장에 의해 이끌어진다.

The class president leads all our classmates. →

---

⑧ 'Transformers'는 Michael Bay에 의해 만들어진 것이다.

Michael Bay directs *Transformers*. →

서술형 유형 기본

■ 우리말에 맞게 주어진 단어를 이용하여 문장을 완성하시오.   p.145 **STEP 1**에 나오는 문장 재확인

| visit | cut | help | invite |

1 ▶ 나는 때때로 종이에 베인다.

→ Sometimes | I am cut by | paper.

(○ am cut by)
(✘ cut)

2 ▶ Steve는 매일 미나의 방문을 받는다.

→ | | Mina every day.

(○ is visited by)
(✘ visits)

3 ▶ Paul은 항상 그들을 돕는다.

→ | | them.

(○ helps)
(✘ is helped by)

4 ▶ 그는 매년 Lisa에게 초대 받는다.

→ | | Lisa each year.

(○ is invited by)
(✘ invites)

서술형 유형 심화

■ 우리말에 맞게 주어진 단어를 이용하여 문장을 쓰시오.   p.146 **STEP 2**에 나오는 문장 재확인

1 ▶ 역사는 승리자들에 의해 쓰여진다. (write)

→

(○ is written by)
(✘ writes)

2 ▶ 채소들은 농부들에 의해 길러진다. (grow)

→

(○ are grown by)
(✘ is grown by)

3 ▶ 교실은 학생들에 의해 치워진다. (clean)

→

(○ is cleaned by)
(✘ are cleaned by)

4 ▶ 로봇들은 공학자들에 의해 만들어진다. (build)

→

(○ are built by)
(✘ build)

• 인공지능 로봇
인공지능 로봇 알파고(AlphaGo)
와 바둑기사 이세돌의 대결은 큰
화제가 되었죠. 바둑(Go game)을
통해 인공지능의 영역을 확인하는
의미있는 장이었어요.

서술형 유형 심화

■ 우리말에 맞게 고르고 문장을 쓰시오.

p.147 STEP 3에 나오는 문장 재확인

① 루브르 박물관은 많은 사람들에 방문을 받는다. **(visits / is visited)**

→ The Louvre is visited by many people.

(◯ is visited)
(✗ visits)

② 웃긴 농담들은 TV 코미디언들에 의해 말해진다. **(tell / are told)**

→

(◯ are told)
(✗ tell)

③ 내 남자친구가 스파게티를 요리한다. **(cooks / is cooked)**

→

(◯ cooks)
(✗ is cooked)

④ Julie의 조부모님은 그녀의 도움을 받는다. **(help / are helped)**

→

(◯ are helped)
(✗ help)

⑤ 사냥꾼들은 때때로 사자들에 의해 겁먹는다. **(scare / are scared)**

→

(◯ are scared)
(✗ scare)

⑥ 우리 모든 학우들은 반장에 의해 이끌어진다. **(lead / are led)**

→

(◯ are led)
(✗ lead)

⑦ 'Transformers'는 Michael Bay에 의해 만들어진다. **(directs / is directed)**

→

(◯ is directed)
(✗ directs)

⑧ AlphaGo는 구글에 의해 개발된다. **(invents / is invented)**

→

(◯ is invented)
(✗ invents)

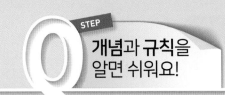
STEP
개념과 규칙을
알면 쉬워요!

능동태, 수동태의 문장구조

수동태는 '누가 무엇을 하는가가 아니라 '**어떤 일이 되어지는 것**'이 초점일 때 쓴다.

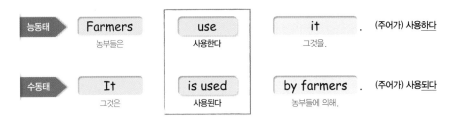

| 능동태 ▶ | Farmers 농부들은 | use 사용한다 | it 그것을. | (주어가) 사용한**다** |
| 수동태 ▶ | It 그것은 | is used 사용된다 | by farmers 농부들에 의해. | (주어가) 사용**되다** |

능동태 / 수동태 구별하기

동사의 의미에 따라 능동태와 수동태 구별

'**~을 하다**'라고 주어가 직접 하는 동작이면 **능동**이고 '**~이 되다**'라고 주어가 동작을 받을 때는 **수동**을 쓴다.

visit	방문하다	He **visits** Mable every week.
	방문 받다	Mable **is visited** by him every week.
break	깨다	Jake **broke** the window.
	깨어지다	The window **was broken** by Jake.

★ **동사의 의미**와 **함께** 동사 다음에 **목적어**(~을/를)가 있는지 확인한다.

보내시나 Many text messages ~~send~~ / **are sent** by teenagers.
　　　　　　　　　　　　　　　　　　　　　　전치사구

보내다 Teenagers **send** / ~~are sent~~ many text messages.
　　　　　　　　　　　　　　　　　목적어

📎 수동태가 안 되는 동사들
1형식 동사: go, happen
2형식 동사: 감각동사(feel, look)
상태동사 : have, exist, become

수동태 현재 / 수동태 과거

수동태의 시제

수동태의 **현재**는 〈am/is/are+과거분사〉이고, 과거는 〈was/were+과거분사〉로 나타낸다.

see		He **sees** flowers on the street.	꽃을 보다
	현재	Flowers **are seen** on the street.	꽃이 보이다
		He **saw** flowers on the street.	꽃을 봤다
	과거	Flowers **were seen** on the street.	꽃이 보였다
take		He **takes** photos.	사진을 찍다
	현재	Photos **are taken** by him.	사진이 찍히다
		He **took** photos.	사진을 찍었다
	과거	Photos **were taken** by him.	사진이 찍혔다

수동태의 **부정문**은 〈be동사+not〉로, **의문문**은 〈Be동사+주어+과거분사~?〉로 쓴다.

The house was built by him.
그 집은 그에 의해 지어졌다.

부정문 The house **wasn't built** by him.

의문문 **Was** the house **built** by him?

능동태, 수동태 구별하기
동사의 태 고르기

1 He [＿＿＿＿＿＿] her every week.
그는 / 초대 받는다 / 그녀에게 / 매주.
- [ ] invites
- [✓] is invited by

2 I [＿＿＿＿＿＿] my classmates.
나는 / 사랑 받는다 / 반 친구들에게.
- [ ] love
- [ ] am loved by

3 She [＿＿＿＿＿＿] her grandmother.
그녀는 / 돕는다 / 그녀의 할머니를.
- [ ] helps
- [ ] is helped by

4 Some flowers [＿＿＿＿＿＿] in winter.
어떤 꽃은 / 발견된다 / 겨울에.
- [ ] found
- [ ] are found

5 The baseball [＿＿＿＿＿＿] a catcher.
야구공은 / 잡힌다 / 포수에 의해.
- [ ] catches
- [ ] is caught by

6 We [＿＿＿＿＿＿] the secret.
우리는 / 지킨다 / 그 비밀을.
- [ ] keep
- [ ] are kept

수동태의 시제
시제 고르기

1 The chair [＿＿＿＿] .

| 그 의자는 옮겨진다. | [✓] is moved | [ ] was moved |
| 그 의자는 옮겨졌다. | [ ] is moved | [ ] was moved |

2 The ball [＿＿＿＿] .

| 그 공은 던져진다. | [ ] is thrown | [ ] was thrown |
| 그 공은 던져졌다. | [ ] is thrown | [ ] was thrown |

3 The movie [＿＿＿＿] .

| 그 영화는 개봉되었다. | [ ] is released | [ ] was released |
| 그 영화는 개봉된다. | [ ] is released | [ ] was released |

4 Leaves [＿＿＿＿] .

| 잎들은 수집되었다. | [ ] are collected | [ ] were collected |
| 잎들은 수집된다. | [ ] are collected | [ ] were collected |

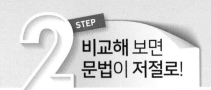

STEP 2

비교해 보면
문법이 저절로!

주어가 <u>스스로</u> 동작하는 능동태인지, 수동적으로 동작이 되어지는 것인지
주어와 동사의 관계를 비교해보고 알맞은 동사의 형태를 고르시오.

1

동물들이 / 보인다 / 동물원에서.

Animals   see / (are seen)   at the zoo.

동물들이 / 본다 / 사람들을 / 동물원에서.

Animals   see / are seen   people at
the zoo.

2

너는 / 당긴다 / 너의 근육을.

You   stretch / are stretched   your
muscles.

너의 근육이 / 당겨진다.

Your muscles   stretch / are stretched   .

3

우유는 / 배달된다 / 아침마다.

Milk   delivers / is delivered   every
morning.

남동생은 / 배달한다 / 우유를 / 집집마다.

My brother   delivers / is delivered
milk door to door.

4

우리는 / 입는다 / 한복을 / 새해에.

We   wear / are worn   Hanboks on
New Year's Day.

한복은 / 착용된다 / 새해에.

Hanboks   wear / are worn   on New
Year's Day.

5

그들은 / 내려 받았다 / 그 음악을.

They   downloaded / were downloaded
the music.

그 음악은 / 내려 받아졌다 / 그들에 의해.

The music   was downloaded /
downloaded   by them.

6

나의 성적표는 / 놀라게 했다 / 나의 부모님을.

My school report   surprised /
was surprised   my parents.

나의 부모님은 / 놀랐다 / 내 성적표에 의해.

My parents   surprised / were surprised
by my school report.

7

그 타워는 / 지어지지 않았다 / 유명한 건축가들에 의해.

The tower   didn't build / wasn't built   by
famous architects.

그 유명한 건축가는 / 설계하지 않았다 / 그 타워를.

The famous architect   didn't design /
wasn't designed by   the tower.

8

그가 / 풀었니 / 그 문제를?

Did he solve / Was he solved   the
problem?

그 문제가 / 풀렸니 / 그에 의해?

Did the problem solve /
Was the problem solved   by him?

■ 다음 우리말에 맞게 주어진 단어를 이용하여 쓰시오.

☑ 서술형 **기출**문제

> 많은 책들이 Morris에 의해 쓰여졌다. (write)

→ _Many books were written by Morris._

'쓰여졌다'라는 수동태와
과거시제를 모두 나타내기
위해서는 <was/were+과거
분사>로 쓴다.

① 소포는 우체부에 의해 수거된다. (pick up)

→ Packages are picked up by a mailman.

② 그 도둑은 경찰들에 의해 체포되었다. (arrest)

→

③ 이 컴퓨터는 Bill에 의해 고쳐졌다. (fix)

→

④ 필리핀은 폭풍에 강타당했다. (hit)

→

⑤ 피자 세 조각이 미나에게 주어졌다. (give, to)

→

⑥ 학교는 10년 전에 지어졌다. (build, ago)

→

⑦ 인터넷은 많은 사람들에 의해 사용된다. (use)

→

⑧ 이 그림은 붓으로 그려졌나요? (paint with a brush)

→

서술형 유형 기본

■ 우리말에 맞게 주어진 단어를 이용하여 문장을 완성하시오.   p.151   **STEP 1에 나오는 문장 재확인**

| keep | help | find | catch |

1 그녀는 그녀의 할머니를 돕는다.

→ | She helps | her grandmother.

(◌ helps)
(✘ is helped by)

2 어떤 꽃들은 겨울에 발견된다.

→ | | in winter.

(◌ are found)
(✘ find)

3 야구공은 포수에 의해 잡힌다.

→ | | a catcher.

(◌ is caught by)
(✘ caught)

4 우리는 그 비밀을 지킨다.

→ | | the secret.

(◌ keep)
(✘ are kept by)

서술형 유형 심화

■ 우리말에 맞게 주어진 단어를 이용하여 문장을 쓰시오.   p.152   **STEP 2에 나오는 문장 재확인**

1 동물들이 동물원에서 보인다. (see)

→

(◌ are seen)
(✘ see)

2 우유는 아침마다 배달된다. (deliver)

→

(◌ is delivered)
(✘ delivers)

3 그 음악은 그들에 의해 내려 받아졌다. (download)

→

(◌ was downloaded)
(✘ are downloaded)

4 한복은 새해에 착용된다. (wear)

→

(◌ are worn)
(✘ wear)

• 한복의 대중화
우리나라 전통의복인 한복(Hanbok)은 최근 현대적 감각으로 재디자인되어 일상복으로도 많이 애용되고 있어요.

1 소포는 우체부에 의해 수거된다. **(pick up / are picked up)**

→ Packages are picked up by a mailman.

(○ are picked up)
(✗ pick up)

2 그 도둑은 경찰들에 의해 체포되었다. **(arrested / was arrested)**

→

(○ was arrested)
(✗ arrested)

3 이 컴퓨터는 Bill에 의해 고쳐졌다. **(fixed / was fixed)**

→

(○ was fixed)
(✗ fixed)

4 필리핀은 폭풍에 강타당했다. **(hit / was hit)**

→

(○ was hit)
(✗ hit)

5 학교는 10년 전에 지어졌다. **(built / was built)**

→

(○ was built)
(✗ built)

6 이 그림은 붓으로 그려졌나요? **(painted / was painted)**

→

(○ was painted)
(✗ painted)

7 피자 세 조각이 미나에게 주어졌다. **(gave / were given)**

→

(○ were given)
(✗ gave)

8 인터넷은 많은 사람들에 의해 사용된다. **(uses / is used)**

→

(○ is used)
(✗ uses)

[01-03] 다음 빈칸에 들어갈 말로 알맞은 것을 고르시오.

01

The paper _____ in China.

① invent
② invents
③ is invent
④ was invented
⑤ were invented

02

The book _____ by a famous writer.

① writes
② is writing
③ wrote
④ was written
⑤ were written

03

He was invited to the party _____ Mr. Han.

① at
② by
③ in
④ on
⑤ to

[04-05] 두 문장의 뜻이 같도록 할 때, 빈칸에 알맞은 말을 고르시오.

04

The man takes pictures every day.
→ Pictures _____ by the man every day.

① is taken
② are taken
③ was took
④ were taken
⑤ are took

05

I gave him some money.
→ He was given some money by _____.

① I
② my
③ me
④ mine
⑤ myself

06 다음 밑줄 친 부분 중 생략이 가능한 것은?

① My ② bag ③ was ④ stolen ⑤ by someone.

[07-08] 다음 중 어법상 틀린 것을 고르시오.

07

① The baby is loved by everyone.
② Flowers are picked by the woman.
③ The island were hit by a storm.
④ The books weren't found in my house.
⑤ The picture wasn't drawn by the artist.

08

① Newspaper is delivered every morning.
② The policeman arrested by the thief.
③ The movie was released last Friday.
④ Was the house built by your Dad?
⑤ The text message was sent by Jack.

[9-10] 다음 우리말을 바르게 옮긴 문장을 고르시오.

09

그 창문은 깨지지 않았다.

① The window isn't break.
② The window didn't broken.
③ The window wasn't broken.
④ The window wasn't broke.
⑤ The window wasn't breaking.

10

3D 프린터는 한국인에 의해 발명되었습니까?

① Was the 3D printer invented by a Korean?
② Did the 3D printer invent by a Korean?
③ Did the 3D printer invent a Korean?
④ Was the 3D printer invent by a Korean?
⑤ Did a Korean invent the 3D printer?

11 다음 문장을 수동태로 바르게 바꿔 쓴 것은?

Dad cooked dinner for us.

① Dad was cooked dinner for us.
② Dinner was cooked for Dad by us.
③ Dinner were cook by Dad for us.
④ We cooked dinner for Dad.
⑤ Dinner was cooked for us by Dad.

12 다음 빈칸에 늘어갈 말이 순서대로 싹지어진 것은?

• English is _____ in many countries.
• The doll was _____ by my aunt.

① speak – make   ② speaks – makes
③ spoke – made   ④ spoken – made
⑤ spoken – make

13 다음 대화의 빈칸에 들어갈 말로 알맞게 짝지어진 것은?

A: Oh, It's too cold in here.
   Is the heater _____?
B: The heater _____ last weekend.
   I'll call the repairman again.

① break – fixed
② break – is fixed
③ broken – will be fixed
④ broken – was fixed
⑤ break – was fixed

14 다음 글을 읽고, 주어진 단어를 빈칸에 알맞은 형태로 쓰시오.

I went to Paris last year and saw the Mona Lisa. It _____ _____ (paint) Leonardo da Vinci and is kept in the Louvre. It _____ _____ (surround) many visitors. It was beautiful.

[15-16] 다음 문장을 능동태로 바르게 바꿔 쓰시오.

15 Many animals are found in forests by hunters.

→

16 Was the letter written by Mark?

→

[17-18] 다음 우리말을 주어진 단어를 이용하여 영작하시오.

17 나는 나의 이모에 의해 동물원에 데려가 졌다. (take, to the zoo)

→

18 별들은 밤에 보인다. (see, at night)

→

19 다음 글을 읽고, 틀린 부분을 찾아 고쳐 쓰시오.

Hangul created by King Sejong in 1443. *Hangul* was easily used by ordinary people. Many people in other countries are learned *Hangul* these days.

①

②

한 장의 사진으로 보는
문법이 쓰기다

수동태 기본

인공지능의 시대
천재 바둑기사 이세돌을 이긴 알파고.
어려운 바둑(Go game)도 인공지능이 해내는 걸
보니 내 숙제를 도와주는 로봇도 생기겠지?

 써 봐!

로봇은 공학자들에 의해 만들어진다.

→

UNIT 02

여러 가지 수동태

역사책을 뚫고 나온 한복
불편하다는 고정관념을 깨고,
많은 사람들이 평상복처럼 디자인된 한복을 찾고 있어.
그럼 한복 스타일의 교복은 어때?

 써 봐!

한복은 실닐에 입는다.

→

누구를 위한 동물원?
어릴 적 동물원에 가본 적 있어?
일반인이 가까이서 동물을 볼 수 있어.
하지만 열악한 환경, 동물학대 등 다양한
이유로 동물원에 대해 부정적인 의견을 가진
사람들이 많아.
이 문제에 대해서 여러분은 어떻게 생각해?

 써 봐!

동물들이 동물원에서 보인다.

→

정답 **UNIT 01.** Robots are invented by engineers. **UNIT 02.** *Hanboks* are worn on New Year's Day. ★ Animals are seen at the zoo.

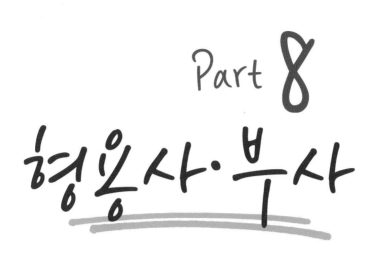

Part 8

형용사·부사

형용사는 명사를 꾸며주거나 주어, 목적어를
설명해 주는 역할을 합니다.
그리고 부사는 주로 동사, 형용사를 수식하며
문장 전체 의미를 드러내기도 합니다.

UNIT 1 형용사, 부사

구성	기초 항목	서술형 유형
STEP 1	위치 및 의미 파악하기	
STEP 2	문장 배열하기	
STEP 3		틀린 부분 고쳐 쓰기
서술형 끝내기		문장 고치기, 문장 쓰기

UNIT 2 비교급

구성	기초 항목	서술형 유형
STEP 1	비교급 만들기	
STEP 2	문장 배열하기	
STEP 3		틀린 부분 고쳐 쓰기
서술형 끝내기		문장 완성, 문장 쓰기

UNIT 3 최상급

구성	기초 항목	서술형 유형
STEP 1	최상급 만들기	
STEP 2	문장 배열하기	
STEP 3		우리말 영작하기
서술형 끝내기		문장 완성, 문장 쓰기

형용사와 부사의
특징

형용사는 **명사를 수식**하거나 **보충 설명**하지만 **부사**는 형용사, 부사, 동사 등을 수식한다.

형용사	부사
Mina is a **famous** singer. (유명한 가수) 형용사　명사 미나는 유명한 가수이다.	Judy is a **very** lovely girl. (매우 사랑스러운) 부사　형용사 Judy는 매우 사랑스러운 소녀이다.

1 형용사

형용사의 역할

형용사는 **두 가지 형태**로 **명사를 설명**해 준다.

① 명사를 수식 → 한정적 용법

$$\boxed{형용사 + 명사}$$
수식

→ She has an **old** bag. (낡은 가방)

→ She is a **lovely and warm** lady. (사랑스럽고 따뜻한 여성)

② 동사 뒤에서 주어 설명 → 서술적 용법

$$\boxed{주어 + 동사 + 형용사}$$
설명

→ Her bag is **old**. (가방이 낡다.)

→ He looks **young**. (그는 어려 보인다.)
설명

　🖊 서술적 용법의 형용사에 쓰이는 동사

be동사, 감각동사, 상태(변화)동사

감각동사	look, smell, feel, taste, seem 등
상태(변화)동사	become, get, keep, stay 등

2 부사

부사의 역할과 형태

형용사, 동사, 부사, 문장 전체를 수식하며 주로 **형용사에 -ly**를 붙여서 만든다.

〈형용사+-ly〉 형태의 부사	sad – sadly	kind – kindly	nice – nicely
	easy – easily	happy – happily	angry – angrily
	true – truly	simple – simply	full – fully

Tom <u>solved</u> the riddle **easily**.　Tom은 수수께끼를 쉽게 풀었다. 〈동사 수식〉
Junsu speaks English **very** <u>well</u>.　준수는 영어를 매우 잘 한다. 〈부사 수식〉
Luckily <u>I found my dog.</u>　운 좋게도 나는 개를 찾았다. 〈문장 전체 수식〉

★ 주의해야 할 부사의 형태

형용사와 형태가 같은 부사	뜻이 달라지는 부사
hard(어려운) – hard(열심히)	hardly(거의 ~않다)
high(높은) – high(높이)	highly(매우)
late(늦은) – late(늦게)	lately(최근에)
near(가까운) – near(가까이)	nearly(거의)
fast(빠른) – fast(빨리)	
early(이른) – early(일찍)	
long(긴) – long(오래)	

　🖊 빈도부사

얼마나 자주 하는지를 나타내는 부사를
빈도부사라고 한다. 위치는 보통 be동
사, 조동사 뒤에 쓰거나 일반동사 앞에
온다.

always(항상)	never(절대 ~않는)
usually(대부분)	sometimes(가끔)

I'm <u>always</u> happy. (be동사 뒤에 씀)
I <u>always</u> watch TV. (일반동사 앞에 씀)

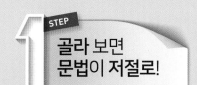

형용사의 역할과 위치

형용사 위치 고르기

1 이 아이가 내 새 친구이다. `new`
→ This ① is ② my ✓ friend.

2 그는 훌륭한 축구선수이다. `great`
→ He is ① a ② soccer ③ player.

3 우유는 건강식품이다. `healthy`
→ ① Milk ② is ③ food.

4 그 남자는 항상 행복해 보인다. `happy`
→ The man ① always ② looks ③.

5 하늘이 아름답다. `beautiful`
→ The ① sky ② is ③.

6 농구선수는 매우 키가 크다. `tall`
→ The basketball player ① is ② very ③.

부사의 형태와 의미

부사 의미 고르기

1 I am very busy **lately**.　　□ 늦게　　☑ 최근에

2 I got up **late**.　　□ 늦게　　□ 최근에

3 It flies **high** in the sky.　　□ 높게　　□ 매우

4 It is **highly** important.　　□ 높게　　□ 매우

5 I have to work **hard**.　　□ 열심히　　□ 거의 ~않는

6 He **hardly** eats dinner.　　□ 열심히　　□ 거의 ~않는

형용사, 부사 위치에 주의하여 주어진 단어를
올바르게 배열하고 우리말로 쓰시오.

new, the, coat, is, warm

영문장 → The new coat is warm.

우리말 → 새 코트는 따뜻하다.

---

1 smart, a dolphin, is, a, animal

영문장 →

우리말 →

---

2 the, woman, old, lonely, felt

영문장 →

우리말 →

---

3 has, short, the dog, legs

영문장 →

우리말 →

---

4 dangerous, it is, a, job, highly

영문장 →

우리말 →

---

5 hardly, she, her work, finished

영문장 →

우리말 →

---

6 in the library, quietly, must, you, speak

영문장 →

우리말 →

---

7 it, be, a, hard, may, question

영문장 →

우리말 →

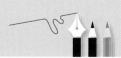

STEP 3

고쳐 보면 서술형이 저절로!

형용사, 부사 형태와 의미에 유의하여
틀린 부분을 고쳐 쓰시오.

■ 다음 문장에서 **틀린** 부분을 고쳐 쓰시오.

> 탁자 위의 음식은 상한 냄새가 난다.
> → The food on the table smells <u>badly</u>.

감각동사 smell 뒤에는
주어를 설명하는 형용사가
와서 '~한 냄새가 나다'는
의미로 쓰인다.

badly → (bad)

---

(1) The music doesn't sound nicely.　그 음악은 좋게 들리지 않는다.

→ The music doesn't sound nice.

(2) The river looks depth and clean.　그 강은 깊고 깨끗해 보인다.

→

(3) There are many people homeless there.　거기는 집 없는 사람이 많다.

→

(4) Goldfish-care seems easily.　금붕어 돌보기는 쉬워 보인다.

→

(5) They lived very happy.　그들은 무척 행복하게 살았다.

→

(6) My sister draws very good.　내 동생은 그림을 무척 잘 그린다.

→

(7) He threw the ball highly.　그는 공을 높이 던졌다.

→

(8) I studied hardly for the test.　나는 시험을 위해 열심히 공부했다.

→

복습 프로그램
p. 161, 162, 163에서
배운 문장으로
교과서 **서술형 끝내기**

유형기본 ➕
기본 + 심화 문제

서술형 유형 기본

■ 우리말에 맞게 밑줄 친 부분을 고쳐 쓰시오.　p.161　**STEP 1에 나오는 문장 재확인**

① I am very busy <u>late</u>.

→ I am very busy lately.

나는 최근에 매우 바쁘다.

(◐ lately)
(✗ late)

② The man always looks <u>happily</u>.

→

그 남자는 항상 행복해 보인다.

(◐ happy)
(✗ happily)

③ This is <u>new my friend</u>.

→

이 아이가 내 새 친구이다.

(◐ my new friend)
(✗ new my friend)

④ I have to work <u>hardly</u>.

→

나는 열심히 일을 해야 한다.

(◐ hard)
(✗ hardly)

⑤ He is <u>great a soccer player</u>.

→

그는 훌륭한 축구 선수이다.

(◐ a great soccer player)
(✗ great a soccer player)

서술형 유형 심화

■ 우리말에 맞게 틀린 부분을 바르게 고쳐 쓰시오.　p.162　**STEP 2에 나오는 문장 재확인**

① The dog has legs shortly.

→

그 개는 짧은 다리를 갖고 있다.

(◐ short legs)
(✗ legs shortly)

② You must speak quiet in the library.

→

도서관에서는 조용히 말해야 한다.

(◐ quietly)
(✗ quiet)

③ She finished her work hard.

→

그녀는 일을 거의 끝내지 못했다.

(◐ hardly finished)
(✗ hard work)

④ It is a high dangerous job.

→

그것은 매우 위험한 직업이다.

(◐ highly)
(✗ high)

• 위험한 직업
전 세계에는 돈을 많이 버는 만큼 위험한 직업이 있어요. 악어 심리학자, 스턴트맨, 심지어 허리케인을 쫓아 다니는 직업도 있답니다!

서술형 유형 심화

■ 우리말에 맞게 고르고 문장을 쓰시오.

p.163 STEP 3에 나오는 문장 재확인

① 그 강은 깊고 **(depth / deep)** 깨끗해 보인다.

→ The river looks deep and clean.

(O deep)
(✗ depth)

② 금붕어 돌보기는 쉬워 **(easy / easily)** 보인다.

→

(O easy)
(✗ easily)

③ 그들은 무척 행복하게 **(very happy / very happily)** 살았다.

→

(O very happily)
(✗ very happy)

④ 내 여동생은 그림을 무척 잘 **(very good / very well)** 그린다.

→

(O very well)
(✗ very good)

⑤ 그 음악은 좋게 들리지 **(sound nice / sound nicely)** 않는다.

→

(O sound nice)
(✗ sound nicely)

⑥ 그는 공을 높이 **(high / highly)** 던졌다.

→

(O high)
(✗ highly)

⑦ 나는 시험을 위해 열심히 **(hard / hardly)** 공부했다.

→

(O hard)
(✗ hardly)

⑧ 거기는 집 없는 사람이 **(homeless people / people homeless)** 많다.

→

(O homeless people)
(✗ people homeless)

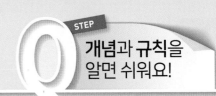

비교구문

비교급은 '내가 너보다 더 크다'와 같이 **둘을 비교하는 말**을 할 때 사용하는 표현이다.

	비교 대상	
Jack	is taller than	Minsu .
Jack은	보다 더 크다	민수.

Jack   Minsu

1 비교급

비교급 만들기

형용사나 부사의 원래 상태를 '원급'이라고 하며, **비교급**은 원급에 **-er**을 붙여 만든다.

규칙		원급 – 비교급	
대부분의 경우	**+-er**	tall – tall**er**	hard – hard**er**
끝이 -e	**+-r**	cute – cute**r**	wise – wis**er**
끝이 〈단모음+단자음〉	자음 추가+**-er**	hot – hot**ter**	big – big**ger**
끝이 〈자음+y〉	**y → -ier**	easy – eas**ier**	busy – bus**ier**
2음절 이상	**more**+원급	famous – **more** famous difficult – **more** difficult	
불규칙 변화	good[well] – **better** many[much] – **more**	bad[ill] – **worse** little – **less**	

★ y로 끝나는 2음절인 경우

early → **earlier**   lovely → **lovelier**
                              more lovely

2 비교급 문장

비교급 문장 만들기

① 형용사나 부사의 비교급을 이용하여 〈**-er than**+비교 대상〉으로 나타내는 문장이다.

비교표현	예문
비교급+than	The sun **is bigger than** the moon. 태양이 달보다 크다.

★ 비교 대상은 서로 같은 **형태**이거나 **성격**이어야 한다.

My bag is more expensive than ~~you~~ / yours . 내 가방은 네 것보다 더 비싸다.

★ 비교하는 내용에 따라 **주격 대명사**도 than 뒤에 올 수 있다.

She looks older than **me** . (나보다)
She looks older than **I** (do) . (내가 그러한 것보다)

② **비교급 강조** 부사: 앞에 **much, even, still, a lot, far** 등을 쓰며 '훨씬'이라고 해석한다.

Jane is **still** taller than Anne.   Jane은 Anne보다 키가 훨씬 더 크다.
Jane is much / ~~very~~ taller than Anne.

↳ very(매우)는 비교급을 수식할 수 없다.

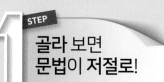

 형용사, 부사의 비교급

비교급 쓰기

원급	비교급	원급	비교급
busy	busier	popular	more popular
thin		little	
short		lazy	
pretty		dangerous	
late		good	
early		famous	
careful		bad	
cheap		young	

비교급 문장

비교 문장 고르기

1 My hair is [　　　　] than hers.
내 머리는 그녀 머리보다 짧다.
☐ short　　☑ shorter

2 Today is [　　　　] yesterday.
오늘은 어제보다 더 덥다.
☐ hotter　　☐ hotter than

3 She looks [　　　　] me.
그녀가 나보다 나이가 많아 보인다.
☐ older　　☐ older than

4 Mom gets up [　　　　] me.
엄마는 나보다 더 일찍 일어난다.
☐ earlier than　　☐ more early than

5 Lemons are [　　　　] oranges.
레몬이 오렌지보다 더 시다.
☐ sourer than　　☐ more sour than

6 I like summer [　　　　] winter.
나는 겨울보다 여름을 더 좋아한다.
☐ much than　　☐ more than

---

buses, are, cars, than, faster

영문장 → Buses are faster than cars.

우리말 → 버스는 차보다 더 빠르다.

---

1 the moon, bigger, than, the Earth, is

영문장 →

우리말 →

---

2 than, this movie, is, that one more interesting

영문장 →

우리말 →

---

3 is, his pet dog, a lot, smarter, hers, than

영문장 →

우리말 →

---

4 plays, Molly, the piano, than Anne, better

영문장 →

우리말 →

---

5 exercises, often, me, she, than, more

영문장 →

우리말 →

---

6 more, this puzzle, is, that one, difficult, than

영문장 →

우리말 →

---

7 a hippo, than, an elephant, heavier, is

영문장 →

우리말 →

다음 우리말을 보고 **틀린** 부분을 고쳐 쓰시오.

✔ 서술형 **기출**문제

그는 오렌지보다 사과를 더 좋아한다.
→ He likes apples much than oranges.

much의 비교급은
more로 than 앞에 쓴다.

much than → more than

---

① 네 신발은 내 것보다 더 크다.
Your shoes are bigger than I do.
→ Your shoes are bigger than mine.

② Jeremy는 나보다 더 똑똑하다.
Jeremy is more intelligenter than I.
→

③ 그의 엄마는 아빠보다 더 일찍 일어난다.
His mother gets up earlier his father.
→

④ 내 동생은 나보다 수업이 적다.
My brother takes few classes than I.
→

⑤ 미국 역사는 한국 역사보다 더 짧다.
U.S. history is more short Korean history.
→

⑥ 건강은 부보다 훨씬 더 중요하다.
Health is very more important than wealth.
→

⑦ Kevin은 Paul보다 더 느리게 먹는다.
Kevin more slowly eats than Paul.
→

⑧ 미나는 나보다 늦게 학교에 간다.
Mina goes to school more lately than I.
→

서술형 유형 기본

■ 우리말에 맞게 주어진 단어를 이용하여 문장을 완성하시오.   p.167 **STEP 1에 나오는 문장 재확인**

short	old	early	much

① 내 머리는 그녀 머리보다 짧다.

→ My hair is [shorter than hers] .

(short → shorter)

② 엄마는 나보다 더 일찍 일어난다.

→ Mom gets up [   ] .

(early → earlier)

③ 나는 겨울보다 여름을 더 좋아한다.

→ I like [   ] .

(much → more)

④ 그녀가 나보다 나이가 많아 보인다.

→ She looks [   ] .

(old → older)

서술형 유형 심화

■ 우리말에 맞게 주어진 단어를 이용하여 문장을 쓰시오.   p.168 **STEP 2에 나오는 문장 재확인**

① 버스는 차보다 더 빠르다. (fast, buses, cars)

→

원급 fast에 -er을 붙여 '더 빠른'의 의미로 씀

② 이 영화는 저것보다 더 흥미롭다. (interesting, that one)

→

형용사 interesting의 비교급은 more을 붙임

③ 코끼리는 하마보다 더 무겁다. (hippo, heavy)

→

형용사 heavy는 -y를 i로 바꾸고 -er을 붙여 비교급으로 씀

④ 그의 반려견은 그녀의 반려견보다 훨씬 더 영리하다. (pet dog, smart)

→

비교급 앞에 a lot, much, still 등을 써 그 의미를 강조

• 개와 고양이의 진실
개와 고양이, 누가 더 똑똑할까요?
실제로 각기 다른 영역이 발달해서
비교를 하기는 어렵지만, 사회성이
좋은 개가 인간과 함께 할 때 더 큰
능력을 발휘할 수 있다고 해요.

서술형 유형 심화

■ 우리말에 맞게 고르고 문장을 쓰시오.

1 그는 오렌지보다 사과를 더 좋아한다. **(much than / more than)**

→ He likes apples more than oranges.

(**◐** more than)
(**✘** much than)

2 Jeremy는 나보다 더 똑똑하다. **(intelligenter / more intelligent)**

→

(**◐** more intelligent)
(**✘** intelligenter)

3 미국 역사는 한국 역사보다 더 짧다. **(more short / shorter)**

→

(**◐** shorter)
(**✘** more short)

4 Kevin은 Paul보다 더 느리게 **(slowlier / more slowly)** 먹는다.

→

(**◐** more slowly)
(**✘** slowlier)

5 미나는 나보다 늦게 **(later / more lately)** 학교에 간다.

→

(**◐** later)
(**✘** more lately)

6 내 남동생은 나보다 수업이 더 적다. **(few classes / fewer classes)**

→

(**◐** fewer classes)
(**✘** few classes)

7 건강은 부보다 훨씬 **(very / much)** 더 중요하다.

→

(**◐** much)
(**✘** very)

8 그의 엄마는 아빠보다 더 일찍 **(earlier / more early)** 일어난다.

→

(**◐** earlier)
(**✘** more early)

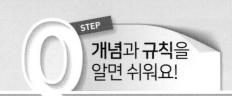

최상급 구문

최상급은 '우리들 중에서 내가 가장 똑똑해'처럼 **셋 이상을 비교**하여 그 중 최고를 말할 때 사용하는 표현이다.

최상급 표현

The bird	is the smallest	of the three .
새가	제일 작다	셋 중에.

이것이 비교 대상

1 최상급

최상급 만들기

형용사나 부사의 **원급에 -est**를 붙여 만들며 '**가장 ~한, 가장 ~하게**'라고 해석한다.

규칙		원급 – 비교급 – 최상급
대부분의 경우	+**-est**	tall – taller – **tallest**
끝부분이 -e	+**-st**	cute – cuter – **cutest**
끝부분이 〈단모음+단자음〉	자음 추가+**-est**	hot – hotter – **hottest**
끝부분이 〈자음+y〉	y → -i +**est**	easy – easier – **easiest**
2음절 이상	**most**+원급	famous – more famous – **most famous**
불규칙 변화	good[well] – better – **best** bad[ill] – worse – **worst** many[much] – more – **most** little – less – **least**	

★ y로 끝나는 2음절인 경우

early → earlier → **earliest**　　　lovely → lovelier → **loveliest**
　　　　　　　　　　　　　　　　　　　　　　　　　more lovely → **most lovely**

2 최상급 문장

최상급 문장 만들기

형용사나 부사의 최상급을 이용하여 **셋 이상 중에서 '가장 ~한' 대상**을 표현한다.

최상급 표현	예문	
the 최상급+of(among) 복수명사	Mike is **the strongest of** all.	Mike는 모두 중에서 가장 힘이 세다.
the 최상급+in 단수명사(집단/장소)	Tom is **the tallest in** his class.	Tom이 그의 반에서 가장 키가 크다.
부사 최상급은 the를 생략	He runs ~~the~~ **fastest** in his team.	그는 팀에서 가장 빨리 달린다.

★ 비교 대상이 **복수**일 때는 of, among을, **집단이나 장소**처럼 단수일 때는 in을 쓴다.

The bear is **the biggest of the three** .　　그 곰이 셋 중에 가장 크다.
Jake is **the shortest in his class** .　　Jake가 그의 반에서 가장 키가 작다.

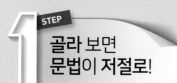

 형용사, 부사의 최상급

최상급 만들기

원급	최상급	원급	최상급
busy	busiest	popular	most popular
thin		little	
short		lazy	
pretty		dangerous	
late		good	
early		famous	
careful		bad	
cheap		young	

최상급 표현

최상급 고르기

(1) English is one of [＿＿＿＿＿] languages.
영어는 가장 유용한 언어들 중 하나이다.

☐ the usefulest　　☑ the most useful

(2) It's the [＿＿＿＿＿] city in the country.
그곳은 이 나라에서 가장 오래된 도시이다.

☐ oldest　　☐ most old

(3) It is the [＿＿＿＿＿] day in my life.
내 인생에 가장 행복한 날이다.

☐ happiest　　☐ most happiest

(4) Laughter is [＿＿＿＿＿] medicine.
웃음이 최고의 약이다.

☐ best　　☐ the best

(5) Jerry is [＿＿＿＿＿] boy in his school.
Jerry는 그의 학교에서 가장 인기 있는 소년이다.

☐ most popular　　☐ the most popular

(6) He is the most powerful [＿＿＿＿＿] the country.
그는 그 나라에서 가장 강력하다.

☐ in　　☐ of

---

the smartest, Alice, in, is, her school

영문장 → Alice is the smartest in her school.

우리말 → Alice는 그녀의 학교에서 가장 똑똑하다.

---

1 all the vehicles, airplanes, the fastest, are, of

영문장 →

우리말 →

---

2 is, of, them, strongest, the, Tim

영문장 →

우리말 →

---

3 in, is, the town, the park, largest, the

영문장 →

우리말 →

---

4 gets, her family, in, up, she, earliest

영문장 →

우리말 →

---

5 winter, is, the, coldest, the four seasons, of

영문장 →

우리말 →

---

6 the, animal, the world, biggest, in, a whale, is

영문장 →

우리말 →

---

7 the most, the *Mona Lisa* is, in the world, famous painting

영문장 →

우리말 →

■ 다음 우리말을 보고 주어진 단어를 이용하여 쓰시오.

✔ 서술형 **기출**문제

> 그것은 세계에서 <u>가장 큰</u> 도시이다. (large city, in)

'가장 큰'이라는 최상급
표현은 형용사에 -est를
붙여 쓴다.

→　　　It is the largest city in the world.

---

① 민수는 그의 친구들 중에서 가장 용감하다. (brave boy, among)

→ Minsu is the bravest boy among his friends.

② 네가 모두 가운데에서 가장 힘이 세다. (strong, of all)

→

③ John은 팀에서 가장 키가 큰 선수다. (tall player, in)

→

④ 누가 그 여자들 중 가장 예쁘니? (pretty, among)

→

⑤ Bill Gates는 세계에서 가장 부유한 사람이다. (rich man, in)

→

⑥ 그는 우리 학교에서 가장 똑똑한 학생이었다. (bright student, in)

→

⑦ 그녀는 학급에서 가장 빨리 달린다. (fast, in)

→

⑧ 그는 축구팀에서 최고의 선수이다. (player, in)

→

서술형 유형 기본

■ 우리말에 맞게 주어진 단어를 이용하여 문장을 완성하시오.　p.173　**STEP 1에 나오는 문장 재확인**

| good | useful | popular | happy |

① 영어는 가장 유용한 언어들 중 하나이다.

→ English is one of | the most useful | languages.

(useful → the most useful)

② 웃음이 최고의 약이다.

→ Laughter is [   ] medicine.

(good → the best)

③ Jerry는 그의 학교에서 가장 인기 있는 소년이다.

→ Jerry is [   ] boy in his school.

(popular → the most popular)

④ 내 인생에서 가장 행복한 날이다.

→ It is [   ] day in my life.

(happy → the happiest)

서술형 유형 심화

■ 우리말에 맞게 주어진 단어를 이용하여 문장을 쓰시오.　p.174　**STEP 2에 나오는 문장 재확인**

① 비행기는 모든 탈것들 중에서 가장 빠르다. (fast, all the vehicles)

→

비교 대상이 복수일 때 앞에 of를 씀

② Tim은 그들 중에서 가장 힘이 세다. (strong, them)

→

비교 대상이 복수인 them이므로 앞에 of를 씀

③ 그녀는 가족 중에서 가장 일찍 일어난다. (early, her family)

→

비교 대상이 her family와 같은 집단(단수)일 때 in을 씀

④ 모나리자는 세계에서 가장 유명한 그림이다. (the *Mona Lisa*, famous painting)

→

famous의 최상급 형태는 most famous임

• 세계적인 걸작
레오나르도 다빈치의 걸작 '모나리자(Mona Lisa)'는 세계에서 가장 유명한 초상화예요. 가장 큰 특징은 초상화에 눈썹이 없다는 것과 기묘한 미소이죠.

서술형 유형 심화 ■ 우리말에 맞게 고르고 문장을 쓰시오. p.175 STEP 3에 나오는 문장 재확인

1 그것은 세계에서 가장 큰 **(largest / the largest)** 도시이다.

→ It is the largest city in the world.

(○ the largest)
(✗ largest)

2 그는 축구팀에서 최고의 **(best / the best)** 선수이다.

→

(○ the best)
(✗ best)

3 Bill Gates는 세계에서 가장 부자인 **(the richest / the most rich)** 사람이다.

→

(○ the richest)
(✗ the most rich)

4 그녀는 학급에서 가장 빨리 **(fastest / most fast)** 달린다.

→

(○ fastest)
(✗ most fast)

5 누가 그 여자들 중 가장 예쁘니? **(the prettiest / the most pretty)**

→

(○ the prettiest)
(✗ the most pretty)

6 민수는 그의 친구들 중에서 가장 용감하다. **(the bravest / the most brave)**

→

(○ the bravest)
(✗ the most brave)

7 그는 우리 학교에서 가장 똑똑한 **(the brightest / the most bright)** 학생이었다.

→

(○ the brightest)
(✗ the most bright)

8 John은 팀에서 **(of the team / in the team)** 가장 키가 큰 선수다.

→

(○ in the team)
(✗ of the team)

01 다음 단어의 관계가 나머지와 <u>다른</u> 것은?

① happy – happily   ② easy – easily
③ simple – simply   ④ true – truly
⑤ smell – smelly

[02-04] 다음 빈칸에 들어갈 말로 알맞은 것을 고르시오.

02

He brought me a _____ dog.

① love   ② lovely   ③ happily
④ kindly   ⑤ slowly

03

This shirt looks _____ than that one.

① good   ② well   ③ better
④ nice   ⑤ best

04

The cheetah is the _____ animal in the world.

① fast   ② faster
③ fastly   ④ fastest
⑤ most fast

05 다음 빈칸에 들어갈 수 <u>없는</u> 것은?

Kate is _____ taller than her brother.

① much   ② even   ③ still
④ a lot   ⑤ very

[06-07] 다음 우리말에 맞는 문장을 고르시오.

06

나는 내 동생보다 훨씬 더 많이 먹는다.

① I eat much more than my sister.
② I eat very more than my sister.
③ I eat much than my sister.
④ I eat too much than my sister.
⑤ I eat very much my sister.

07

그는 그의 팀에서 최고의 축구선수이다.

① He is the best soccer player in his team.
② He is best soccer player in his team.
③ He is the most good soccer player in his team.
④ He is the good soccer player in his team.
⑤ He is one of the well soccer players.

[08-10] 다음 중 어법상 <u>틀린</u> 것을 고르시오.

08

① Peter always gets up early in the morning.
② This is a highly important job.
③ He doesn't seem like himself late.
④ We worked hard for the contest.
⑤ The eagle was flying high in the sky.

09

① Jay's hair is longer than mine.
② Health is the most important than wealth.
③ Mark is the smartest student in the class.
④ Tom's car is much more expensive than Roy's.
⑤ Today is better than yesterday.

10

① Anne sleeps more than Paul.
② This chair is more comfortable than you think.
③ He is more lazy than his brother.
④ Jim got much better grade than Jean.
⑤ Mt. Seorak is lower than Mt. Halla.

11 다음 스포츠 선호도를 나타낸 표의 내용과 일치하지 않는 것은?

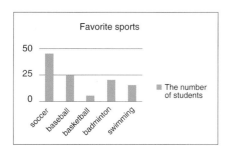

① Soccer is the most popular sport.
② Badminton is more popular than swimming.
③ Baseball is more popular than basketball.
④ Badminton is less popular than soccer.
⑤ Baseball is the least popular sport.

12 다음 중 어법상 옳은 것으로 바르게 짝지어진 것은?

a. Who is the most famous actor in your country?
b. The Earth is biggest than the moon.
c. Sam is a lot taller than Mike.
d. I'll be more luckier than you.
e. Today is the worst day in my life.

① a, b   ② c, d
③ b, c, d   ④ a, c, e
⑤ b, d, e

13 다음 표의 내용과 일치하지 않는 것은?

Subject	Time
Math	9:00 a.m. ~ 10 a.m.
English	11:00 a.m. ~ 2:30 p.m.
Science	2:00 p.m. ~ 4:00 p.m.

① Math class is the shortest of the three classes.
② English class is the longest of the three classes.
③ English class starts later than science class.
④ Math class starts earlier than English class.
⑤ Science class finishes later than math class.

서술형 대비 문제

[14-16] 다음 표를 보고 주어진 말을 이용하여 문장을 완성하시오.

Swimming	Mark	Kevin	Terry
Records	3:50	3:40	3:34
Experience of Swimming(years)	10	7	8

14 Mark is _____ of the three. (slow)

→

15 Terry is _____ Kevin. (fast)

→

16 Mark has _____ experience of swimming _____ Kevin. (long)

→

[17-19] 다음 주어진 단어들을 이용하여 우리말에 맞게 쓰시오.

17 그녀는 나보다 더 빠르게 걷는다. (fast)

→

18 나의 할아버지께서는 언제나 나보다 훨씬 더 일찍 일어나신다. (early)

→

19 그의 방은 이 집에서 가장 넓다. (large)

→

한 장의 사진으로 보는
문법이 쓰기다

UNIT 01
형용사, 부사

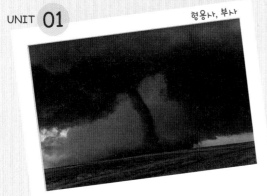

폭풍을 찾아 다니는 사람?
폭풍을 찾는 직업을 'storm chaser' 라고 해.
위험한데 왜 그쪽으로 가냐고?
대자연의 신비를 카메라로 찍거나 연구를 하기 위해서지.

 써 보!

이것은 매우 위험한 직업이다.

→

UNIT 02
비교급

우리는 임무 수행 중!
사회성과 지능이 뛰어난 개는
경비견(watch dog), 안내견(guide dog), 경찰견(police
dog)이 되어 인간생활에 다양한 도움을 주고 있어!

 써 보!

그의 반려견은 그녀의 반려견보다 훨씬 더 영리하다.

→

UNIT 03
최상급

나의 모나리자~
여기는 루브르 박물관이야.
모나리자의 미소에 매료된 사람들이
그림 앞에 몰려있어!

 써 보!

모나리자는 세계에서 가장 유명한 그림이다.

→

정답 **UNIT 01.** It is a highly dangerous job.　**UNIT 02.** His pet dog is a lot smarter than hers.
UNIT 03. The Mona Lisa is the most famous painting in the world.

Part 9
to부정사·동명사

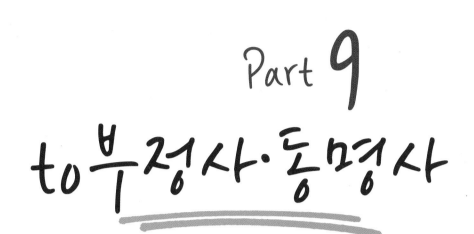

to부정사는 〈to + 동사원형〉의 형태로
명사, 형용사, 부사 역할을 합니다.
그리고 **동명사**는 〈동사원형 + -ing〉로 문장에서
주어, 보어, 목적어 역할을 합니다.

UNIT 1 to부정사 1

구성	기초 항목	서술형 유형
STEP 1	to부정사의 의미 및 역할 구별하기	
STEP 2	문장 배열하기	
STEP 3		틀린 부분 고쳐 쓰기
서술형 끝내기		문장 완성, 문장 쓰기

UNIT 2 to부정사 2

구성	기초 항목	서술형 유형
STEP 1	부사적 용법과 의문사 + to부정사 의미	
STEP 2	문장 배열하기	
STEP 3		우리말 영작하기
서술형 끝내기		문장 완성, 문장 쓰기

UNIT 3 동명사

구성	기초 항목	서술형 유형
STEP 1	동명사와 to부정사 구별하기	
STEP 2	목적어 형태 비교하기	
STEP 3		틀린 부분 고쳐 쓰기
서술형 끝내기		문장 고치기, 문장 쓰기

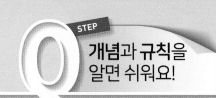

**to부정사의
특징**

to부정사는 〈to+동사원형〉의 형태로 **명사, 형용사, 부사**로 쓰는 것을 말한다.

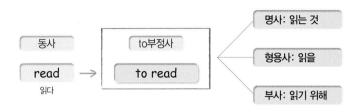

동사	→	to부정사	⟶	명사: 읽는 것
read		to read		형용사: 읽을
읽다				부사: 읽기 위해

1

**to부정사의
명사 역할**

to부정사의 명사 역할

① to부정사가 **명사**처럼 문장의 **주어, 보어, 목적어 역할**을 하는 것을 말한다.

주어 역할	**To play** the guitar is interesting 　주어　　　　　　　동사	기타를 치는 것은 흥미롭다.
보어 역할	My hobby is **to play** the guitar. 　　　　동사　　　　보어	내 취미는 기타를 치는 것이다.
목적어 역할	I like **to play** the guitar. 　　동사　　　　목적어	나는 기타를 치는 것을 좋아한다.

✸ to부정사 주어가 너무 길 때는 **주어 자리에 it**을 쓰고 **to부정사를 뒤로 보낸다**.

To make a new friend is easy. → **It** is easy to make a new friend.
　　　　　　　　　　　　　　　　　　　가주어　　　　　　　　진주어

② to부정사를 **목적어**로 취하는 **동사들**

want, hope, decide, plan, need, choose, prepare, learn	**+**	to부정사

She **wants a new computer** . → She **wants to buy a new computer** .
그녀는 / 원한다 / 새 컴퓨터를.　　　　　　그녀는 / 원한다 / 새 컴퓨터를 사는 것을.
　　　　　　　　　　　　　　　　　　　　목적어 역할

2

**to부정사의
형용사 역할**

to부정사의 형용사 역할

to부정사가 **형용사**처럼 **명사를 수식**하는 것을 말한다.

water	**to drink**	마실 물
things	**to do**	할 일들
a book	**to read**	읽을 책
명사	to부정사	
~할		

He has no friend **to help**.　　　　그는 **도와줄** 친구가 없다.

I have some homework **to do** today.　나는 오늘 **해야 할 숙제**가 있다.

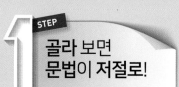
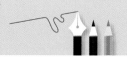

to부정사의 명사 역할

동사와 to부정사 구별

①

I [   ] . 나는 TV를 본다. ☑ watch TV ☐ like to watch TV

I [   ] . 나는 TV보는 것을 좋아한다. ☐ watch TV ☐ like to watch TV

②

She [   ] . 그녀는 꽃을 산다. ☐ buys flowers ☐ wants to buy flowers

She [   ] . 그녀는 꽃을 사기를 원한다. ☐ buys flowers ☐ wants to buy flowers

③

We [   ] . 우리는 소풍을 간다. ☐ go on a picnic ☐ plan to go on a picnic

Wo [   ] . 우리는 소풍을 갈 계획이다 ☐ go on a picnic ☐ plan to go on a picnic

to부정사 명사, 형용사 역할

명사와 형용사 역할 구별

①
I want some water to drink. ☑ 마실 물 ☐ 물을 마시는 것
I want to drink some water. ☐ 마실 물 ☐ 물을 마시는 것

②
They chose a movie to see. ☐ 볼 영화 ☐ 영화를 보는 것
They chose to see a movie. ☐ 볼 영화 ☐ 영화를 보는 것

③
Yuna needs shoes to wear. ☐ 신을 신발 ☐ 신발을 신는 것
Yuna needs to wear shoes. ☐ 신을 신발 ☐ 신발을 신는 것

④
We learned a new song to sing. ☐ 부를 새로운 노래 ☐ 새로운 노래를 부르는 것
We learned to sing a new song. ☐ 부를 새로운 노래 ☐ 새로운 노래를 부르는 것

⑤
The chefs prepared meat to cook. ☐ 요리할 고기 ☐ 고기를 요리하는 것
The chefs prepared to cook meat. ☐ 요리할 고기 ☐ 고기를 요리하는 것

| eat, good, fresh, is, vegetables, to, it | 영문장 → It is good to eat fresh vegetables. |
| | 우리말 → 신선한 채소들은 먹는 것은 좋다. |

1 like, chocolate cake, to, kids, eat

영문장 →

우리말 →

2 is, his work, the report, to, finish

영문장 →

우리말 →

3 to, is, in the park, ride, a bike, safe, it

영문장 →

우리말 →

4 some coffee, wants, drink, she, to

영문장 →

우리말 →

5 no, has, him, friend, to, Andy, advise

영문장 →

우리말 →

6 hope, we, meet, to, you, soon

영문장 →

우리말 →

7 you, to buy, do, a car money, have, ?

영문장 →

우리말 →

다음 우리말을 보고 **틀린** 부분을 고쳐 쓰시오.

☑ 서술형 **기출**문제

그녀는 훌륭한 피아니스트가 되고 싶어한다.

→ She hopes ~~to is~~ a great pianist.

→ She hopes to be a great pianist.

동사 뒤에 to부정사가 와서 목적어 역할을 한다. to부정사는 <to+동사원형>으로 be동사는 to be로 쓴다.

---

① 아침을 거르는 것은 좋지 않다.

It is not good skip breakfast.

→ It is not good to skip breakfast.

---

② Johnny는 어린 아이들을 가르치는 것을 좋아한다.

Johnny likes teaches young children.

→

---

③ 새로운 곳을 여행하는 것은 정말 재미있다.

It to travel new places is great fun.

→

---

④ 민수는 현명한 결정을 하고 싶었다.

Minsu wanted to made a wise decision.

→

---

⑤ 우리 계획은 호텔에 묵는 것이었다.

Our plan was stay at the hotel.

→

---

⑥ 그녀는 해야 할 많은 숙제가 있다.

She has a lot of to do homework.

→

---

⑦ 준하는 나를 도와줄 유일한 사람이다.

Junha is the only one to helping me.

→

---

⑧ 냉장고에 먹을 것이 없다.

There is to nothing eat in the refrigerator.

→

복습 프로그램
p. 183, 184, 185에서
배운 문장으로

교과서 **서술형 끝내기**

유형기본 ➕
기본 + 심화 문제

서술형 유형 기본
■ 우리말에 맞게 주어진 문장을 완성하시오.   p.183 **STEP 1**에 나오는 문장 재확인

① 나는 TV보는 것을 좋아한다. (watch)

→ I like | to watch TV | .

TV보는 것을 → to watch TV

② 우리는 소풍을 갈 계획이다. (go on a picnic)

→ We plan | | .

소풍을 가는 것을 → to go on a picnic

③ 그들은 볼 영화를 선택했다. (see, a movie)

→ They chose | | .

볼 영화 → a movie to see

④ 나는 마실 물을 원한다. (drink, water)

→ I want some | | .

마실 물을 → water to drink

⑤ 그녀는 신을 신발이 필요하다. (wear, shoes)

→ She needs | | .

신을 신발 → shoes to wear

서술형 유형 심화
■ 우리말에 맞게 주어진 단어를 이용하여 문장을 쓰시오.   p.184 **STEP 2**에 나오는 문장 재확인

① 아이들은 초콜릿 케이크 먹는 것을 좋아한다. (kids, like)

→

동사 like는 to부정사 형태의 목적어를 씀

② 그녀는 마실 커피를 원한다. (want, some coffee)

→

명사 coffee를 꾸며주는 to부정사는 그 명사 바로 뒤에 옴

③ 너는 차를 살 돈이 있니? (have money)

→

명사 money를 꾸며주는 to부정사는 명사 바로 뒤에 옴

④ 우리는 곧 너를 만나기를 희망한다. (hope, soon)

→

동사 hope은 to부정사 형태의 목적어가 옴

• wish와 hope
wish와 hope는 '바라다, 희망하다'라는 같은 뜻을 가지지만, 미묘한 차이가 있어요. hope는 실현 가능성이 있는 일에 대해, wish는 실현가능성이 희박한 일에 대한 바램을 의미해요.

서술형 유형 심화

■ 우리말에 맞게 고르고 문장을 쓰시오.

p.185 STEP 3에 나오는 문장 재확인

① Johnny는 어린 아이들을 가르치는 것을 좋아한다. **(likes to teach / likes teach)**

→ Johnny likes to teach young children.

(◯ likes to teach)
(✗ likes teach)

② 우리의 계획은 호텔에 묵는 것 **(stay / to stay)** 이었다.

→

(◯ to stay)
(✗ stay)

③ 아침을 거르는 것은 **(skip breakfast / to skip breakfast)** 좋지 않다. (가주어 it 이용)

→

(◯ to skip breakfast)
(✗ skip breakfast)

④ 그녀는 해야 할 많은 숙제가 **(to do homework / homework to do)** 있다.

→

(◯ homework to do)
(✗ to do homework)

⑤ 냉장고에 먹을 것이 **(nothing to eat / to eat nothing)** 없다.

→

(◯ nothing to eat)
(✗ to eat nothing)

⑥ 민수는 현명한 결정을 **(made a wise decision / to make a wise decision)** 하고 싶었다.

→

(◯ to make a wise decision)
(✗ made a wise decision)

⑦ 그녀는 훌륭한 피아니스트가 되기를 **(is a great pianist / to be a great pianist)** 희망한다.

→

(◯ to be a great pianist)
(✗ is a great pianist)

⑧ 준하는 나를 도와줄 유일한 사람 **(the only one to help / to help the only one)** 이다.

→

(◯ the only one to help)
(✗ to help the only one)

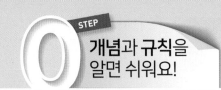

to부정사의 부사적 용법

부사로 쓰이는 to부정사는 어떤 일을 하는 **목적**, **감정의 원인**, 어떤 일의 **결과** 등의 의미를 나타낸다.

부사 역할	목적	I go there **to jog**. 나는 / 거기 간다 / 조깅하러.
	감정의 원인	I'm happy **to meet you**. 나는 / 기쁘다 / 너를 만나서.
	결과	He grew up **to be a pilot**. 그는 / 자라서 / 조종사가 되었다.

> 목적을 나타내는 to부정사는 in order to 외에도 so as to로도 쓸 수 있다.
> She worked hard **to get** money.
> = She worked hard **so as to get** money.
> 그녀는 열심히 일했다 / 돈을 벌기 위해.

---

1 to부정사의 3가지 부사적 쓰임

to부정사의 부사 역할

① **목적**: ~하기 위해서, ~하러

He went to the lake **to see** the rainbow. 그는 **무지개를 보러** 호수에 갔다.

She came to Paris **to study**. 그녀는 **공부하러** 파리에 왔다.

= She came to Paris **in order to study**.

② **감정의 원인**: 감정을 나타내는 형용사와 함께 쓰여 '~해서, ~하게 되니'로 해석

glad happy pleased excited surprised sad sorry	**+**	to부정사 (감정의 이유)

I'm sad **to be alone**. (슬픈 이유) 혼자 있어서 나는 슬프다.

He was excited **to win the game**. (기쁜 이유) 게임에 이겨서 그는 신이 났다.

★ 앞에 나오는 형용사를 수식하여 '~하기에'라고 해석

English is easy **to learn**. 영어는 배우기 쉽다.

③ **결과**: 동사 **grow up**, **live**, **wake up** 등과 쓰여 '~해서 (결국) …하다'로 해석

John lived **to be 90 years old**. John은 90살까지 살았다.

---

2 의문사 + to부정사

의문사+to부정사

〈**의문사+to부정사**〉는 **명사 역할**을 하며, 주로 동사의 목적어로 쓰인다.

what to부정사: 무엇을 ~할지	how to부정사: 어떻게 ~할지
when to부정사: 언제 ~할지	where to부정사: 어디서 ~할지

I don't know
나는 모른다

what to do . 무엇을 해야 할지.

how to drive . 어떻게 운전해야 할지.

when to start . 언제 시작할지.

> 〈의문사 + to부정사〉와 쓰이는 동사
> 주로 동사 know, tell, decide, learn 등의 목적어로 자주 쓰인다.
> **I decided when to start**.
> 나는 언제 시작할 지 결정했다.

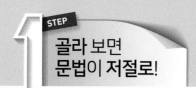

골라 보면 문법이 저절로!

to부정사는 목적, 감정의 원인, 결과를 나타내는 부사 역할을 한다.
〈의문사+to부정사〉는 명사 역할을 한다.

✓ to부정사의 부사적 용법

to부정사의 의미 고르기

1 She goes to the library <u>to study</u>.

☐ 공부해서　　☑ 공부하기 위해서

2 He is happy <u>to pass the test</u>.

☐ 시험에 통과해서　　☐ 시험에 통과하기 위해

3 I was pleased <u>to win first prize</u>.

☐ 일등을 해서　　☐ 일등 하기 위해

4 I went to the park <u>to jog</u>.

☐ 조깅해서　　☐ 조깅하기 위해

5 His cat lived <u>to be 18 years old</u>.

☐ 결국 18살이 되었다　　☐ 18살이 되기 위해

✓ 의문사+to부정사

의문사 고르기

1 She asked me [　　　　] to start.
언제 시작할지

☑ when　　☐ where

2 Linda couldn't decide [　　　　] to wear.
무엇을 입을지

☐ what　　☐ how

3 Can you tell us [　　　　] to go?
어디로 갈지

☐ when　　☐ where

4 Mr. Kim teaches [　　　　] to play soccer.
축구하는 법을

☐ what　　☐ how

5 Do you know [　　　　] to stop?
언제 멈춰야 할지

☐ when　　☐ where

6 Tell me [　　　　] to do after dinner.
무엇을 할지

☐ what　　☐ how

---

to, is, the soup, eat, salty

영문장 → The soup is salty to eat.

우리말 → 그 수프는 먹기에 짜다.

---

1 pleased, was, him, to, she, know

영문장 →

우리말 →

---

2 told, he, where, me, to, meet

영문장 →

우리말 →

---

3 a knife, the cake, Linda, cut, used, to

영문장 →

우리말 →

---

4 to, grandfather, ninety, lived, his, be

영문장 →

우리말 →

---

5 me, they, here, to, help, came

영문장 →

우리말 →

---

6 get, was, very happy, to, Sally, a puppy

영문장 →

우리말 →

---

7 how to, my mom, learning, a smartphone, is, use

영문장 →

우리말 →

3 STEP

쓰다 보면 서술형이 저절로!

to부정사의 역할과 위치에 주의하여 우리말에 맞게 쓰시오.

■ 다음 우리말에 맞게 주어진 단어를 이용하여 쓰시오.

✔ 서술형 **기출**문제

우리는 박물관에 가기 위해 버스를 탔다. (take a bus)

→ to부정사의 부사적 용법으로 목적을 나타낸다.

→   We took a bus **to go** to the museum

① 이 침대는 옮기기에 그렇게 무겁지 않다. (that heavy, move)

  → This bed is not that heavy to move.

② 나는 엄마를 도와드리기 위해 집에 일찍 왔다. (come home, help)

  →

③ 그 소년은 자라서 소방관이 되었다. (grow up)

  →

④ 그녀는 케이크를 만들기 위해서 우유를 좀 샀다. (buy, make a cake)

  →

⑤ 언제 그 기계를 꺼야 하는지 나에게 말해줘. (turn off the machine, tell)

  →

⑥ 나는 여기에서 너를 봐서 놀랐다. (surprised, see you)

  →

⑦ 엄마는 어떻게 식기세척기를 사용하는지 배우고 있다. (learn, use a dishwasher)

  →

⑧ 나는 스마트폰을 사서 매우 기뻤다. (glad, buy)

  →

복습 프로그램
p. 189, 190, 191에서
배운 문장으로

교과서 **서술형 끝내기**

유형기본 ➕
기본 + 심화 문제

서술형 유형 기본

■ 우리말에 맞게 주어진 단어를 이용하여 문장을 완성하시오.   p.189 **STEP 1**에 나오는 문장 재확인

① 그녀는 공부하기 위해서 도서관에 간다. (study)

→ She goes to the library 〔 to study 〕 .

(◯ to study)
(✗ study)

② 나는 일등을 해서 기뻤다. (pleased, win)

→ I was 〔 　　　　　　　〕 first prize.

(◯ pleased to win)
(✗ pleased win)

③ 그의 고양이는 18살이 될 때까지 살았다. (live, be)

→ His cat 〔 　　　　　　　〕 18 years old.

(◯ lived to be)
(✗ lived be)

④ Mr. Kim은 축구하는 법을 가르친다. (how)

→ Mr. Kim teaches 〔 　　　　　　　〕 soccer.

(◯ how to play)
(✗ how play)

⑤ 그녀는 나에게 언제 시작할지를 물었다. (when)

→ She asked me 〔 　　　　　　　〕 .

(◯ when to start)
(✗ when start)

서술형 유형 심화

■ 우리말에 맞게 주어진 단어를 이용하여 문장을 쓰시오.   p.190 **STEP 2**에 나오는 문장 재확인

① Sally는 강아지를 갖게 되어 매우 행복했다. (get a puppy)

→ 〔 　　　　　　　〕

to부정사가 감정의 원인을 설명

② Linda는 케이크를 자르기 위해서 칼을 사용했다. (use, cut the cake)

→ 〔 　　　　　　　〕

to부정사로 칼을 사용하는 목적을 나타냄

③ 그는 나에게 어디서 만날지 말해 줬다. (tell, where)

→ 〔 　　　　　　　〕

〈의문사+to부정사〉는 주로 동사의 목적어 역할을 함

④ 그 수프는 먹기에 짜다. (salty)

→ 〔 　　　　　　　〕

to부정사가 형용사 salty를 꾸며주는 역할

• 맛의 세상
맛을 표현하는 형용사는 다양해요.
salty(짠), sweet(단) 이외에도
bitter(쓴), tender(부드러운),
fishy(비린), burnt(탄 맛이 나는),
bland(싱거운), greasy(기름진) 등
이 있어요.

| 서술형 유형 심화 | ■ 우리말에 맞게 고르고 문장을 쓰시오. | p.191 STEP 3에 나오는 문장 재확인 |

① 나는 스마트폰을 사서 **(to buy / buying)** 매우 기뻤다.

→ I was glad to buy a smartphone.

(**O** to buy)
(**X** buying)

② 엄마는 어떻게 식기세척기를 사용하는지 **(how to use / how use to)** 배우고 있다.

→

(**O** how to use)
(**X** how use to)

③ 그녀는 케이크를 만들기 위해서 우유를 **(make a cake / to make a cake)** 좀 샀다.

→

(**O** to make a cake)
(**X** make a cake)

④ 언제 그 기계를 꺼야 하는지 **(when turning off / when to turn off)** 나에게 말해줘.

→

(**O** when to turn off)
(**X** when turning off)

⑤ 나는 엄마를 도와드리기 위해 **(for helping / to help)** 집에 일찍 왔다.

→

(**O** to help)
(**X** for helping)

⑥ 그 소년은 자라서 소방관이 되었다. **(to be a firefighter / being a firefighter)**

→

(**O** to be a firefighter)
(**X** being a firefighter)

⑦ 나는 여기에서 너를 봐서 **(to see you / to seeing you)** 놀랐다.

→

(**O** to see you)
(**X** to seeing you)

⑧ 그 침대는 옮기기에 **(for moving / to move)** 그렇게 무겁지 않다.

→

(**O** to move)
(**X** for moving)

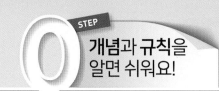

동명사의 특징

동명사는 〈**동사원형+-ing**〉의 형태로 명사처럼 쓰인다.

동사		동명사
walk 걷다	→	walking 걷기
watch 보다	→	watching 보기

> 📌 동명사의 형태는 현재분사와 같다.
> His hobby is **swimming**.
>   수영하는 것 (동명사)
> He is **swimming**.
>   수영하고 있는 (현재분사)

동명사의 역할

동명사의 역할

① 명사 역할을 하기 때문에 문장에서 **주어, 보어, 목적어**로 쓰인다.

주어	**Reading** comic books is fun. 　　주어　　　　　　동사	만화책 읽는 것은 재미있다.
보어	Her hobby is **reading** comic books. 　　　　동사　　　　보어	그녀의 취미는 만화책을 읽는 것이다.
목적어	They enjoy **playing** soccer. 　　　동사　　　목적어	그들은 축구하는 것을 즐긴다.

⭐ 동명사가 주어일 때는 **단수로 취급**한다.
　　Talking with friends **is** fun.　친구들과 이야기하는 것은 재미있다.

② 동명사를 목적어로 취하는 동사들

enjoy, stop, finish, avoid 등	**+**	동명사

Tom **enjoys fishing**.　Tom은 낚시하는 것을 즐긴다.
　목적어(낚시하는 것)

동명사 vs to부정사

동사의 목적어로 쓸 수 있는 동명사와 to부정사

① **동명사**나 **to부정사**만 **목적어**로 취하는 **동사**들이 있다.

동명사만 취하는 동사	to부정사만 취하는 동사
enjoy, finish, mind, avoid, stop, keep, practice, give up	want, hope, decide, learn, plan, promise, wish, would like

> 📌 목적어 자리의 to부정사는 미래의 일을 뜻하고, 동명사는 과거의 일을 나타낸다.
> remember + to부정사: ~할 것을 기억하다
>   동명사: ~한 것을 기억하다
> forget + to부정사: ~할 것을 잊다
>   동명사: ~한 것을 잊다

I enjoy **cooking / ~~to cook~~**.　　I want **~~cooking~~ / to cook**.

② **동명사와 to부정사 모두** 목적어로 취하는 동사들이 있다.

동명사 to부정사	목적어 역할	like, love, hate, start, begin, continue
		Tony **loves eating(to eat)** fast food.　Tony는 패스트푸드 먹는 것을 좋아한다.

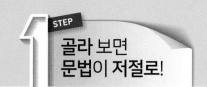

동명사의 특징

동사와 동명사 구별

1 They [_____] to school.
그들은 / 걸어간다 / 학교로.

☑ walk   ☐ walking

2 [_____] is good for you.
걷는 것은 / 좋다 / 너에게.

☐ Walk   ☐ Walking

3 [_____] isn't difficult.
수영하는 것은 / 아니다 / 어려운 것이.

☐ Swim   ☐ Swimming

4 My hobby is [_____] to music.
나의 취미는 / 이다 / 음악을 듣는 것.

☐ listen   ☐ listening

5 They [_____] to music.
그들은 / 듣는다 / 음악을.

☐ listen   ☐ listening

목적어 역할의 동명사와 to부정사

목적어 형태 고르기

1 He enjoys [_____] movies.
그는 / 즐긴다 / 영화보기를.

☑ watching   ☐ to watch

2 He finished [_____] his room.
그는 / 끝냈다 / 방 청소를.

☐ cleaning   ☐ to clean

3 I decided [_____] hiking.
나는 / 결정했다 / 하이킹하러 가기로.

☐ going   ☐ to go

4 He wants [_____] photos.
그는 / 원한다 / 사진 찍기를.

☐ taking   ☐ to take

5 He planned [_____] the violin.
그는 / 계획했다 / 바이올린을 연주할 것을.

☐ playing   ☐ to play

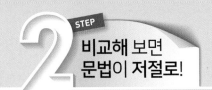
1

나는 / 끝낸다 / 그것을 쓰는 것을.

I finish writing / to write it.

나는 / 원한다 / 그것을 쓰는 것을.

I want writing / to write it.

2

그는 / 멈췄다 / TV 시청을.

He stopped watching / to watch TV.

그는 / 멈췄다 / TV를 보려고.

He stopped watching / to watch TV.

3

그는 / 꺼리지 않는다 / 이태리 음식을 요리하는 것을.

He doesn't mind cooking / to cook
Italian food.

그는 / 포기하지 않는다 / 이태리 음식을 요리하는 것을.

He doesn't give up cooking / to cook.
Italian food.

4

나는 / 싫어한다 / 욕실 청소를.

I hate cleaning / to clean the
bathroom.

나는 / 시작했다 / 욕실 청소를.

I started cleaning / to clean the
bathroom.

5

나는 / 원한다 / 에어컨을 켜는 것을.

I want turning / to turn on the air
conditioner.

나는 / 계속한다 / 에어컨을 켜는 것을.

I continue turning / to turn on the air
conditioner.

6

그녀는 / 즐긴다 / 쇼핑을 / 백화점에서.

She enjoys shopping / to shop
at the department store.

그녀는 / 계속한다 / 쇼핑을 / 백화점에서.

She keeps shopping / to shop
at the department store.

7

나는 / 계획했다 / 낚시하러 가기를 / 이번 여름에.

I planned to go fishing / going fishing
this summer.

나는 / 포기했다 / 낚시하러 가기를 / 이번 여름에.

I gave up to go fishing / going fishing
this summer.

8

그녀는 / 피한다 / 그에 대해 이야기하는 것을.

She avoids to talk / talking about
him.

그녀는 / 바란다 / 그에 대해 이야기하는 것을.

She hopes to talk / talking about
him.

■ 다음 우리말을 보고 <u>틀린</u> 부분을 고쳐 쓰시오.

✔ 서술형 **기출**문제

> Kelly는 친구들과 이야기하는 것을 즐긴다.
> → Kelly enjoys talks to her friends.

→ 동사 enjoy는 목적어로
동명사을 써야 한다.

→   Kelly enjoys talking to her friends.

① 그들은 집을 사는 것을 원한다.

They want buying a house.

→ They want to buy a house.

② 카드 보내는 일을 끝마쳤니?

Did you finish to send the cards?

→

③ 그는 뉴질랜드에 여행가기로 결정했다.

He decided traveling to New Zealand.

→

④ 그 세탁기는 작동을 멈추었다.

The washing machine stopped work.

→

⑤ 문 두드리는 것을 잊지 마라.

Don't forget knocking on the door.

→

⑥ 오늘 오후에 Mike를 만나는 것을 기억해라.

Remember seeing Mike this afternoon.

→

⑦ 그 경찰관은 증거를 찾으려고 노력했다.

The police officer tried finds the evidence.

→

⑧ 나는 작년에 디저트 먹는 것을 중단했다.

I gave up to eat dessert last year.

→

복습 프로그램
p. 195, 196, 197에서
배운 문장으로

교과서 서술형 끝내기

유형기본 ➕

기본 + 심화 문제

서술형 유형 기본
■ 우리말에 맞게 밑줄 친 부분을 바르게 고쳐 쓰시오.　p.195　STEP 1에 나오는 문장 재확인

① <u>Swim</u> isn't difficult.

→ Swimming isn't difficult.　　수영하는 것은 어렵지 않다.

(◐ swimming)
(✘ swim)

② My hobby is <u>listen</u> to music.

→　　　　　　　　　　　　　나의 취미는 음악을 듣는 것이다.

(◐ listening)
(✘ listen)

③ He enjoys <u>to watch</u> movies.

→　　　　　　　　　　　　　그는 영화보기를 즐긴다.

(◐ watching)
(✘ to watch)

④ He finished <u>to clean</u> his room.

→　　　　　　　　　　　　　그는 방 청소를 끝냈다.

(◐ cleaning)
(✘ to clean)

⑤ <u>Walk</u> is good for you.

→　　　　　　　　　　　　　걷는 것은 너에게 좋다.

(◐ Walking)
(✘ Walk)

서술형 유형 심화
■ 우리말에 맞게 틀린 부분을 바르게 고쳐 쓰시오.　p.196　STEP 2에 나오는 문장 재확인

① He doesn't mind to cook Italian food.

→　　　　　　　　　　　　　그는 이태리 음식 요리하기를 꺼리지 않는다.

mind는 동명사를 목적어로 씀

② I hate to cleaning the bathroom.

→　　　　　　　　　　　　　나는 욕실 청소를 싫어한다.

hate은 동명사와 to부정사 모두 목적어로 가능

③ He stopped to watch TV.

→　　　　　　　　　　　　　그는 TV 시청을 멈췄다.

틀린 문장은 아니지만, 우리말에 맞게 'TV 시청'이 목적어로 와야 함

④ I planned go fishing this summer.

→　　　　　　　　　　　　　나는 이번 여름에 낚시하는 것을 계획했다.

plan은 to부정사를 목적어로 씀

• go -ing
주로 야외활동에 대해 얘기 할 때
go fishing(낚시하러 가다),
go camping(캠핑하러 가다),
go shopping(쇼핑하러 가다),
go skiing(스키 타러 가다)이라고 써요.

서술형 유형 심화

■ 우리말에 맞게 고르고 문장을 쓰시오.

p.197 STEP 3에 나오는 문장 재확인

1 그들은 집을 사는 것을 (to buy / buying) 원한다.

→ They want to buy a house.

(○ to buy)
(✗ buying)

2 그는 뉴질랜드에 여행가기로 (to travel / traveling) 결정했다.

→

(○ to travel)
(✗ traveling)

3 Kelly는 친구들에게 이야기하는 것을 (talks to / talking to) 즐긴다.

→

(○ talking to)
(✗ talks to)

4 문 두드리는 것을 (to knock / knocking) 잊지 마라.

→

(○ to knock)
(✗ knocking)

5 나는 작년에 디저트 먹는 것을 중단했다. (gave up eating / gave up to eat)

→

(○ gave up eating)
(✗ gave up to eat)

6 오늘 오후에 Mike를 만나는 것을 (to see / seeing) 기억해라.

→

(○ to see)
(✗ seeing)

7 너는 카드 보내는 일을 (to send / sending) 끝마쳤니?

→

(○ sending)
(✗ to send)

8 그 경찰관은 증거를 찾으려고 (to find / finding) 노력했다.

→

(○ to find)
(✗ finding)

[01-02] 다음 빈칸에 들어갈 알맞은 말을 고르시오.

01

| I need a pen _____ with. |

① write   ② to write   ③ writing
④ wrote   ⑤ written

02

| My sister enjoys _____ TV. |

① watch   ② to watch   ③ watching
④ watched   ⑤ to watching

3   다음 우리말에 맞게 빈칸에 들어갈 알맞은 말은?

| 나는 쿠키 굽는 법을 모른다.
→ I don't know _____ to bake cookies. |

① what   ② when   ③ where
④ how   ⑤ whom

[04-05] 다음 빈칸에 들어갈 수 없는 말은?

04

| Kevin _____ to go to Hawaii. |

① decided   ② wanted   ③ hoped
④ planned   ⑤ avoided

05

| Linda _____ learning Spanish. |

① promised   ② enjoyed   ③ minded
④ gave up   ⑤ kept

[06-08] 다음 주어진 문장의 밑줄 친 부분과 쓰임이 다른 것을 고르시오.

06

| My dream is to become a dancer. |

① I like to draw pictures.
② To drink water is good for your health.
③ I need something to eat.
④ It is exciting to go to the amusement park.
⑤ My wish is to buy a new cellphone.

07

| I have many friends to hang out with. |

① I want something to drink.
② Lisa has many things to do.
③ Tim is looking for someone to help him.
④ We don't have enough time to practice.
⑤ I'm planning to ride a bike this weekend.

08

| I was happy to work with you. |

① I went to the market to buy milk.
② Mark is looking for a seat to sit on.
③ She grew up to be a great scientist.
④ I'm sorry to hear the news.
⑤ Sean came to see me.

09   다음 중 어법상 틀린 것은?

① It is hard to climb the mountain.
② Don't forget to lock the door.
③ He stopped running during the race.
④ Eating vegetables is good for your health.
⑤ She practices to dance every day.

10 다음 빈칸에 들어갈 말이 순서대로 짝지어진 것은?

- It is good _____ regularly.
- Dean keeps _____ soccer until late at night.
- I'm really happy _____ you.

① to exercise – practicing – helping
② to exercise – practicing – to help
③ to exercise – to practice – to help
④ exercising – to practice – helping
⑤ exercising – practicing – helping

11 다음 두 문장의 뜻이 같을 때 빈칸에 알맞은 것은?

Jessica went shopping to buy a dress.
→ Jessica went shopping _____ buy a dress.

① so to
② in order to
③ enough to
④ in order
⑤ as to

12 다음 우리말에 맞게 바르게 쓴 문장은?

너는 재킷을 가져올 것을 기억해야 한다.

① You should remember to bring your jacket.
② You should remember bring your jacket.
③ You should remember bringing your jacket.
④ You shouldn't remember bring to your jacket.
⑤ You should remember to bringing your jacket.

13 다음 밑줄 친 부분과 역할이 같은 것은?

They start <u>cleaning</u> the kitchen before cooking.

① <u>Playing</u> soccer is a good exercise.
② <u>Learning</u> how to cook is difficult.
③ He likes <u>teaching</u> young children Korean.
④ His dream is <u>becoming</u> a science teacher.
⑤ My hobby is <u>watching</u> a film.

서술형 대비 문제

[14-15] 주어진 말을 이용하여 우리말과 뜻이 같도록 문장을 완성하시오.

14 프린터가 갑자기 작동을 멈췄다.
(stop, work, suddenly)

→

15 당신과 이야기 나누어 즐거웠습니다.
(be pleased, talk)

→

[16-18] 다음 에너지 절약 안내문을 보고, 우리말과 같도록 문장을 완성하시오.

Save Energy

에너지를 절약하기 위한 몇 가지 조언이 있습니다.
Here are some tips _____16_____ energy.

1. 일회용 컵 사용을 피하세요.
_____17_____ disposable cups.

2. 방을 나갈 때 불 끄는 것을 잊지 마세요.
Don't _____18_____ the light when you leave a room.

16

17

18

19 다음은 세 명의 학생들의 계획표이다. 주어진 단어를 이용하여 표에 맞는 문장을 완성하시오.

Su-Hee	박물관 방문하기 (visit)
Sue	수영 배우기 (how)
Min-Ji	승마 연습하기 (ride a horse)

① Su-Hee plans _____ .

② Sue learns _____ .

③ Min-Ji practices _____ .

한 장의 사진으로 보는
문법이 쓰기다

UNIT 01 · to부정사 1

소원을 말해봐
알라딘이 가진 마법램프를 문지르면 소원을
들어주는 지니가 등장해!
어떤 소원을 빌 건지 영어로 연습해 보는 게 좋을 걸?

 써 봐!

우리는 곧 너를 만나기를 희망한다.

→

 **써 봐!**

그 수프는 먹기에 짜다.

→

UNIT 02 · to부정사 2

먹방(eating show)이 인기 있는 이유는?
남이 먹는 것을 보고, 표현을 듣기만 해도
그 맛이 전달되기 때문 아닐까?
'음…. 그 초콜릿은 달콤 쌉쌀(bitter sweet)하면서도
뒷맛(aftertaste)이 오래 남아.'
이런 맛 표현 재미있지? 너도 먹방에 도전해볼래?

UNIT 03 · 동명사

월척이다~
월척(big fish)은 좋지만 작은 연못에 있다면 어떨까?
영어 표현에서는 'a big fish in a little pond' 라고,
우리나라의 '우물 안 개구리'와 같은 말로 쓰여~

써 봐!

나는 이번 여름에 낚시하는 것을 계획했다.

→

정답 UNIT 01. We hope to meet you soon.　　UNIT 02. The soup is salty to eat.　　UNIT 03. I planned to go fishing this summer.

Part 10
접속사

접속사는 단어나 구, 절 등을 연결하는 말입니다.
그리고 접속사에 따라 연결되는 의미가 각각 다릅니다.
따라서 의미에 따라 접속사 사용을 학습하게 됩니다.

UNIT 1 등위접속사

구성	기초 항목	서술형 유형
STEP 1	등위접속사 구별하기	
STEP 2	의미 비교해 보기	
STEP 3		틀린 부분 고쳐 쓰기
서술형 끝내기		문장 완성, 문장 쓰기

UNIT 2 부사절 접속사

구성	기초 항목	서술형 유형
STEP 1	접속사의 의미 파악하기	
STEP 2	의미 비교해 보기	
STEP 3		우리말 영작하기
서술형 끝내기		문장 완성, 문장 쓰기

STEP
개념과 규칙을
알면 쉬워요!

등위접속사의 특징

등위접속사는 대등한 관계의 **단어와 단어, 구와 구, 절과 절을 연결**해 주는 것을 말한다.

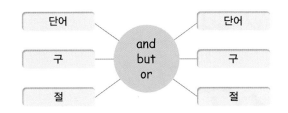

단어
구
절

and
but
or

단어
구
절

🖉 등위접속사는 같은 형태끼리 연결해준다.
단어끼리: kind **and** warm
구끼리: to eat **and** to love
절끼리: I love you, **and** you love me

1 등위접속사 and, but, or

등위접속사 and, but, or의 쓰임

단어와 단어, 구와 구, 절과 절을 연결해 주는 말로 의미에 따라 **and, but, or**가 있다.

and (그리고)	비슷한 내용 연결	pretty **and** kind	예쁘고 친절한
but (그러나)	상반되는 내용 연결	sunny **but** cold	맑지만 추운
or (또는)	둘 이상에서 선택	by bus **or** by car	버스 또는 차로

Tom likes <u>soccer</u> **and** <u>basketball</u>.   Tom은 축구와 농구를 좋아한다.
     단어 + and + 단어

We can't decide <u>where to go</u> **or** <u>what to do</u>. 우리는 어디로 갈지 혹은 무엇을 할지 결정할 수 없다.
           구 + or + 구

<u>He likes a dog</u>, **but** <u>I don't like a dog</u>.   그는 개를 좋아하지만 나는 좋아하지 않는다.
     절   +   but +   절

2 명사절을 이끄는 접속사 that

명사절을 이끄는 접속사 that

다른 문장 속에서 **주어, 목적어, 보어 역할**을 하는 **절**을 이끈다.

주어	**That she is honest** is true. 　주어　　　　　동사	그녀가 정직하다는 것은
보어	The truth is **that she is honest**. 　　동사　　　　보어	그녀가 정직하다는 것(이다)
목적어	I know **that she is honest**. 　　동사　　　목적어	그녀가 정직하다는 것을

🖉 주어 역할의 that절
가주어 it을 주어 자리에 두고 that절을
동사 뒤로 옮길 수 있다.

<u>That she is honest</u> is true.
　　진(짜)주어

→ It is true that she is honest.
　 가(짜)주어

★ 목적절을 이끄는 접속사 that은 생략할 수 있다.
He thinks (**that**) the movie is fun. 그는 그 영화가 재미있다고 생각한다.
주어 동사   목적절

★ 접속사 that과 지시대명사[형용사] that
That is her bag. – 지시대명사   그것은 그녀의 가방이다.
That bag is hers. – 지시형용사   그 가방은 그녀의 것이다.
I know **that** it is her bag. – 접속사   나는 그것이 그녀의 가방이라는 것을 안다.

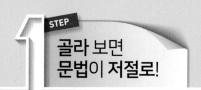

STEP 1

골라 보면
문법이 저절로!

등위접속사는 단어와 단어, 구와 구, 절과 절을 연결해주고,
접속사 that은 문장 속에서 명사절을 이끈다.

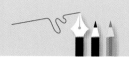

등위접속사 and, but, or

접속사 고르기

(1) She has blue eyes [   ] blonde hair.

그녀는 / 갖고 있다 / 파란 눈과 금발머리를.

☑ and ☐ or

(2) Minho is not a singer [   ] an actor.

민호는 / 가수가 아니라 / 배우이다.

☐ or ☐ but

(3) Which do you like better, coffee [   ] tea?

어떤 것이 더 좋은가요 / 커피 혹은 차?

☐ or ☐ but

(4) Tom [   ] I are not on the same team.

Tom과 나는 / 아니다 / 같은 팀이.

☐ but ☐ and

(5) Is she Sally [   ] Sally's sister?

그녀는 Sally이니 / 혹은 Sally의 여동생이니?

☐ but ☐ or

명사절을 이끄는 접속사 that

that절 고르기

(1) I said [   ].

나는 말했다

그녀가 크다고. ☑ that she's tall ☐ that she's smart

그녀가 똑똑하다고. ☐ that she's tall ☐ that she's smart

(2) I don't think [   ].

나는 생각하지 않는다

그녀가 옳다고. ☐ that she's right ☐ that she's wrong

그녀가 틀렸다고. ☐ that she's right ☐ that she's wrong

(3) The problem is [   ].

문제는 ~이다

그가 게으르다는 것. ☐ that he's sick ☐ that he's lazy

그가 아프다는 것. ☐ that he's sick ☐ that he's lazy

(4) The truth is [   ].

사실은 ~이다

그가 천재인 것. ☐ that he's a genius ☐ that he's a student

그가 학생인 것. ☐ that he's a genius ☐ that he's a student

(5) It's lucky [   ].

다행이다

그가 친절한 사람이라서. ☐ that he's a kind person ☐ that he found his dog

그가 개를 찾아서. ☐ that he's a kind person ☐ that he found his dog

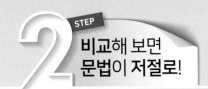
1

그 괴물은 더러워보인다 / 그리고 무서워보인다.

The monster looks dirty (and) / or scary.

그 괴물은 무서워보이지만 / 그것은 사실 친절하다.

The monster looks scary, but / or it is actually kind.

2

Rose는 탁자를 만든다 / 그리고 / 그것을 판다.

Rose makes a table and / or she sells it.

Rose는 탁자를 만든다 / 그러나 / 그것을 팔지는 않는다.

Rose makes a table, but / and she doesn't sell it.

3

나는 생각하지 않았다 / 그것이 귀신이라고.

I didn't think that / but it was a ghost.

그것은 아니었다 / 귀신 혹은 괴물이.

It wasn't either a ghost but / or a monster.

4

Sandra는 가난하지만 / 그녀는 행복하다.

Sandra is poor, that / but she is happy.

그는 알고 있었다 / Sandra가 가난하다는 것을.

He knew that / but Sandra was poor.

5

가장 덥고 / 가장 긴 여름이었다.

It was the hottest and / or the longest summer.

일 년중 가장 더운 날이었지만 / 나는 좋은 시간을 보냈다.

It was the hottest day of the year, but / and I had a great time.

6

우리는 게임에서 이겼고 / 그것은 재미있었다.

We won the game and / or it was fun.

중요하다 / 우리가 그 게임에서 이겼다는 것이.

It is important that / and we won the game.

7

그는 말했다 / 시험이 어려웠다고.

He said that / but the exam was difficult.

시험은 어려웠지만 / 몇몇 학생들은 잘 봤다.

The exam was difficult, but / that some students did well.

8

우리는 식탁에 둘러앉았고 / 식사를 기다렸다.

We sat around the table and / or waited for meals.

우리는 식탁에 둘러앉았지만 / 그는 여전히 식사를 준비하고 있었다.

We sat around the table, that / but he was still preparing the meals.

■ 다음 우리말을 보고 문장에서 **틀린** 부분을 고쳐 쓰시오.

✔ 서술형 **기출**문제

> 너는 이 주변에 뱀들이 있다는 것을 들었니?
>
> → Did you hear ~~and~~ there are snakes around here?

➔ 문장 내에서 명사절을
이끄는 접속사 that은
hear의 목적어 역할을
한다.

→ ___Did you hear (that) there are snakes around here?___

①▶ The problem is but Harry is only 14 years old.   문제는 Harry가 겨우 14살이라는 것이다.

➔ The problem is that Harry is only 14 years old.

②▶ Chen brings his lunch box that eats in the cafeteria.   Chen은 점심 도시락을 가져오거나 학교 식당에서 먹는다.

➔

③▶ I thought but you wanted to go camping.   나는 네가 캠핑에 가길 원했다고 생각했다.

➔

④▶ I met my girlfriend that went to the concert with her.   나는 내 여자친구를 만났고, 그녀와 콘서트를 보러 갔다.

➔

⑤▶ Do you plan to take the bus but the train?   너는 버스를 타고 갈 계획이니 아니면 기차를 탈 계획이니?

➔

⑥▶ She often enjoys listening to music and to play the piano.   그녀는 종종 음악 감상과 피아노 연주를 즐긴다.

➔

⑦▶ The doctor said and you didn't get hurt.   그 의사는 네가 다치지 않았다고 말했다.

➔

⑧▶ She cooked for me, and we decided to eat out.   그녀는 나를 위해 요리했지만, 우리는 밖에서 먹기로 결정했다.

➔

복습 프로그램
p. 205, 206, 207에서
배운 문장으로

교과서 **서술형 끝내기**

유형기본 ➕

기본+심화 문제

서술형 유형 기본

■ 우리말에 맞는 접속사를 골라 문장을 완성하시오. p.205 STEP 1에 나오는 문장 재확인

| and | but | or | that |

1 그녀는 파란 눈과 금발머리를 갖고 있다.

→ She has blue eyes | and blonde hair | .

앞과 뒤의 말이 같을 때 접속사 and로 연결

2 그녀는 Sally니 아니면 Sally의 여동생이니?

→ Is she Sally | | ?

둘 중 하나, '혹은' 의미의 접속사는 or을 씀

3 민호는 가수가 아니라 배우이다.

→ Minho is not | | an actor.

상반되는 내용을 연결할 때 접속사 but을 씀

4 나는 그녀가 똑똑하다고 말했다.

→ | | she is smart.

다른 문장 안에서 목적어 역할을 하는 절을 이끄는 접속사 that를 씀

서술형 유형 심화

■ 우리말에 맞게 주어진 단어를 이용하여 문장을 쓰시오. p.206 STEP 2에 나오는 문장 재확인

1 그것은 귀신이나 괴물이 아니었다. (a ghost, a monster)

→

either는 둘 중 하나를 말할 때 or와 자주 쓰는 것임

2 Sandra는 가난하지만 그녀는 행복하다. (poor, happy)

→

앞과 뒤의 말이 반대될 때 접속사 but을 씀

3 우리가 그 게임에서 이겼다는 것이 중요하다. (win the game, important)

→

절이 문장의 주어로 오기 위해서는 접속사 that이 필요

4 가장 덥고 긴 여름이었다. (hot, long summer)

→

앞과 뒤의 말을 '~와'라는 말로 이어주는 접속사 and를 씀

• 세계에서 가장 더운 지역
이란의 루트사막(Dasht-e-Lut)이
세계에서 가장 더운 지역으로 섭
씨 70도를 넘나드는 고온 때문에
박테리아조차 살 수 없다고 해요.

서술형 유형 심화 ■ 우리말에 맞게 고르고 문장을 쓰시오. p.207 **STEP 3에 나오는 문장 재확인**

① 나는 여자친구를 만났고 **(and / but)** 그녀와 콘서트를 보러 갔다.

→ I met my girlfriend and went to the concert with her.

(**O** and)
(**X** but)

② 나는 네가 캠핑에 가길 원했다고 **(that / and)** 생각했다.

→

(**O** that)
(**X** and)

③ 문제는 **(that / and)** Harry가 겨우 14살이라는 것이다.

→

(**O** that)
(**X** and)

④ Chen은 점심 도시락을 가져오거나 **(and eats / or eats)** 학교 식당에서 먹는다.

→

(**O** or eats)
(**X** and eats)

⑤ 그 의사는 네가 다치지 않았다고 **(that / and)** 말했다.

→

(**O** that)
(**X** and)

⑥ 너는 기차를 타고 갈 계획이니 아니면 **(or / or not)** 버스 타고 갈 계획이니?

→

(**O** or)
(**X** or not)

⑦ 이 주변에 뱀들이 있다는 것을 **(that / and)** 들었니?

→

(**O** that)
(**X** and)

⑧ 그녀는 종종 음악 감상과 피아노 연주하기를 **(and playing / but playing)** 즐긴다.

→

(**O** and playing)
(**X** but playing)

부사절 접속사

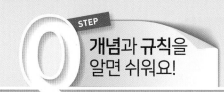

부사절의 특징

부사절은 기본 문장에 '언제, 어떨 때, 왜' 등의 **추가적인 정보를 더해주는 문장**을 나타낸다.

기본 문장(주절)   부사절(종속절)

| I stay at home
나는 집에 머무른다 | + | **when** it snows. (언제)
눈이 올 때.

if it snows. (어떨 때)
눈이 온다면.

because I am sick. (왜)
내가 아프기 때문에. |

부사절 접속사 시간, 조건, 이유

부사절을 이끄는 접속사

① **시간**의 접속사: **when**, **while**, **after**, **before**

시간	when(~할 때)	while(~동안에)
	before(~전에)	after(~후에)

When I arrived, it was snowing.   내가 도착했을 때, 눈이 오고 있었다.
　　부사절(시간)　　　　　주절

While I took his photo, he stood still.   사진을 찍는 동안, 그는 가만히 서 있었다.

After I had dinner, I watched TV.   나는 저녁식사를 한 후에, TV를 봤다.

> 💡 **의문사 when과 접속사 when**
>
> | 의문사:
언제 | When do you go
to school? |
> |---|---|
> | 접속사:
~할 때 | When I called
him, he didn't
answer. |

② **조건**을 나타내는 접속사: **if**, **unless**

조건	if(만약 ~한다면)	unless(~하지 않는다면)

If you jog every day, you'll be healthy.   만약 매일 조깅을 하면, 너는 건강해 질 것이다.
　　부사절(조건)　　　　주절

Unless I am busy, I will help you.   내가 바쁘지 않으면, 너를 도와줄게.
= **If** I am **not** busy, I will help you.
　→ unless는 if~not과 바꿔 쓸 수 있다.

③ **이유**를 나타내는 접속사: **because**, **as**

이유	because(~때문에)	as(~때문에)

Because he was sick, he didn't go to work.   그는 아파서 출근하지 못했다.
　　　부사절(이유)　　　　주절

As it was cold, Kelly stayed at home.   추웠기 때문에, Kelly는 집에 있었다.

★ because 뒤에는 <주어+동사~>의 절이 오고, because of 뒤에는 (동)명사구가 따라온다.

because of+(동)명사	She is happy **because of** the concert. 그녀는 행복하다 / 콘서트 때문에.
because+주어+동사~	She is happy **because** she can go to the concert. 그녀는 행복하다 / 그녀가 콘서트에 갈 수 있기 때문에.

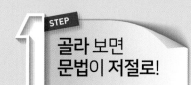
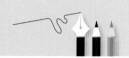
✔ 부사절의 의미

종속절(부사절) 고르기

① I will meet him [   ].
나는 그를 만날 것이다

| if it is fine | ✔ 날씨가 좋으면 | ☐ 날씨가 좋기 때문에 |
| when I get there | ☐ 거기 가기 전에 | ☐ 거기에 갈 때 |

② I drank water [   ].
나는 물을 마셨다

| after I had lunch | ☐ 점심을 먹은 후에 | ☐ 점심을 먹기 전에 |
| because I was thirsty | ☐ 갈증이 나서 | ☐ 갈증이 나기 전에 |

③ He moved to Seoul [   ].
그는 서울로 이사했다

| when he was ten | ☐ 열 살 때 | ☐ 열 살이기 때문에 |
| as he got a job | ☐ 직장이 생기면 | ☐ 직장이 생겨서 |

④ He'll go out [   ].
그는 외출할 것이다

| unless he's busy | ☐ 그가 바쁘다면 | ☐ 그가 바쁘지 않다면 |
| while I'm home | ☐ 내가 집에 있는 동안 | ☐ 내가 집에 있기 때문에 |

✔ 부사절을 이끄는 접속사

접속사 고르기

① She wasn't at home [   ] I called her.
그녀는 집에 없었다 / 내가 그녀에게 전화했을 때.

✔ when   ☐ if

② You shouldn't watch TV [   ] you are eating.
너는 TV를 봐서는 안 된다 / 먹고 있는 동안에.

☐ when   ☐ while

③ [   ] it rains tomorrow, we'll cancel the field trip.
내일 비가 온다면 / 우리는 현장학습을 취소할 것이다.

☐ If   ☐ Unless

④ I like him [   ] he is handsome.
나는 그를 좋아한다 / 왜냐하면 그는 잘생겼기 때문이다.

☐ because of   ☐ because

⑤ [   ] I have breakfast, I drink a glass of water.
아침 먹기 전에 / 나는 물을 한 잔 마신다.

☐ After   ☐ Before

⑥ [   ] I finished my work, I cleaned my room.
나는 일을 끝내고 난 후에 / 나는 내 방을 청소했다.

☐ After   ☐ Before

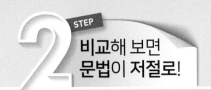

1

밖에 나가기 전에 / 일기예보를 확인해라.

(Before) / After you go out, check the weather report.

밖에 나갈 때 / 일기예보를 확인해라.

If / When you go out, check the weather report.

2

너무 피곤했기 때문에 / 일찍 자러 갔다.

As / If I was so tired, I went to bed early.

피곤하면 / 일찍 자러 가도 된다.

As / If you are tired, you may go to bed early.

3

우리는 밥 먹기 전에 / 항상 손을 씻는다.

Before / after we eat, we always wash our hands.

우리는 밥 먹고 나서 / 항상 양치를 한다.

Before / After we eat, we always brush our teeth.

4

비가 온다면 / 우리는 집에 있을 것이다.

If / Unless it rains, we will stay at home.

만약 비가 오지 않는다면 / 우리는 소풍을 갈 것이다.

If / Unless it rains, we will go on a picnic.

5

만일 그가 학교에 오지 않는다면 / 내가 그에게 전화를 할 것이다.

If / Unless he comes to school, I will call him.

그가 학교에 오지 않을 때 / 나는 그에게 전화를 할 것이다.

As / When he doesn't come to school, I will call him.

6

그 곰이 너무 컸기 때문에 / 그는 도망갔다.

If / Because the bear was too big, he ran away.

그는 숲으로 도망갔다 / 큰 곰 때문에.

He ran away to the forest because / because of the big bear.

7

그는 오디션을 봤기 때문에 / 학교 밴드부에 들어갔다.

As / If he had an audition, he joined the school band.

그는 오디션을 본 후에 / 학교 밴드부에 들어갔다.

After / As he had an audition, he joined the school band.

8

나는 역에 도착했다 / 그녀가 떠난 후에.

I arrived at the station after / before she left.

그녀는 나를 기다리고 있었다 / 내가 역에 도착했을 때.

She was waiting for me when / before I arrived at the station.

■ 다음 우리말에 맞게 주어진 단어를 이용하여 쓰시오.

☑ 서술형 **기출**문제

> 이 숙제를 끝낸 후에, 나는 쿠키를 구울 것이다.
> (be going to, bake some cookies)

↳ 시간을 나타내는 접속사 after(~후에)를 종속절에 쓴다.

→ After I finish this homework, I'm going to bake some cookies.

① 지성이는 축구를 하기 전에, 그는 준비운동을 해야 한다. (warm up)

→ Before Jisung plays soccer, he has to warm up.

② 네가 집에 없다면, 나는 이 상자를 문 앞에 두고 갈 것이다. (leave, at the door)

→

③ 만일 네가 질문이 있다면, 내게 전화를 해라. (have any questions)

→

④ 나는 나의 차를 가져왔기 때문에 택시를 탈 필요가 없었다. (bring my car)

→

⑤ Susan은 교통체증 때문에, 수업에 늦었다. (be late for the class, the traffic jam)

→

⑥ 너의 엄마가 설거지를 하는 동안, 너는 거실을 청소한다. (clean, do the dishes)

→

⑦ 내가 내일 시험이 없다면, 나는 쇼핑을 갈 것이다. (have a test)

→

⑧ Vicki가 중국에 있었을 때, 그녀는 말 타는 방법을 배웠다. (how, ride)

→

서술형 유형 기본
■ 우리말에 맞는 접속사를 골라 문장을 완성하시오. p.211 **STEP 1**에 나오는 문장 재확인

when	if	after	because

① 내가 그녀에게 전화했을 때 그녀는 집에 없었다. (call)

→ She wasn't at home | when I called her | .

'〜할 때'라는 의미의 시간을 나타내는 접속사는 when을 씀

② 내일 비가 온다면, 우리는 현장학습을 취소할 것이다. (rain)

→ [   ] , we will cancel the field trip.

'〜한다면'이라는 조건의 의미의 접속사 if를 씀

③ 그는 서울로 이사했다 왜냐하면 그는 새 직장을 구했기 때문이다. (get)

→ He moved to Seoul [   ] .

'왜냐하면'이라는 의미의 이유를 나타내는 접속사 because를 씀

④ 나는 점심을 먹은 후에 물을 마셨다. (have)

→ [   ] , I drank water.

시간을 나타내는 접속사 after(〜후에)를 씀

서술형 유형 심화
■ 우리말에 맞게 주어진 단어를 이용하여 문장을 쓰시오. p.212 **STEP 2**에 나오는 문장 재확인

① 밖에 나가기 전에 일기예보를 확인해라. (the weather report)

→ [   ]

'〜하기 전에'라는 의미의 접속사 before를 씀.

② 너는 피곤하면, 일찍 자러 가도 된다. (go to bed)

→ [   ]

'〜하면'이라는 조건의 의미를 가진 접속사 if를 씀

③ 내가 역에 도착했을 때, 그녀는 나를 기다리고 있었다. (arrive at the station)

→ [   ]

'〜 할 때' 라는 시간 의미의 접속사 when을 씀.

④ 그 큰 곰 때문에 그는 숲으로 도망갔다. (run away)

→ [   ]

'〜 때문에'라는 이유의 접속사는 because 이지만 명사구가 오면 because of를 씀

• 곰을 피하는 법
흔히 죽은 척을 하면 곰이 그냥 간다고 하지만, 이는 위험합니다. 가까이서 마주쳤다면 '절대' 등을 보이지 말고 시선을 응시하며 뒷걸음질로 멀어지세요!
(도망가는 게 상책)

서술형 유형 심화 ■ 우리말에 맞게 고르고 문장을 쓰시오. p.213 STEP 3에 나오는 문장 재확인

① **(Before / When)** 지성이는 축구를 하기 전에, 그는 준비운동을 해야 한다.

→ Before Jisung plays soccer, he has to warm up.

(◐ Before)
(✗ When)

② **(If / When)** 만일 네가 질문이 있다면, 내게 전화를 해라.

→

(◐ If)
(✗ When)

③ 나는 차를 가져왔기 때문에 **(because / if)** 택시를 탈 필요가 없었다.

→

(◐ because)
(✗ if)

④ **(When / While)** 네 엄마가 설거지를 하는 동안 너는 거실을 청소한다.

→

(◐ While)
(✗ When)

⑤ **(Unless / when)** 내가 내일 시험이 없다면, 나는 쇼핑을 할 것이다.

→

(◐ Unless)
(✗ when)

⑥ Susan은 교통체증 때문에 **(because of / because)** 수업에 늦었다.

→

(◐ because of)
(✗ because)

⑦ **(After / When)** 이 숙제를 끝낸 후에 나는 쿠키를 구울 것이다.

→

(◐ After)
(✗ When)

⑧ **(When / Before)** Vicki가 중국에 있었을 때, 그녀는 말을 타는 법을 배웠다.

→

(◐ When)
(✗ Before)

[01-03] 다음 빈칸에 들어갈 알맞은 말을 고르시오.

01

Mark was late for school _____ the heavy snow.

① when   ② because   ③ if
④ before   ⑤ because of

02

_____ she could swim across the river was a lie.

① And   ② But   ③ That
④ Unless   ⑤ As

03

The dinner was already served _____ I arrived there.

① that   ② when   ③ but
④ because   ⑤ if

[04-05] 다음 빈칸에 공통으로 들어갈 말을 고르시오.

04

• I have two dogs. One is white _____ the other is brown.
• Why don't you sit down _____ have some tea?

① and   ② but   ③ or
④ before   ⑤ as

05

• Which do you like better, apples _____ grapes?
• I want to make a model airplane _____ a paper doll.

① and   ② but   ③ as
④ after   ⑤ or

[06-07] 다음 문장의 뜻이 같도록 할 때, 빈칸에 들어갈 말로 알맞은 것을 고르시오.

06

If you don't work hard, you can't succeed.
→ _____ you work hard, you can't succeed.

① When   ② After   ③ Before
④ Because   ⑤ Unless

07

I went to bed early because I was tired.
→ I went to bed early _____ I was tired.

① as   ② if   ③ but
④ that   ⑤ because of

[08-09] 다음 중 어법상 틀린 것을 고르시오.

08

① I believe and I can be an actor.
② My brother is happy, but I'm not.
③ Turn off the light when you leave the room.
④ I won't go to the park if it rains tomorrow.
⑤ Mom read a book while I was doing my homework.

09

① Unless the train is late, we can leave on time.

② She wants to play more, and she has to go home.

③ I couldn't come to the party because I was sick.

④ He can play the computer game after he finishes his homework.

⑤ Before you go to bed, brush your teeth.

10 다음 빈칸에 들어갈 말이 순서대로 짝지어진 것은?

A: Can you go shopping with me _____ you have time?

B: Sure. When shall we meet?

A: How about 3 p.m. at the mall? I have to clean my room _____ I go shopping.

B: Okay, call me _____ you arrive at the mall. I'll be there.

① if   – before – when

② if   – after – that

③ if   – after – as

④ unless – before – when

⑤ unless – before – while

11 다음 빈칸에 들어갈 말과 같은 것은?

He said _____ the exam was difficult.

① You'll pass the exam _____ you study hard.

② _____ you feel very tired, you had better rest.

③ I don't believe _____ they want to leave early.

④ You can do anything _____ you finish your homework.

⑤ We can eat Korean food _____ watch Korean TV show in Japan.

서술형 대비 문제

[12-13] 다음 중 어법상 틀린 곳을 골라 바르게 고쳐 쓰시오.

12 I won't take a taxi unless it doesn't rain tomorrow.

→

13 I couldn't sleep last night because the noise.

→

[14-15] 다음 두 문장의 뜻이 같을 때 빈칸에 들어갈 알맞은 말을 쓰시오.

14 Unless you study hard, you can't pass the exam.

→ _____ , you can't pass the exam.

15 Wash your hands before you eat dinner.

→ Eat dinner _____ .

16 다음 우리말에 주의하여 문장을 완성하시오.

아빠가 거실을 청소하는 동안 나는 TV로 축구 경기를 봤다.
(cleaning, while)

→ I watched a soccer game on TV _____ .

17 다음 대화에서 틀린 부분을 찾아 고쳐 쓰시오.

A: Jack and I are going to see a movie tonight. After you want to join us, let me know.

B: I'd like to, or I have to take care of my little brother.

①

②

한 장의 사진으로 보는
문법이 쓰기다

UNIT 01

푹푹 찌는 듯한 더위, 못살겠다?!
이란의 루트사막은 너무 더워서 박테리아조차
살지 못하기 때문에 우유도 상하지 않는다고 해.
우리나라의 여름과는 차원이 다르지?

등위접속사 1

 써 봐!

가장 덥고 긴 여름이었다.

→

 써 봐!

그것은 귀신이나 괴물이 아니었다.

→

★

등위접속사 2

더울 땐 무서운 이야기?
귀신도 국적이 달라. 처녀귀신, 구미호는 우리나라
귀신이지만, 드라큘라, 늑대인간, 뱀파이어는
외국 귀신이야!

UNIT 02

곰은 '곰돌이 푸'처럼 귀여워?
곰은 귀여워 보이지만, 덩치도 크고
날카로운 이빨과 발톱을 갖고 있어.
한번의 공격으로도 치명상을 입을 수 있으니 조심해!

부사절 접속사

 써 봐!

그 큰 곰 때문에 그는 숲으로 도망갔다.

→

MEMO

중학 영문법, 쓸 수 있어야 진짜 문법이다!

문법이 쓰기다

Workbook 1학년

1 실전력 100% 서술형 기출
내신 기출
단답형·서술형
실전문제

2 기본이 탄탄해지는 서술형 유형
서술형 유형별
기본·심화
추가문제

교육 R&D에 앞서가는

Key 키출판사

중학 영문법, 쓸 수 있어야 진짜 문법이다!

문법이 쓰기다

단답형·서술형 기출 실전 문제

be동사 | 중학 내신 단답형·서술형 기출 실전 문제

1학년 (   )반 (   )번 이름 (   )   점수 :

[1~2] 밑줄 친 주어를 알맞은 인칭대명사로 바꿔 쓰시오.

1
> <u>Mable and I</u> are friends.

→ _____

2
> <u>Suji and John</u> are in the kitchen.

→ _____

[3~5] 빈칸에 알맞은 말을 써 우리말에 맞게 문장을 완성하시오. (※ 인칭대명사와 be동사 사용)

3
> Mina is my friend. 그녀는 간호사이다.

→ _____ a nurse.

4
> Our first class is math. 그것은 쉽다.

→ _____ easy.

5
> Mr. Park is a writer. 그는 요리사가 아니다.

→ _____ a cook.

[6~7] 다음 문장에서 <u>틀린</u> 부분을 찾아 바르게 고치시오.

6
> Jeremy and Mable are my friends. They am engineers.

→ _____

7
> Peter and I are different. We is not the same.

_____ → _____

[8~9] 다음 우리말에 맞게 주어진 단어들을 사용하여 대화를 완성하시오.

8
> A: Who are they?
> B: <u>그들은 내 반 친구들이다.</u> (my classmates)

→ _____

9
> A: Is the new girl from Korea?
> B: No, <u>그녀는 한국인이 아니다.</u> (Korean)

→ _____

[10~12] 주어진 단어를 바르게 배열하여 문장을 완성하고 그에 맞는 우리말을 쓰시오.

10
> I, good at tennis, am not

→ 문장 _____

→ 우리말 _____

11
> We, on the same team, are

→ 문장 _____

→ 우리말 _____

12

are, winners, not, Jeremy and I

→ 문장 _____

→ 우리말 _____

[13~14] 주어진 문장을 부정문과 의문문으로 바꿔 쓰시오.

13

She is free after school.

→ 부정문 _____

→ 의문문 _____

14

It is under the table.

→ 부정문 _____

→ 의문문 _____

[15~16] 다음 우리말에 맞게 주어진 단어들을 사용하여 문장을 완성하시오.

15

그녀는 내게 화가 났니? (angry with)

→ _____

16

그것들은 의자 위에 있니? (on the chair)

→ _____

17 다음 우리말에 맞게 주어진 단어들을 활용하여 대화를 완성하시오.

A: Who are the girls in the picture?
B: 그들은 야구 선수야. (baseball players)
A: What are they like?
B: 그들은 부지런해. (diligent)

(1) _____

(2) _____

18 다음 대화를 읽고 <u>틀린</u> 부분을 찾아 바르게 고치시오.

A: Who is the boy next to Jessy?
B: He are my brother.
A: What's he like?
B: I am quiet and shy, and he is a big fan of Harry Potter.

(1) _____ → _____

(2) _____ → _____

19 다음 글을 읽고 <u>틀린</u> 부분을 찾아 바르게 고쳐 쓰시오.

My name is Mina. I'm from Korea. I is good at tennis. Jenny is my friend. Jenny and I am classmates this year. She is not Korean. She is Canadian. She is friendly and popular.

(1) _____

→ _____

(2) _____

→ _____

20 다음 글을 읽고 물음에 답하시오.

Hi, my name is Jenny. I am 14 years old and I'm from Canada. There are four people in my family: Mom, Dad, a baby sister and me. We are a happy family.

(1) How old is Jenny?

_____

(2) Where is she from?

_____

일반동사 | 중학 내신 단답형 · 서술형 기출 실전 문제

1학년 (　　) 반 (　　) 번　이름 (　　　　　　)　　　점수 :

[1~3] 보기의 동사들을 알맞게 활용하여 문장을 완성하시오.

have　　study　　watch　　get

1 나는 TV를 본다.

→ I _____ TV.

2 Miranda는 밤에 공부한다.

→ Miranda _____ at night.

3 그는 식당에서 저녁을 먹는다.

→ He _____ dinner at the restaurant.

[4~5] 자연스러운 대화가 되도록 빈칸에 알맞은 말을 써 대화를 완성하시오.

4
A: ① _____ you like apples?
B: No, I ② _____ . But my sister likes them.

①　　　　　　　② _____

5
A: ① _____ you know him?
B: Yes, I do. He ② _____ a famous singer. He has a powerful voice.

①　　　　　　　② _____

6 다음 우리말에 맞게 빈칸에 알맞은 말을 써 문장을 완성하시오.

그녀는 늦게 자지 않는다.

→ She _____ sleep late.

7 다음 빈칸에 들어갈 말로 알맞지 <u>않은</u> 것을 보기에서 골라 쓰시오.

Mina _____ .

<보기>
· is in the room
· does not like fast food
· lives near the beautiful lake
· don't eat cheesecake

→ _____

[8~9] 다음 우리말에 맞게 주어진 단어들을 활용하여 대화를 완성하시오.

8
A: <u>그녀는 매일 체육관에 가니?</u> (go to the gym)
B: No, she doesn't. She goes once a week.

→ _____

9
A: <u>그는 춤을 잘 춘다.</u> (dance, well) Are you good at dancing, too?
B: No, I'm not.

→ _____

[10~11] 주어진 문장을 부정문과 의문문으로 바꿔 쓰시오.

10
We have tails.

→ 부정문 _____

→ 의문문 _____

11

It has two legs.

→ 부정문

→ 의문문

[12~13] 다음 빈칸에 공통으로 알맞은 말을 쓰시오.

12

· _____ she teach history? · Andy _____ not play   computer games.

→ _____

13

· My mom cooks every day. She
  _____ good at cooking.
· Jack _____ a baker. He
  mixes flour with milk.

→ _____

14 다음 우리말에 맞게 주어진 단어들을 활용하여 대화를
완성하시오.

A: 너는 그녀의 이름을 아니? (know) B: Yes, I do. Her name is Minji. A: What's she like? B: She is the top student in her class.   그녀는 공부를 열심히 해. (study hard)

(1) _____

(2) _____

15 다음 Kris의 하루 일과를 보고 물음에 답하시오.

Time	To do
8:00	Go to school
12:00	Have lunch with Mia
3:00	Take a piano lesson
5:00	Do homework

(1) What does Kris do at 3 o'clock?.

→ _____

(2) Does Kris have lunch alone?

→ _____

16 다음 글을 읽고 틀린 부분을 찾아 바르게 고쳐 쓰시오.

Mary get up early in the morning. She eats breakfast at 7:30 a.m. and goes to school at 8:00 a.m. After school she do homework every day. She studies math at night.

(1) _____

→ _____

(2) _____

→ _____

[17~19] 다음 글을 읽고 물음에 답하시오.

I have many friends. John dresses well. (A) 그는 모델처럼 보인다. Tom wears glasses. He has poor eyesight. Jessy has a new bike. He rides his bike to school. We eat lunch together. We are in the same class.

17 위 글의 (A)를 영작하시오.

→ _____

18 What does Tom wear?

→ _____

19 How does Jessy go to school?

→ _____

문장의 형식 | 중학 내신 단답형 · 서술형 기출 실전 문제

1학년 ( )반 ( )번 이름 ( ) 점수 :

[1~3] 보기의 동사들을 알맞게 활용하여 문장을 완성하고 그에 맞는 우리말을 쓰시오.

| taste | rise | make | give |

1 The sun _____ in the east.

→ 우리말 _____

2 It _____ sweet.

→ 우리말 _____

3 He _____ me sad.

→ 우리말 _____

4 다음 빈칸에 공통으로 알맞은 말을 쓰시오

· He sends text messages _____ me.
· She writes love letters _____ me.

→ _____

[5~7] 다음 문장에서 **틀린** 부분을 찾아 바르게 고쳐 쓰시오.

5
They show their picture me.

→ _____

6
The boy smiles happy.

→ _____

7
It looks a bear.

→ _____

[8~9] 다음 두 문장의 뜻이 같도록 빈칸에 알맞은 말을 써 문장을 완성하시오.

8
Josh gives her the gold ring.

— Josh gives _____ .

9
Can you make me sandwiches?

= Can you make _____ ?

[10~12] 주어진 단어를 바르게 배열하여 문장을 완성하고 그에 맞는 우리말을 쓰시오.

10
big head, his, He, shakes

→ 문장 _____

→ 우리말 _____

11
the Han River, They, clean, keep

→ 문장 _____

→ 우리말 _____

12

I, to, send, my future self, a message

→ 문장 _____

→ 우리말 _____

[13~14] 다음 우리말에 맞게 주어진 단어를 활용하여 대화를 완성하시오.

13

A: What time does the concert start?
B: 그 콘서트는 9시에 시작한다. (start)

→ _____

14

A: What time does he start work?
B: 그는 9시에 일을 시작한다. (start)

→ _____

[15~16] 다음 주어진 문장과 동일한 형식으로 쓰인 문장을 보기에서 찾아 쓰시오.

15

We keep all the books clean.

<보기>
· I keep all the books.
· He keeps the camera.
· She keeps tomatoes fresh.
· He always keeps my secret.

→ _____

16

I find him handsome.

<보기>
· The food smells bad.
· He returns the camera.
· Chloe finds Brooklyn lovely.
· His life changes slowly.

→ _____

17 다음 글을 읽고 틀린 부분을 찾아 바르게 고쳐 쓰시오.

My father makes for us lunch every Sunday. He is a great cook. He is good at cooking. My mother buys ice cream for me every Sunday. It tastes sweet. I give a hug them every day.

(1) _____

→ _____

(2) _____

→ _____

[18~20] 다음 글을 읽고 물음에 답하시오.

I like science. I have science class today. The class starts at 9. Mr. Park is my homeroom teacher. He looks so young. His voice sounds warmly. (A) 그는 우리에게 과학을 가르친다. He will tell us about Einstein today. I can't wait!

18 위 글에서 틀린 문장을 찾아 바르게 고쳐 쓰시오.

→ _____

19 What time does the class start?

→ _____

20 위 글의 (A)를 4형식 문장으로 영작하시오.

→ _____

시제 | 중학 내신 단답형·서술형 기출 실전 문제

1학년 ( )반 ( )번 이름 ( )   점수 :

[1~3] 다음 문장을 과거시제로 바꿔 쓰시오.

1 She is his best friend.

→ She _____ his best friend.

2 We are not close.

→ We _____ close.

3 Is it a rose?

→ _____ it a rose?

[4~5] 자연스러운 대화가 되도록 빈칸에 알맞은 말을 써 대화를 완성하시오.

4
A: Where ① you last night?
B: I ② at the concert then.

①   ②

5
A: What ① you get for your birthday last year?
B: I ② a new cellphone.

①   ②

6 다음 빈칸에 공통으로 알맞은 말을 쓰시오.

· I _____ go to the park this Saturday.
· _____ it be cold tomorrow?

→

[7~8]다음 우리말에 맞게 빈칸에 알맞은 말을 써 문장을 완성하시오.

7
We were not singing a song. 우리는 스케이트보드를 타고 있었다.

→ We _____ skateboards.

8
Minha was 12 years old last year. 그녀는 내년에 14살이 될 것이다.

→ She _____ 14 years old next year.

9 다음 주어진 단어들을 활용하여 빈칸에 알맞은 말을 써 대화를 완성하시오.

A: _____ they _____ trees and flowers in the morning? (plant)
B: Yes, they did.
A: What will they do next?
B: They _____ camping. (go)

(1) _____ ,

(2) _____

[10~11] 주어진 문장을 부정문과 의문문으로 바꿔 쓰시오.

10
He was at the bus stop.

→ 부정문 _____

→ 의문문 _____

11
We are going to leave soon.

→ 부정문 _____

→ 의문문 _____

12

> A: What are you doing?
> B: 나는 지금 산책하고 있다. (take a walk)

→ _____

13

> A: 너는 독서 클럽에 가입할 거니? (join)
> B: No, I won't. I will join the sports club.

→ _____

14

> A: 그녀는 점심시간 전에 사과 한 개를 먹었니? (eat)
> B: No, she didn't.

→ _____

15 다음 표를 보고 보기에서 일치하는 내용을 골라 쓰시오.

yesterday	today
not open	open
at home	not at home

> <보기>
> · The store was open yesterday.
> · The store is open today.
> · We were not at home yesterday.
> · We are not at home today.

→ _____

→ _____

16 다음 대화를 읽고 틀린 부분을 찾아 바르게 고쳐 쓰시오.

> A: Tyler and I didn't live in Korea now.
> B: Where do you live?
> A: We live in China. We were moving to France next year. We are so excited!
> B: That's nice!

(1)

→ _____

(2)

→ _____

17 다음 표를 보고 주어진 우리말에 맞게 영작하시오.

last night	now	tomorrow
busy	drive a car	have a party

(1) Steve와 나는 어젯밤에 바빴다.

→ _____

(2) 나는 지금 운전 중이다.

→ _____

(3) 나는 내일 파티를 열 것이다.

→ _____

[18~20] 다음 글을 읽고 물음에 답하시오

> I ① meet Junho, Minseo, and Seho two weeks ago. We were in the same class last year. We were close. Junho ② call me yesterday. We planned a special trip. (A) 우리는 이번 주말에 낚시를 하러 갈 것이다. It will be fun.

18 위 글의 ①, ②를 알맞은 시제로 고쳐 쓰시오.

①_____ ②_____

19 Were they in the same class?

→ _____

20 위 글의 (A)를 영작하시오.

> 조건 ① 미래시제를 사용할 것
> 조건 ② be going to, go fishing을 활용할 것

→ _____

명사 · 대명사 │ 중학 내신 단답형 · 서술형 기출 실전 문제

1학년 (　　) 반 (　　) 번 이름 (　　　　　　) │ 점수 :

[1~3] 보기의 명사들을 알맞게 활용하여 문장을 완성하시오.
(※ 필요한 경우 적절한 관사를 사용할 것)

> leaf　　apple　　tooth　　cake

1 나는 사과(하나)를 먹었다.

→ I ate ＿＿＿＿＿＿＿ .

2 나는 점심을 먹은 후에 양치를 한다.

→ I brush my ＿＿＿＿＿＿＿ after lunch.

3 그것은 나뭇잎들을 초록색으로 만든다.

→ It makes ＿＿＿＿＿＿＿ green.

[4~5] 다음 빈칸에 공통으로 알맞은 말을 쓰시오.

4
> · It will be ＿＿＿ piece of cake.
> · There is ＿＿＿ big tree in the garden.
> · We need ＿＿＿ lot of ice in summer.

→ ＿＿＿＿＿＿＿

5
> · Look at the dog. ＿＿＿ is running really fast.
> · ＿＿＿ is getting dark outside. Let's go inside.

→ ＿＿＿＿＿＿＿

[6~8] 다음 우리말에 맞게 빈칸을 채워 문장을 완성하시오.

6
> 나는 우유 한 잔을 마신다.

→ I drink ＿＿＿＿＿＿＿ milk.

7
> 오렌지 주스가 조금 있다.

→ ＿＿＿＿＿＿＿ some orange juice.

8
> 작년에는 눈이 거의 안 왔다.

→ We had ＿＿＿＿＿＿＿ snow last year.

[9~10] 주어진 단어를 바르게 배열하여 문장을 완성하고 그에 맞는 우리말을 쓰시오.

9
> talk, We often, to ourselves

→ 문장 ＿＿＿＿＿＿＿

→ 우리말 ＿＿＿＿＿＿＿

10
> in a week, There are, seven days

→ 문장 ＿＿＿＿＿＿＿

→ 우리말 ＿＿＿＿＿＿＿

[11~12] 다음 문장에서 틀린 부분을 찾아 바르게 고쳐 쓰시오.

11
> I have bread with a butter for breakfast. My brother drinks a cup of milk.

→ ＿＿＿＿＿＿＿

12

Bill left school a few days ago. Jane sent many text message to him.

→ _____

[13~15] 다음 우리말에 맞게 주어진 단어들을 활용하여 대화를 완성하시오.

13

A: This movie is very exciting.
B: 맞아, 그것은 재미있어. (it)

→ Yes, _____ .

14

A: Whose pen is this?
B: 그것은 내 것이야. (it)

→ _____

15

A: 운동장에 아이들이 있습니까? (any children)
B: Yes, there are. Many children are playing there.

→ _____

16 다음 글을 읽고 틀린 부분을 찾아 바르게 고쳐 쓰시오.

I met Mr. Kim yesterday. Him is my English teacher. I like him because he is very kind. He tells us much funny stories. He is a great teacher.

(1) _____

→ _____

(2) _____

→ _____

17 다음 대화를 읽고 틀린 부분을 찾아 바르게 고쳐 쓰시오.

A: Where are Miranda and Parker?
B: They are in the kitchen. Do you know they well?
A: No, but they know me very well. Is this my bag?
B: No, it is Miranda.

(1) _____

→ _____

(2) _____

→ _____

[18~20] 다음 대화를 읽고 물음에 답하시오.

A: How many rooms are there in this house?
B: There are three rooms in this house.
A: Is there a garden?
B: Yes, there is. The garden has a big trees and many flowers.
A: Can I have a drink?
B: Yeah, you can have ① 물 한 병.

18 위 글에서 틀린 문장을 찾아 바르게 고쳐 쓰시오.

→ _____

19 How many rooms are there in the house?

→ _____

20 밑줄 친 ①의 우리말을 영작하시오.

→ _____

조동사 | 중학 내신 단답형 · 서술형 기출 실전 문제

1학년 (   )반 (   )번 이름 (   )   점수 :

[1~2] 조동사 may를 사용하여 우리말에 맞게 대화를 완성하시오.

1
A: It is really cold today.
B: 오늘 밤에 눈이 올지도 몰라. (snow)

→ _____

2
A: I left my cellphone at home.
B: 너는 내 휴대폰을 써도 돼. (use)

→ _____

[3~4] 조동사 must를 사용하여 우리말에 맞게 대화를 완성하시오.

3
A: Jane doesn't look well.
B: Right. 그녀는 아픈 게 틀림없어. (sick)

→ _____

4
A: My mother was very upset.
B: 너는 그녀에게 다시는 거짓말을 해서는 안 된다. (lie)

→ _____

5 다음 빈칸에 공통으로 알맞은 말을 쓰시오.

A: You have an exam tomorrow, don't you?
B: That _____ be true. Are you sure?

A: Can you go to the movies with me?
B: Sorry, I _____. I have to finish my homework.

→ _____

[6~8] 주어진 문장을 부정문으로 바꾸어 쓰고 그에 맞는 우리말을 쓰시오.

6
I can drive a car.

→ 부정문 _____

→ 우리말 _____

7
She has to keep her promise.

→ 부정문 _____

→ 우리말 _____

8
Children had better use smartphones.

→ 부정문 _____

→ 우리말 _____

[9~10] 다음 우리말에 맞게 주어진 조동사를 사용하여 문장을 쓰시오.

9
A: Hurry up. 우리는 학교에 지각할지도 몰라. Let's cross the street.
B: Wait. The light is red. We must follow the traffic rules.

→ _____ (may)

10
A: I'm sorry I'm late. The traffic was terrible.
B: 다음 번에는 집에서 빨리 나오는 것이 좋겠다.

→ _____ (should)

11 자연스러운 대화가 이루어 지도록 빈칸에 보기의 문장들을 골라 쓰시오.

> · Oh, she must be angry.
> · I didn't go to Mina's birthday.
> · You should say sorry to her.

A: You don't look good. What's wrong?

B: _____

A: _____

B: Yes, I will do that.

12 다음 주어진 문장의 조동사와 동일한 의미로 쓰인 것을 보기에서 찾아 쓰시오.

> He must be Japanese.

> <보기>
> · You must lock the door.
> · She must be sleeping now.
> · We must go to church on Sunday.
> · You must get there by 9 o'clock.

→ _____

[13~15] 다음은 Kevin의 학교 규칙을 적은 것이다. 주어진 우리말에 맞게 조동사 must를 사용하여 문장을 쓰시오.

13
> Kevin은 학교 규칙을 따라야 한다.

→ _____

14
> Kevin은 복도에서 뛰면 안 된다.

→ _____

15
> Kevin은 지각하면 안 된다.

→ _____

[16~18] 다음 우리말에 맞게 주어진 단어를 바르게 배열하여 문장을 완성하시오.

16
> 너는 피아노를 연주할 수 있니?
> you, Can, the piano, play, ?

→ _____

17
> 그들은 기차를 타는 게 낫다.
> the train, They, had better, take

→ _____

18
> 그는 미나에게 선물을 보낼 필요가 없다.
> to Mina, He, send, a present, doesn't have to

→ _____

[19~20] 다음 대화를 읽고 물음에 답하시오.

> A: It is getting dark. Do we has to go home now?
> B: Don't worry. I will drive you home.
> A: Be careful. (should, You, not, fast, drive, at night).
> B: OK.

19 위 글에서 틀린 문장을 찾아 바르게 고쳐 쓰시오.

→ _____

20 괄호 안에 주어진 단어를 바르게 배열하여 문장을 완성하고 그에 맞는 우리말을 쓰시오.

→ 문장 _____

→ 우리말 _____

13

수동태 | 중학 내신 단답형·서술형 기출 실전 문제

1학년 (   )반 (   )번   이름 (   )   점수 :

[1~3] 보기의 동사들을 알맞게 활용하여 문장을 완성하시오.

| use   visit   invite   write |

1   스마트폰은 많은 사람들에 의해 사용된다.

→ Smartphones _____ by many people.

2   역사는 승리자들에 의해 쓰여진다.

→ History _____ by the victors.

3   그는 매년 Lisa에게 초대된다.

→ He _____ by Lisa each year.

[4~5] 다음 두 문장의 뜻이 같도록 빈칸에 알맞은 말을 써 문장을 완성하시오.

4

We make the school newspaper.

= The school newspaper _____ .

5

Engineers build robots.

= Robots _____ .

[6~7] 다음 문장에서 <u>틀린</u> 부분을 찾아 바르게 고쳐 쓰시오.

6

Korean food is eat by many Chinese.

→ _____

7

Many people visit by the Louvre.

→ _____

[8~10] 다음 우리말에 맞게 주어진 단어를 활용하여 문장을 쓰시오.

8

우유는 아침마다 배달된다. (deliver)

→ _____

9

이 컴퓨터는 Bill에 의해 고쳐졌다. (fix)

→ _____

10

학생들이 교실을 청소한다. (clean)

→ _____

[11~12] 주어진 문장을 지시에 맞게 바꿔 쓰고 그에 맞는 우리말을 쓰시오.

11

The tower was built by famous architects.

→ 부정문 _____

→ 우리말 _____

12

The problem was solved by him.

→ 의문문 _____

→ 우리말 _____

13 다음 주어진 문장을 수동태로 바꿔 쓰시오.

> The class president leads all our classmates.

→ _____

[14~15] 다음 우리말에 맞게 주어진 단어를 활용하여 대화를 완성하시오

14

> A: What do you usually do on Sunday?
> B: 나는 나의 조부모님을 돕는다. (help)

→ _____

15

> A: Who invented AlphaGo?
> B: 알파고는 구글에 의해 발명되었다. (invent)

→ _____

16 자연스러운 대화가 이루어 지도록 빈칸에 보기의 문장들을 골라 쓰시오.

> · I'll call the repairman again.
> · Is the heater broken?
> · The heater was fixed last weekend.

A: Oh, it's too cold in here.

_____

B: _____

A: That's a good idea.

17 다음 글을 읽고 틀린 부분을 찾아 바르게 고쳐 쓰시오.

> I went to Paris last year and saw the Mona Lisa. It painted by Leonardo da Vinci. It is kept in the Louvre. It was surround by many visitors. It was beautiful. I will never forget it.

(1) _____

→ _____

(2) _____

→ _____

[18~20] 다음 글을 읽고 물음에 답하시오.

> (A) 한글은 1443년에 세종대왕에 의해 창제되었다. Hangul was easily used by ordinary people. (B) Every year, Koreans celebrate Hangul Day on October 9. Many people in other countries are learned Hangul these days.

18 (A)의 우리말에 맞게 주어진 단어들을 활용하여 문장을 쓰시오. (King Sejong, Hangul, create)

→ _____

19 (B)의 문장을 수동태로 바꿔 쓰시오

→ _____

20 위 글에서 틀린 문장을 찾아 바르게 고쳐 쓰시오.

→ _____

형용사 · 부사 | 중학 내신 단답형 · 서술형 기출 실전 문제

1학년 (   )반 (   )번   이름 (   )   점수 :

---

1 다음 빈칸에 들어갈 말로 알맞지 <u>않은</u> 것을 보기에서 골라 쓰시오.

> He looks _____ .

> <보기>
> · young   · happy
> · healthy   · kindly

→ _____

[2~3] 다음 빈칸에 공통으로 알맞은 말을 쓰시오.

2
> · It may be a _____ question.
> (그것은 어려운 질문일지도 모른다.)
> · I have to work _____ .
> (나는 열심히 일을 해야 한다.)

→ _____

3
> · He threw the ball _____ .
> (그는 공을 높이 던졌다.)
> · There are _____ mountains in Nepal. (네팔에는 높은 산들이 있다.)

→ _____

[4~6] 보기의 단어들을 활용하여 우리말에 맞게 문장을 완성하시오.

> hot   good   old   short

4 그 개는 짧은 다리를 가지고 있다.

→ The dog has _____ legs.

5 오늘은 어제보다 더 덥다.

→ Today is _____ yesterday.

6 그 곳은 이 나라에서 가장 오래된 도시이다.

→ It is the _____ city in the country.

[7~8] 다음 우리말에 맞게 주어진 단어를 활용하여 문장을 쓰시오.

7
> You should be careful.
> 그것은 매우 위험한 직업이다. (highly)

→ _____

8
> Molly and Anne like the piano.
> Molly는 Anne보다 피아노를 더 잘 친다. (good)

→ _____

[9~11] 다음 보기의 문장들을 읽고 주어진 단어를 활용하여 문장을 쓰시오.

> <보기>
> · A hippo is heavier than a cheetah.
> · An elephant is heavier than a hippo.
> · A whale is heavier than an elephant.

9
> a hippo, a whale, heavy

→ _____

10
> a whale, heavy, of the four

→ _____

11

a cheetah, an elephant, light

→ _____

12 다음 표의 내용과 일치하지 <u>않는</u> 것을 보기에서 골라 쓰시오.

	coffee	tea	juice
hot	$ 2	$ 2.5	$ 3
cold	$ 3	$ 4	$ 5

<보기>
· Juice is more expensive than coffee.
· Tea is cheaper than coffee.
· Coffee is the cheapest of the three.
· Cold drinks are more expensive than hot drinks.
· Cold tea is the most expensive of all the drinks.

→ _____

→ _____

[13~15] 다음 시간표를 보고 주어진 단어들을 활용하여 우리말에 맞게 문장을 쓰시오.

Class	Time
Baking	9:00 a.m. ~ 10:00 a.m.
Cooking	11:00 a.m. ~ 2:30 p.m.
Painting	2:00 p.m. ~ 4:00 p.m.

13 제빵 수업은 세 개의 수업 중 가장 짧다.
(short, of the three classes)

→ _____

14 요리 수업은 세 개의 수업 중 가장 길다.
(long, of the three classes)

→ _____

15 그림 수업은 제빵 수업보다 늦게 끝난다. (late, finish)

→ _____

[16~17] 다음 대화를 읽고 물음에 답하시오.

A: Mark is the tallest player on the team.
B: Is he the fastest player?
A: No, (A) Kevin이 Mark보다 빨라. He has many experience of swimming than Mark.

16 (A)의 우리말에 맞게 주어진 단어들을 활용하여 문장을 쓰시오. (fast)

→ _____

17 위 글에서 틀린 문장을 찾아 바르게 고쳐 쓰시오.

→ _____

[18~20] 다음 표를 보고 물음에 답하시오.

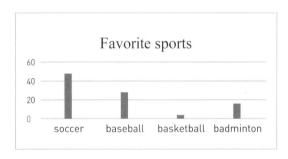

18 What is the most popular sport?

→ _____

19 위 표의 내용과 일치하도록 빈칸에 알맞은 말을 써 문장을 완성하시오.

→ Baseball is _____ than basketball.

20 다음 우리말에 맞게 문장을 쓰시오.

배드민턴은 축구보다 덜 인기 있다.

→ _____

to부정사·동명사 | 중학 내신 단답형·서술형 기출 실전 문제

1학년 (   )반 (   )번 이름 (   )   점수 :

[1~3] 우리말에 맞게 밑줄 친 부분을 고쳐 쓰시오.

1
| He enjoys watch movies.
| (그는 영화보기를 즐긴다.)

→ _____

2
| She goes to the library studying.
| (그녀는 공부하기 위해 도서관에 간다.)

→ _____

3
| Johnny likes teach young children.
| (Johnny는 어린 아이들을 가르치는 것을 좋아한다.)

→ _____

[4~6] 보기의 단어들을 활용하여 우리말에 맞게 문장을 완성하시오.

| buy   skip   eat   meet |

4 그 수프는 먹기에 짜다.

→ The soup is salty _____ .

5 너는 차를 살 돈이 있니?

→ Do you have money _____ a car?

6 아침을 거르는 것은 좋지 않다.

→ It is not good _____ breakfast.

[7~8] 주어진 문장의 밑줄 친 부분과 쓰임이 같은 것을 보기에서 골라 쓰시오.

7
| I want to drink some water.

| <보기>
| · Yuna needs shoes to wear.
| · I need a pen to write with.
| · Matt likes to draw pictures.
| · I was pleased to win the first prize.

→ _____

8
| The boy grew up to be a firefighter.

| <보기>
| · He told me where to meet.
| · His grandfather lived to be ninety.
| · We hope to see you soon.
| · Linda used the knife to cut the cake.

→ _____

9 다음 주어진 단어들을 활용하여 빈칸에 알맞은 말을 써 대화를 완성하시오.

| A: Did you finish _____ the cards? (send)
| B: No, there are still many cards to send.
| A: Remember _____ Mike this afternoon. (see)
| B: OK, thanks.

(1) _____

(2) _____

[10~11] 다음 두 문장의 뜻이 같도록 빈칸에 알맞은 말을 써 문장을 완성하시오.

10
> To make new friends is easy.

= It is _____ .

11
> I came home early to help my mom.

= I came home early _____ help my mom.

[12~14] 다음 우리말에 맞게 주어진 단어들을 활용하여 문장을 쓰시오.

12
> 우리 계획은 호텔에 묵는 것이었다. (plan, stay)

→ _____

13
> 그는 TV시청을 멈췄다. (stop, watch TV)

→ _____

14
> Sally는 강아지를 갖게 되어 매우 행복했다.
> (a puppy, happy, get)

→ _____

[15~16] 다음 표의 내용과 일치하도록 문장을 완성하시오.

> Kate
> · 훌륭한 피아니스트가 되고 싶음
> · 새로운 곳을 여행하는 것을 좋아함
> Jess
> · 밤 늦게까지 축구 연습을 계속 함
> · 그에게 조언해 줄 친구가 없음

15 (1) Kate wants _____ .

(2) Kate likes _____ .

16 (1) Jess keeps _____ until late at night.

(2) Jess has _____ .

[17~19] 다음 우리말에 맞게 주어진 단어들을 활용하여 대화를 완성하시오.

17
> A: 문 두드리는 것을 잊지 마라. (forget)
> B: OK, I won't.

→ _____

18
> A: What is she doing?
> B: 그녀는 어떻게 식기세척기를 사용하는지 배우고 있어. (a dishwasher)

→ _____

19
> A: What did you do yesterday?
> B: 나는 드레스를 사러 갔다. (go shopping)

→ _____

20 다음 글의 ①, ②를 알맞은 형태로 고쳐 쓰시오.

> **Save Energy**
> We want to do something for the Earth. Here are some tips to save energy. It's not difficult to do.
> 1. Avoid ① use disposable cups.
> 2. Don't forget ② turn off the light when you leave a room.

① _____   ② _____

접속사 | 중학 내신 단답형 · 서술형 기출 실전 문제

1학년 (   )반 (   )번 이름 (   )   점수 :

[1~3] 보기의 단어들을 활용하여 우리말에 맞게 문장을 완성하시오.

when	after	before	and

1 Tom과 나는 같은 팀이 아니다.

→ Tom _____ I are not on the same team.

2 그는 열 살 때 서울로 이사했다.

→ He moved to Seoul _____ he was ten.

3 아침 먹기 전에 나는 물을 한 잔 마신다.

→ _____ I have breakfast, I drink a glass of water.

[4~6] 다음 빈칸에 공통으로 알맞은 말을 쓰시오.

4

· The truth is _____ she is honest.
· He said _____ the exam was difficult.

→ _____

5

· _____ it rains, we will stay at home.
· _____ you don't work hard, you can't succeed.

→ _____

6

· I met my girlfriend _____ went to the concert with her.
· She often enjoys listening to music _____ playing the piano.

→ _____

[7~8] 다음 보기를 사용하여 주어진 문장을 완성하시오.

<보기>
· after you finish your homework
· when I arrived at the station
· because of the heavy snow

7 Mark was late for school _____

_____ .

8 You can play the computer game _____

_____ .

[9~10] 다음 두 문장의 뜻이 같도록 빈칸에 알맞은 말을 써 문장을 완성하시오.

9

Unless the train is late, we can leave on time.

= _____ the train is not late, we can leave on time.

10

Because he was sick, he didn't go to work.

= _____ he was sick, he didn't go to work.

[11~13] 다음 우리말에 맞게 주어진 단어를 활용하여 문장을 쓰시오.

11

Rose makes a table but she doesn't sell it. 그녀는 가난하지만 행복하다. (poor)

→ _____

12

It was dirty, large and ugly. 나는 그것이 괴물이라고 생각하지 않았다. (monster)

→ _____

13

밖에 나갈 때, 일기예보를 확인해라. If it rains, we will stay at home. (the weather report)

→ _____

14 다음 주어진 문장의 빈칸과 같은 말이 들어가는 문장을 보기에서 골라 쓰시오.

Which do you like better, apples _____ grapes?

<보기>
· She has blue eyes _____ blonde hair.
· Tom _____ I are not on the same team.
· He won the game _____ it was fun.
· I wasn't either a ghost _____ a monster.

→ _____

15 다음 중 어법상 틀린 문장을 말한 사람을 모두 찾아 쓰시오.

Mina: As I was so tired, I went to bed early.
Jake: I didn't need to take a taxi because of I brought my car.
Ben: While your mom does the dishes, you clean the living room.
Kate: We sat around the table that he was still preparing the meals.

→ _____

[16~17] 다음 대화를 읽고 빈칸에 들어갈 문장을 보기에서 골라 쓰시오. (※ 필요한 경우, 첫 글자는 대문자로 바꿔 쓰시오.)

A: Jack and I are going to see a movie tonight. 16 _____ ,
let me know.
B: I'd like to, 17 _____ .

<보기>
· but I have to take care of my little brother
· while I was doing my homework
· If you want to join us
· after he finishes his homework
· unless you study hard

18 다음 우리말에 맞게 주어진 단어들을 활용하여 문장을 쓰시오.

A: 이 주변에 뱀들이 있다는 것을 들었니? (around here)
B: Yes, so we should be careful all the time.

→ _____

[19~20] 다음 대화를 읽고 물음에 답하시오.

A: Can you go shopping with me unless you have time?
B: Sure. When shall we meet?
A: How about 3 p.m. at the mall? (A) 나는 쇼핑을 가기 전에 내 방을 청소해야 해.
B: Okay, call me when you arrive at the mall. I'll be there.

19 위 글에서 틀린 문장을 찾아 바르게 고쳐 쓰시오.

→ _____

20 (A)의 우리말에 맞게 주어진 단어들을 활용하여 문장을 쓰시오. (clean, go shopping)

→ _____

중학 영문법, 쓸 수 있어야 진짜 문법이다!

문법이 쓰기다

유형별 기본/심화 문제풀기

be동사

Grammar for 서술형·유형별 기본 / 심화 문제 풀기

유형 1 | 문장 쓰기 기본

A 괄호 안의 지시에 따라 문장을 바꿔 쓰시오.

1 John is a writer.

→ (주어 They) _____ writers.

2 You are the same age.

→ (주어 We) _____ the same age.

3 My parents are teachers.

→ (주어 인칭대명사) _____ teachers.

4 They are my friends.

→ (부정문) _____

5 Janet and Jeremy are at the concert.

→ (부정문) _____

6 It is behind the chair.

→ (의문문) _____

유형 2 | 문장 고치기 기본

B 문법상 잘못된 부분을 고쳐 쓰시오.

1 My name is John. She is a cook.

→ _____

2 Mable and I are friends. We is classmates.

→ _____

3 A: Where is Mr. Brown?

B: He is the park.

→ _____

4 A: Who are the boys in the picture?

B: It is my brothers.

→ _____

문장 쓰기 심화

A 이어질 문장을 우리말에 맞게 쓰시오.

1 Donna and I are at the restaurant.

→ _____

우리는 줄을 서고 있다. (in line)

2 My name is Mina.

→ _____

나는 외동이다. (an only child)

3 My father is a police officer.

→ _____

그는 3층에 있습니다. (on the 3rd floor)

4 A: Are Janet and Jeremy at the concert?

B: No, 그들은 콘서트에 있지 않아. (at the concert)

→ _____

문장 고치기 심화

B 주어진 대화를 읽고 문법상 잘못된 부분을 찾아 바르게 고쳐 쓰시오.

A: Is you in the 3rd grade?
B: No, I am. I'm in the 2nd grade.
A: Oh, Mike is in the 2nd grade, too. Is he your classmate?
B: Yes, he isn't. We are close.

① _____ → _____

② _____ → _____

③ _____ → _____

일반동사

Grammar for 서술형 · 유형별 기본 / 심화 문제 풀기

유형 1 | 문장 쓰기 기본

A 주어진 지시에 따라 문장을 바꿔 쓰시오.

1 Tim and I dress well.
→ (주어 Tim) _____

2 They fly in the sky.
→ (주어 He) _____

3 Drones fly under the bridge.
→ (주어 It) _____

4 They have powerful voices.
→ (주어 She) _____

5 She drinks a cup of coffee in the morning.
→ (의문문) _____

6 She looks like a model.
→ (부정문) _____

유형 2 | 문장 고치기 기본

B 문법상 잘못된 부분을 고쳐 쓰시오.

1 We brings lunch boxes to school.
→ _____

2 Ms. Lee have new glasses.
→ _____

3 Tom and I doesn't want pizza.
→ _____

4 He don't go camping with me.
→ _____

5 Does he takes violin lessons?
→ _____

문장 쓰기 심화

A 주어진 단어를 활용하여 문장을 쓰시오.

1 나는 물이 조금 필요하다. (need, some water)
→ _____

2 Ms. Lee는 학교에 자전거를 타고 간다. (ride, to school)
→ _____

3 그는 매일 운동을 한다. (do exercises)
→ _____

4 그것은 물 속에서 헤엄치지 않는다. (swim)
→ _____

5 그것들은 두 개의 다리를 갖지 않는다. (have)
→ _____

6 그는 줄넘기를 하니? (jump)
→ _____

문장 고치기 심화

B 주어진 대화를 읽고 문법상 잘못된 부분을 찾아 바르게 고쳐 쓰시오.

> A: Are Mike good at dancing?
> B: Yes, he is. He learn ballet after school.
>   Do you like ballet?
> A: Yes, I am. My sister is a ballerina.

① _____ → _____

② _____ → _____

③ _____ → _____

문장의 형식

Grammar for 서술형·유형별 기본 / 심화 문제 풀기

유형 1 | 배열하기 기본

A 주어진 단어를 배열하여 문장을 완성하시오.

1 finishes, at 10, the play

→

2 change, our, Smartphones, life

→

3 them, they, funny, tell, stories

→

4 us, he, shows, talent, his, to.

→

5 make, unhappy, people, wars

→

유형 2 | 문장 고치기 기본

B 문법상 잘못된 부분을 고쳐 쓰시오.

1 We leave for Seoul. 우리는 서울을 떠난다.

→

2 That sounds nicely. 좋게 들린다.

→

3 He cooks ramen me. 그는 나에게 라면을 요리해준다.

→

4 We call "bunny" him. 우리는 그를 "bunny"라고 부른다.

→

5 I find the question easily. 나는 그 문제가 쉽다는 걸 안다.

→

문장 쓰기 심화

A 주어진 단어를 활용하여 문장을 쓰시오.

1 나는 매우 슬프게 느낀다. (so sad)

→

2 그는 그녀에게 짧은 문자를 보냈다. (a short message)

→

3 동물들은 묘기를 어린이들에게 보여준다. (show, tricks)

→

4 Tony는 충고를 Hulk에게 한다. (give, to Hulk)

→

5 누군가가 항상 문을 열린 채로 둔다. (open, leave)

→

문장 고치기 심화

B 주어진 대화를 읽고 문법상 잘못된 부분을 찾아 바르게 고쳐 쓰시오.

> A: You look so tired.
> B: I didn't sleep last night. My sister always leaves the window openly. The noise from outside me drives crazy every night.

① _____ → _____

② _____ → _____

시제

Grammar for 서술형 · 유형별 기본 / 심화 문제 풀기

유형 1 | 문장 바꿔쓰기 기본

A 주어진 단어를 이용하여 지시에 따라 문장을 바꿔 쓰시오.

1 We are close now. (last year)

→ (과거 부정문) _____

2 You and I were friends then. (now)

→ (현재 부정문) _____

3 They are not 13 years old now. (two weeks ago)

→ (과거 긍정문) _____

4 She is at the bus stop. (this morning)

→ (과거 의문문) _____

5 I am a big fan of BTS now. (before)

→ (과거 부정문) _____

6 I was lonely last night. (tonight)

→ (현재 부정문) _____

문장 바꿔쓰기 심화

A 주어진 단어를 활용하여 문장을 바꿔 쓰시오.

1 Sonia had a party yesterday.
   (→ tomorrow, be going to)

→ _____

2 I took an exam last month.
   (→ next month, will)

→ _____

3 Did you join the book club before?
   (→ next time, will)

→ _____

4 I went camping last summer.
   (→ next week, be going to)

→ _____

5 Will you buy a new computer? (→ yesterday)

→ _____

유형 2 | 문장 고치기 기본

B 문법상 잘못된 부분을 고쳐 쓰시오.

1 We are not 14 years old two weeks ago.

→ _____

2 Steve and I were not busy now.

→ _____

3 Mina not was at a concert then.

→ _____

4 Was they in the museum yesterday?

→ _____

5 Were Jennifer alone last night?

→ _____

문장 고치기 심화

B 주어진 대화를 읽고 문법상 잘못된 부분을 찾아 바르게 고쳐 쓰시오.

> A: What are you going to do tomorrow?
> B: I am going to visiting Mina. Then, I had a party. I planned it a long time ago.
> A: Who will come to the party? Minho?
> B: Minho will come not to the party.

① _____ → _____
② _____ → _____
③ _____ → _____

명사·대명사 Grammar for 서술형 · 유형별 기본 / 심화 문제 풀기

유형 1 | 문장 쓰기 기본

A 주어진 단어를 활용하여 문장을 완성하시오.

1 그들은 그들 자신들이 자랑스러웠다. (proud of)

→ They are _____ .

2 나는 우유 한 잔을 마신다. (glass)

→ I drink _____ .

3 그는 부산으로 이사 간다. (move to)

→ He _____ .

4 우리는 아침으로 주스와 빵을 먹는다. (have)

→ We _____ for breakfast.

5 그것은 나뭇잎들을 초록색으로 만든다. (leaf)

→ It makes _____ .

6 우리는 그녀의 것을 잃어버렸다. (lose)

→ We _____ .

문장 쓰기 심화

A 주어진 단어를 이용하여 문장을 쓰시오.

1 책상 위에 종이 한 장이 있다. (a sheet of paper)

→ _____

2 그 동아리에 다섯 명의 회원이 있니? (in the club)

→ _____

3 런던은 어제 흐렸니? (cloudy)

→ _____

4 밖은 어둡니? (outside)

→ _____

5 공원에 큰 나무가 있다. (a big tree)

→ _____

6 너희들은 그녀를 기다리고 있니? (wait)

→ _____

유형 2 | 문장 고치기 기본

B 문법상 잘못된 부분을 고쳐 쓰시오.

1 I have bread with a butter for breakfast.

→ _____

2 I sometimes drink two glass of milk.

→ _____

3 I ate tomatos and apples.

→ _____

4 Himself takes care of his cat.

→ _____

문장 고치기 심화

B 주어진 대화를 읽고 문법상 잘못된 부분을 찾아 바르게 고쳐 쓰시오.

A: Is there any children in the playground?
B: Yes, there are.
A: How many child are there?
B: There is ten children in the playground.

① _____ → _____

② _____ → _____

③ _____ → _____

조동사 Grammar for 서술형 · 유형별 기본 / 심화 문제 풀기

유형 1 | 배열하기 기본

A 주어진 단어를 배열하여 문장을 완성하시오.

1 can, some cookies, make, you, I

→ _____

2 you, here, stay, may

→ _____

3 cannot, it, be, true

→ _____

4 must, she, sick, be

→ _____

5 must, get, you, by 9, there

→ _____

유형 2 | 문장 고치기 기본

B 문법상 잘못된 부분을 고쳐 쓰시오.

1 May you play the piano? 너는 피아노를 연주할 수 있니?

→ _____

2 May I going outside with my friends?
친구들이랑 밖에 나가도 돼요?

→ _____

3 You should drive not fast in the rain.
너는 빗길에 빨리 운전하지 않아야 한다.

→ _____

4 Si-jin can't lives without her. 시진은 그녀 없이 살 수 없다.

→ _____

5 Can I lend a pencil me? 너는 내게 연필을 빌려 주겠니?

→ _____

문장 쓰기 심화

A 주어진 단어를 이용하여 문장을 쓰시오.

1 그것은 사실이 아닐지도 몰라. (may)

→ _____

2 제가 도와드릴까요? (may)

→ _____

3 모든 학생들은 도서관에서 조용히 해야 한다. (have to)

→ _____

4 아이들은 스마트폰을 쓰지 않는 게 낫다. (had better, use)

→ _____

5 제가 운동화를 빨아야 해요? (have to)

→ _____

문장 고치기 심화

B 주어진 대화를 읽고 흐름상 또는 문법상 잘못된 부분을 찾아 바르게 고쳐 쓰시오.

> A: You don't look good. What's wrong?
> B: I feel so cold and dizzy.
> A: You had better seeing a doctor. And you has to drink warm water. I think you shouldn't exercise regularly for your health.

① _____ → _____

② _____ → _____

③ _____ → _____

수동태

Grammar for 서술형 · 유형별 기본 / 심화 문제 풀기

유형 1 | 문장 쓰기 기본

A 수동태는 능동태로, 능동태는 수동태로 바꿔 쓰시오.

1 The victors write history.
→ _____

2 Smartphones are used by many people.
→ _____

3 All our classmates are led by the class president.
→ _____

4 Transformers is directed by Michael Bay.
→ _____

5 She helps Julie's grandparents.
→ _____

문장 쓰기 심화

A 우리말을 보고 주어진 단어를 이용하여 문장을 쓰시오.

1 나의 성적표는 나의 부모님을 놀라게 했다. (surprise)
→ _____

2 동물들이 동물원에서 보인다. (at the zoo)
→ _____

3 나의 부모님은 나의 성적표에 의해 놀랐다. (surprise)
→ _____

4 그 타워는 유명한 건축가들에 의해 지어지지 않았다.
   (architect, build)
→ _____

5 그 문제가 그에 의해 풀렸니? (solve)
→ _____

유형 2 | 문장 고치기 기본

B 문법상 잘못된 부분을 고쳐 쓰시오.

1 The school built ten years ago. 학교는 10년 전에 지어졌다.
→ _____

2 The Philippines hit by a storm. 필리핀은 폭풍에 강타당했다.
→ _____

3 Packages were picked up by a mailman.
   소포는 우체부에 의해 수거된다.
→ _____

4 Is the picture painted with a brush?
   이 그림은 붓으로 그려졌나요?
→ _____

5 Policemen was arrested by the thief.
   그 도둑은 경찰들에 의해 체포되었다.
→ _____

문장 고치기 심화

B 주어진 단락을 읽고 문법상 잘못된 부분을 찾아 바르게 고쳐 쓰시오.

> How many English speaking countries are there in the world? English is widely spoke in 60 countries. Korean language also used internationally. Many people in other countries are learned Hangul these days.

① _____ → _____
② _____ → _____
③ _____ → _____

형용사 · 부사

Grammar for 서술형 · 유형별 기본 / 심화 문제 풀기

유형 1 | 배열하기 기본

A 형용사, 부사 위치에 주의하여 문장을 배열하시오.

1 the, woman, old, lonely, felt

→ _____

2 is, a, it, highly, job, dangerous

→ _____

3 exercises, often, more, than me, she

→ _____

4 them, John, tallest, is the, player, among

→ _____

유형 2 | 문장 고치기 기본

B 문법상 잘못된 부분을 고쳐 쓰시오.

1 The new coat is warmly. 새 코트는 따뜻하다.

→ _____

2 A dolphin is a animal smart. 돌고래는 똑똑한 동물이다.

→ _____

3 His pet dog is lot smart than hers.
그의 애완견은 그녀의 애완견보다 훨씬 더 똑똑하다.

→ _____

4 Molly plays the piano more than Anne.
Molly 는 Anne 보다 피아노를 더 잘 친다.

→ _____

5 Who is the most pretty among the girls?
누가 그 여자들 중 가장 예쁘니?

→ _____

문장 쓰기 심화

A 우리말을 보고 주어진 단어를 이용하여 문장을 쓰시오.

1 그 개는 짧은 다리를 갖고 있다. (short, legs)

→ _____

2 그녀는 일을 거의 끝내지 못했다. (hardly)

→ _____

3 버스는 차보다 더 빠르다. (buses, cars)

→ _____

4 그녀는 학급에서 가장 빨리 달린다. (run, fast)

→ _____

문장 고치기 심화

B 주어진 단락을 읽고 문법상 잘못된 부분을 찾아 바르게 고쳐 쓰시오.

Subject	Time
Math	9:00 a.m. ~ 10:00 a.m.
English	11:00 a.m. ~ 2:30 p.m.
Science	2:00 p.m. ~ 4:00 p.m.

1. Math class is the shortest the three classes.
2. English class is longest of the three classes.
3. Math class starts most early the three classes.

① _____ → _____

② _____ → _____

③ _____ → _____

to부정사 · 동명사

Grammar for 서술형 · 유형별 기본 / 심화 문제 풀기

유형 1 | 문장 쓰기 기본

A 우리말에 맞게 문장을 완성하시오.

1　① 나는 TV를 본다.

　　→ I _____ .

　　② 나는 TV보는 것을 좋아한다.

　　→ I like _____ .

2　① 그녀는 꽃을 산다.

　　→ She _____ .

　　② 그녀는 꽃을 사기를 원한다.

　　→ She wants _____ .

3　① 우리는 소풍을 간다.

　　→ We _____ .

　　② 우리는 소풍을 갈 계획이다.

　　→ We plan _____ .

유형 2 | 문장 고치기 기본

B 문법상 잘못된 부분을 고쳐 쓰시오.

1　It is good to eating fresh vegetables.
신선한 채소들을 먹는 것은 좋다.

→ _____

2　His work is to finishing the report.
그의 일은 보고서를 끝내는 것이다.

→ _____

3　She wants drinking some coffee.
그녀는 커피 마시기를 원한다.

→ _____

4　Do you have money for buy a car?
너는 차를 살 돈이 있니?

→ _____

문장 쓰기 심화

A 주어진 단어를 이용하여 우리말에 맞게 쓰시오.

1　그들은 집을 사기를 원한다. (buy, want)

→ _____

2　그 경찰관은 증거를 찾으려고 노력했다. (find, try)

→ _____

3　나는 어제 Donna를 봐서 놀랐다. (surprised, see)

→ _____

4　그녀를 다시 보기를 바라. (meet, hope)

→ _____

5　그들은 나를 돕기 위해 여기에 왔다. (come here)

→ _____

6　그는 나에게 어디에서 만날지 말해줬다. (tell me)

→ _____

문장 고치기 심화

B 다음 안내문을 보고 문법상 잘못된 부분을 찾아 바르게 고쳐 쓰시오.

> ### Save Energy
> 에너지를 절약하기 위한 몇 가지 조언이 있습니다.
> → Here are some tips to saving energy.
> 1. 일회용 컵 사용을 피하세요.
> → Avoid to use disposable cups.
> 2. 방을 나갈 때 불 끄는 것을 잊지 마세요.
> → Don't forget turning off the light when
> 　you leave a room.

① _____ 　→ 　_____

② _____ 　→ 　_____

③ _____ 　→ 　_____

접속사 Grammar for 서술형 · 유형별 기본 / 심화 문제 풀기

유형 1 | 문장 쓰기 기본

A 우리말에 맞게 문장을 완성하시오.

1 문제는 Harry가 겨우 14살이라는 것이다.
→ The problem ＿＿＿＿＿＿＿ only 14 years old.

2 너는 이 주변에 뱀들이 있다는 것을 들었니?
→ Did you hear ＿＿＿＿＿＿＿ around here?

3 그녀는 종종 음악 감상과 피아노 연주를 즐긴다.
→ She often enjoys ＿＿＿＿＿＿＿.

4 그 의사는 네가 다치지 않았다고 말했다.
→ The doctor said ＿＿＿＿＿＿＿.

5 Sandra는 가난하지만 그녀는 행복하다.
→ Sandra is poor, ＿＿＿＿＿＿＿.

문장 쓰기 심화

A 우리말에 맞게 문장을 쓰시오.

1 오늘은 맑지만 춥다. (sunny, cold)
→ ＿＿＿＿＿＿＿

2 그녀가 정직하다는 것은 사실이다. (true, honest)
→ ＿＿＿＿＿＿＿

3 그는 Sandra가 가난하다는 것을 알고 있었다. (know, poor)
→ ＿＿＿＿＿＿＿

4 우리는 게임에서 이겼고, 그것은 재미있었다. (win, fun)
→ ＿＿＿＿＿＿＿

5 나는 너무 피곤했기 때문에 일찍 자러 갔다. (tired, early)
→ ＿＿＿＿＿＿＿

유형 2 | 문장 고치기 기본

B 우리말과 맞지 않는 어색한 부분을 고치시오. (옳은 문장은 O)

1 He said that the exam was difficult.
그는 시험이 어려웠다고 말했다.
→ ＿＿＿＿＿＿＿

2 It wasn't either a ghost but a monster.
그것은 귀신 혹은 괴물이 아니었다.
→ ＿＿＿＿＿＿＿

3 After I finish this homework, I baked some cookies.
내가 숙제를 끝낸 후에, 나는 쿠키를 구울 것이다.
→ ＿＿＿＿＿＿＿

4 Unless I have a test tomorrow, I will go shopping.
내가 내일 시험이 없다면, 나는 쇼핑을 갈 것이다.
→ ＿＿＿＿＿＿＿

문장 고치기 심화

B 주어진 대화를 읽고 잘못된 부분을 찾아 바르게 고쳐 쓰시오.

> A: Can you go shopping with me while you have time? 시간 있으면 나와 쇼핑하러 갈래?
> B: Sure. When shall we meet?
> A: How about 3 p.m. at the mall? I have to clean my room after I go shopping. 쇼핑 가기 전에 방 청소를 해야 돼.
> B: Okay, call me that you arrive at the mall. 쇼핑몰에 도착하면 전화해 줘.

① ＿＿＿＿＿ → ＿＿＿＿＿

② ＿＿＿＿＿ → ＿＿＿＿＿

③ ＿＿＿＿＿ → ＿＿＿＿＿

중학 영문법, 쓸 수 있어야 진짜 문법이다!

문법이 쓰기다

정답

단답형·서술형 기출 실전 문제

PART 01 be동사   p.2

1. We
2. They
3. She is
4. It is
5. He is not(isn't)
6. am → are / They are engineers.
7. We is → We are / We are not the same.
8. They are my classmates.
9. she is not(isn't) Korean.
10. (문장) I am not good at tennis.
    (우리말) 나는 테니스를 잘 하지 못한다.
11. (문장) We are on the same team.
    (우리말) 우리는 같은 팀에 있다.
12. (문장) Jeremy and I are not(aren't) winners.
    (우리말) Jeremy와 나는 우승자가 아니다.
13. (부정문) She is not(isn't) free afterschool.
    (의문문) Is she free afterschool?
14. (부정문) It is not(isn't) under the table.
    (의문문) Is it under the table?
15. Is she angry with me?
16. Are they on the chair?
17. (1) They are baseball players.
    (2) They are diligent.
18. (1) He are → He is / He is my brother.
    (2) I am → He is / He is quiet and shy.
19. (1) I is → I am / I am good at tennis.
    (2) Jenny and I am → Jenny and I are / Jenny and I are classmates this year.
20. (1) She is 14 years old. (2) She is from Canada.

PART 02 일반동사   p.4

1. watch
2. studies
3. has
4. ① Do ② don't
5. ① Do ② is
6. does not(doesn't)
7. don't eat cheesecake
8. Does she go to the gym every day?
9. He dances well.
10. (부정문) We do not(don't) have tails.
    (의문문) Do we have tails?
11. (부정문) It does not(doesn't) have two legs.
    (의문문) Does it have two legs?
12. does
13. is
14. (1) Do you know her name? (2) She studies hard.
15. (1) He takes a piano lesson.
    (2) No, he does not(doesn't). He has lunch with Mia.

16. (1) get up → gets up / Mary gets up early in the morning.
    (2) do homework → does homework / After school she does homework every day.
17. He looks like a model.
18. He wears glasses.
19. He rides his bike to school.

PART 03 문장의 형식   p.6

1. rises (우리말) 태양은 동쪽에서 떠오른다.
2. tastes (우리말) 그것은 달콤한 맛이 난다.
3. makes (우리말) 그는 나를 슬프게 만든다.
4. to
5. their picture me → me their picture 또는 their picture to me / They show me their picture. 또는 They show their picture to me.
6. happy → happily / The boy smiles happily.
7. looks → looks like / It looks like a bear.
8. the gold ring to her
9. sandwiches for me?
10. (문장) He shakes his big head.
    (우리말) 그는 그의 큰 머리를 흔든다.
11. (문장) They keep the Han River clean.
    (우리말) 그들은 한강을 깨끗하게 보존한다.
12. (문장) I send a message to my future self.
    (우리말) 나는 미래의 나에게 메시지를 보낸다.
13. The concert starts at 9.
14. He starts work at 9.
15. She keeps tomatoes fresh.
16. Chloe finds Brooklyn lovely.
17. (1) makes for us lunch → makes us lunch 또는 makes lunch for us / My father makes us lunch every Sunday. 또는 My father makes lunch for us every Sunday.
    (2) give a hug them → give them a hug 또는 give a hug to them / I give them a hug every day. 또는 I give a hug to them every day.
18. warmly → warm / His voice sounds warm.
19. The class starts at 9.
20. He teaches us science.

PART 04 시제 — p.8

1. was
2. were not(weren't)
3. Was
4. ① were ② was
5. ① did ② got
6. will
7. were riding
8. will be
9. (1) Did, plant (2) will go
10. (부정문) He was not(wasn't) at the bus stop.
    (의문문) Was he at the bus stop?
11. (부정문) We are not(aren't) going to leave soon.
    (의문문) Are we going to leave soon?
12. I am taking a walk now.
13. Will you join the book club?
14. Did she eat an apple before lunch?
15. The store is open today. / We are not at home today.
16. (1) didn't live → don't live / Tyler and I don't live in Korea now.
    (2) were moving → are going to move / We are going to move to France next year.
17. (1) Steve and I were busy last night.
    (2) I am driving a car now.
    (3) I am going to have a party tomorrow. / I will have a party tomorrow. (I am having a party tomorrow.도 가능)
18. ① met ② called
19. Yes, they were (in the same class).
20. We are going to go fishing this weekend.

PART 05 명사 · 대명사 — p.10

1. an apple
2. teeth
3. leaves
4. a
5. It
6. a cup of
7. There is
8. little
9. (문장) We often talk to ourselves.
    (우리말) 우리는 종종 자기 자신에게 말한다.
10. (문장) There are seven days in a week.
    (우리말) 일주일에는 7일이 있다.
11. bread with a butter → bread with butter / I have bread with butter for breakfast.
12. many text message → many text messages / Jane sent many text messages to him.
13. it is (exciting)
14. It is mine.
15. Are there any children in the playground?
16. (1) Him → He / He is my English teacher.
    (2) much funny stories → many funny stories / He tells us many funny stories.
17. (1) they well → them well / Do you know them well?
    (2) Miranda → Miranda's / No, it is Miranda's.

18. a big trees → a big tree(big trees) / The garden has a big tree(big trees) and many flowers.
19. There are three rooms in the house.
20. a bottle of water

PART 06 조동사 — p.12

1. It may snow tonight.
2. You may use my cellphone.
3. She must be sick.
4. You must not lie to her again.
5. can't
6. (부정문) I can't drive a car.
    (우리말) 나는 운전을 할 줄 모른다(못한다).
7. (부정문) She doesn't have to keep her promise.
    (우리말) 그녀는 약속을 지킬 필요가 없다.
8. (부정문) Children had better not use smartphones.
    (우리말) 아이들은 스마트폰을 쓰지 않는 게 낫다.
9. We may be late for school.
10. You should leave home early next time.
11. (순서대로) B: I didn't go to Mina's birthday.
    A: Oh, she must be angry. You should say sorry to her.
12. She must be sleeplng now.
13. Kevin must follow the school rules.
14. Kevin must not run in the hallway.
15. Kevin must not be late.
16. Can you play the piano?
17. They had better take the train.
18. He doesn't have to send a present to Mina.
19. Do we has → Do we have / Do we have to go home now?
20. (문장) You should not drive fast at night.
    (우리말) 너는 밤에 빨리 운전하지 않아야 한다.

PART 07 수동태 — p.14

1. are used
2. is written
3. is invited
4. is made by us
5. are built by engineers
6. is eat → is eaten / Korean food is eaten by many Chinese.
7. visit by → visit / Many people visit the Louvre.
8. Milk is delivered every morning.
9. This computer was fixed by Bill.
10. Students clean the classroom.

11. (부정문) The tower was not(wasn't) built by famous architects.
    (우리말) 그 타워는 유명한 건축가들에 의해 지어지지 않았다.
12. (의문문) Was the problem solved by him?
    (우리말) 그 문제가 그에 의해 풀렸니?
13. All our classmates are led by the class president.
14. I help my grandparents.
15. AlphaGo was invented by Google.
16. (순서대로) A: Is the heater broken?
    B: The heater was fixed last weekend. I'll call the repairman again.
17. (1) It painted → It was painted / It was painted by Leonardo da Vinci.
    (2) was surround → was surrounded / It was surrounded by many visitors.
18. Hangul was created by King Sejong in 1443.
19. Every year, Hangul Day is celebrated (by Koreans) on October 9.
20. are learned → learn / Many people in other countries learn Hangul these days. (are learning도 가능)

PART 09 to부정사 · 동명사 p.18

1. watching   2. to study
3. to teach/teaching
4. to eat   5. to buy 또는 for buying
6. to skip   7. Matt likes to draw pictures.
8. His grandfather lived to be ninety.
9. (1) sending (2) to see
10. easy to make new friends
11. in order to 또는 so as to
12. Our plan was to stay at the hotel.
13. He stopped watching TV.
14. Sally was happy to get a puppy.
15. (1) to be a great pianist
    (2) to travel/traveling to new places
16. (1) practicing soccer (2) no friend to advise him
17. Don't forget to knock on the door.
18. She is learning how to use a dishwasher.
19. I went shopping to buy a dress.
20. ① using ② to turn off

PART 08 형용사 · 부사 p.16

1. kindly   2. hard   3. high
4. short   5. hotter than   6. oldest
7. It is a highly dangerous job.
8. Molly plays the piano better than Anne.
9. A whale is heavier than a hippo.
10. A whale is the heaviest of the four.
11. A cheetah is lighter than an elephant.
12. Tea is cheaper than coffee. / Cold tea is the most expensive of all the drinks.
13. Baking class is the shortest of the three classes.
14. Cooking class is the longest of the three classes.
15. Painting class finishes later than Baking class.
16. Kevin is faster than Mark.
17. many → more / He has more experience of swimming than Mark.
18. Soccer is the most popular sport.
19. more popular
20. Badminton is less popular than soccer.

PART 10 접속사 p.20

1. and   2. when   3. Before
4. that   5. If   6. and
7. because of the heavy snow
8. after you finish your homework
9. If   10. As
11. She is poor but she is happy.
12. I didn't think that it was a monster.
13. When you go out, check the weather report.
14. I wasn't either a ghost or a monster.
15. Jake, Kate
16. If you want to join us
17. but I have to take care of my little brother
18. Did you hear that there are snakes around here?
19. unless → if / Can you go shopping with me if you have time?
20. I have to clean my room before I go shopping.

PART 01 be동사 ⋯⋯⋯⋯ p.23

유형 01 » 문장 쓰기 기본 A

1 They are   2 We are   3 They are
4 They are not(aren't) my friends.
5 Janet and Jeremy are not(aren't) at the concert.
6 Is it behind the chair?

유형 01 » 문장 쓰기 심화 A

1 We are in line.
2 I am(I'm) an only child.
3 He is on the 3rd(third) floor.
4 they are not(aren't) at the concert.

유형 02 » 문장 고치기 기본 B

1 She is → I am(I'm) / I am(I'm) a cook.
2 We is → We are / We are classmates.
3 the park → at the park / He is at the park.
4 It is → They are / They are my brothers.

유형 02 » 문장 고치기 심화 B

① Is → Are / Are you in the 3rd grade?
② I am → I am not(I'm not) / No, I'm not.
③ he isn't → he is / Yes, he is.

PART 02 일반동사 ⋯⋯⋯⋯ p.24

유형 01 » 문장 쓰기 기본 A

1 Tim dresses well.
2 He flies in the sky.
3 It flies under the bridge.
4 She has a powerful voice.
5 Does she drink a cup of coffee in the morning?
6 She does not(doesn't) look like a model.

유형 01 » 문장 쓰기 심화 A

1 I need some water.
2 Ms. Lee rides her bike to school.
3 He does exercises every day.
4 It does not(doesn't) swim in the water.
5 They don't have two legs.
6 Does he jump rope?

유형 02 » 문장 고치기 기본 B

1 brings → bring / We bring lunch boxes to school.
2 have → has / Ms. Lee has new glasses.
3 doesn't → don't / Tom and I don't want pizza.
4 don't → doesn't / He doesn't go camping with me.
5 takes → take / Does he take violin lessons?

유형 02 » 문장 고치기 심화 B

① Are → Is / Is Mike good at dancing?
② He learn → He learns / He learns ballet after school.
③ I am → I do / Yes, I do.

PART 03 문장의 형식 ⋯⋯⋯⋯ p.25

유형 01 » 배열하기 기본 A

1 The play finishes at 10.
2 Smartphones change our life.
3 They tell them funny stories.
4 He shows his talent to us.
5 Wars make people unhappy.

유형 01 » 문장 쓰기 심화 A

1 I feel so sad.
2 He sent her a short massage. 또는 He sent a short message to her.
3 Animals show children tricks. 또는 Animals show tricks to children.
4 Tony gives some advice to Hulk.
5 Someone always leaves the door open.

유형 02 ≫ 문장 고치기 기본 B

1 leave for → leave / We leave Seoul.
2 nicely → nice / That sounds nice.
3 ramen me → me ramen 또는 ramen for me / He cooks me ramen. 또는 He cooks ramen for me.
4 "bunny" him → him "bunny" / We call him "bunny".
5 easily → easy / I find the question easy.

유형 02 ≫ 문장 고치기 심화 B

① openly → open / My sister always leaves the window open.
② me drives crazy → drives me crazy / The noise from outside drives me crazy every night.

PART 04 시제 p.26

유형 01 ≫ 문장 바꿔쓰기 기본 A

1 We were not(weren't) close last year.
2 You and I are not(aren't) friends now.
3 They were 13 years old two weeks ago.
4 Was she at the bus stop this morning?
5 I was not(wasn't) a big fan of BTS before.
6 I am not(I'm not) lonely tonight.

유형 01 ≫ 문장 바꿔 쓰기 심화 A

1 Sonia is going to have a party tomorrow.
2 I will take an exam next month.
3 Will you join the book club next time?
4 I am going to go camping next week.
5 Did you buy a new computer yesterday?

유형 02 ≫ 문장 고치기 기본 B

1 are → were / We were not(weren't) 14 years old two weeks ago.
2 were → are / Steve and I are not(aren't) busy now.
3 not was → was not / Mina was not(wasn't) at a concert then.
4 Was → Were / Were they in the museum yesterday?
5 Were → Was / Was Jennifer alone last night?

유형 02 ≫ 문장 고치기 심화 B

① visiting → visit / I am going to visit Mina.
② had → am going to / I am going to have a party.
③ will come not → will not(won't) come / Minho will not(won't) come to the party.

PART 05 명사 · 대명사 p.27

유형 01 ≫ 문장 쓰기 기본 A

1 proud of themselves   2 a glass of milk
3 moves to Busan
4 have juice and bread
5 leaves green   6 lost hers

유형 01 ≫ 문장 쓰기 심화 A

1 There is a sheet of paper on the desk.
2 Are there five members in the club?
3 Was it cloudy in London yesterday?
4 Is it dark outside?
5 There is a big tree in the park.
6 Are you waiting for her?

유형 02 ≫ 문장 고치기 기본 B

1 a butter → butter / I have bread with butter for breakfast.
2 two glass → two glasses / I sometimes drink two glasses of milk.
3 tomatos → tomatoes / I ate tomatoes and apples.
4 Himself → He / He takes care of his cat.

유형 02 ≫ 문장 고치기 심화 B

① Is there → Are there / Are there any children in the playground?
② child → children / How many children are there?
③ There is → There are / There are ten children in the playground.

PART 06 조동사 · · · · · · · · · · · · · · · · p.28

유형 01 » 배열하기 기본 A

1 I can make you some cookies.
2 You may stay here.
3 It cannot be true.
4 She must be sick.
5 You must get there by 9.

유형 01 » 문장 쓰기 심화 A

1 It may not be true.
2 May I help you?
3 All students have to be quiet in the library.
4 Children had better not use smartphones.
5 Do I have to wash my sneakers?

유형 02 » 문장 고치기 기본 B

1 May → Can / Can you play the piano?
2 going → go / May I go outside with my friends?
3 should drive not → should not drive / You should not(shouldn't) drive fast in the rain.
4 can't lives → can't live / Si-jin can't live without her.
5 I → you, a pencil me → me a pencil / Can you lend me a pencil?

유형 02 » 문장 고치기 심화

① had better seeing → had better see / You had better see a doctor.
② has to → have to / And you have to drink warm water.
③ shouldn't exercise → should exercise / I think you should exercise regularly for your health.

PART 07 수동태 · · · · · · · · · · · · · · · · p.29

유형 01 » 문장 쓰기 기본 A

1 History is written by the victors.
2 Many people use smartphones.
3 The class president leads all our classmates.
4 Michael Bay directs Transformers.
5 Julie's grandparents are helped by her.

유형 01 » 문장 쓰기 심화

1 My school report surprised my parents.
2 Animals are seen at the zoo.
3 My parents were surprised by(at) my school report.
4 The tower wasn't built by famous architects.
5 Was the problem solved by him?

유형 02 » 문장 고치기 기본 B

1 built → was built / The school was built ten years ago.
2 hit by → was hit by / The Philippines was hit by a storm.
3 were → are / Packages are picked up by a mailman.
4 Is → Was / Was the picture painted with a brush?
5 Policemen과 the thief 자리 바꿈 / The thief was arrested by policemen.

유형 02 » 문장 고치기 심화 B

① is widely spoke → is widely spoken / English is widely spoken in 60 countries.
② also used → is also used / Korean language is also used internationally.
③ are learned → learn (are learning도 가능) / Many people in other countries learn Hangul these days.

PART 08 형용사 · 부사 · · · · · · · · · · · · · · p.30

유형 01 » 배열하기 기본 A

1 The old woman felt lonely.
2 It is a highly dangerous job.
3 She exercises more often than me.
4 John is the tallest player among them.

유형 01 » 문장 쓰기 심화 A

1 The dog has short legs.
2 She hardly finished her work.
3 Buses are faster than cars.
4 She runs fastest in the class.

유형 02 » 문장 고치기 기본 B

1 warmly → warm / The new coat is warm.

2 a animal smart → a smart animal / A dolphin is a smart animal.
3 lot smart than → a lot smarter than / His pet dog is a lot smarter than hers.
4 more than → better than / Molly plays the piano better than Anne.
5 the most pretty → the prettiest / Who is the prettiest among the girls?

유형 02 》 문장 고치기 심화 B

① the three classes → of the three classes / Math class is the shortest of the three classes.
② longest → the longest / English class is the longest of the three classes.
③ most early → earliest / Math class starts earliest of the three classes.

PART 09 to부정사·동명사　p.31

유형 01 》 문장 쓰기 기본 A

1 ① watch TV ② to watch[watching] TV
2 ① buys flowers ② to buy flowers
3 ① go on a picnic ② to go on a picnic

유형 01 》 문장 쓰기 심화 A

1 They want to buy a house.
2 The police officer tried to find the evidence.
3 I was surprised to see Donna yesterday.
4 I hope to meet her again.
5 They came here to help me.
6 He told me where to meet.

유형 02 》 문장 고치기 기본 B

1 to eating → to eat / It is good to eat fresh vegetables.
2 to finishing → to finish / His work is to finish the report.
3 drinking → to drink / She wants to drink some coffee.
4 for buy → to buy / Do you have money to buy a car? (for buying도 가능)

유형 02 》 문장 고치기 심화 B

① to saving → to save / Here are some tips to save energy.

② to use → using / Avoid using disposable cups.
③ turning off → to turn off / Don't forget to turn off the light when you leave a room.

PART 10 접속사　p.32

유형 01 》 문장 쓰기 기본 A

1 is that Harry is
2 that there are snakes
3 listening to music and playing the piano
4 that you didn't get hurt
5 but she is happy

유형 01 》 문장 쓰기 심화 A

1 It is sunny but cold today.
2 That she is honest is true. / It is true that she is honest.
3 He knew that Sandra was poor.
4 We won the game and it was fun.
5 As I was so tired, I went to bed early. (Because 사용 가능)

유형 02 》 문장 고치기 기본 B

1 O
2 but → or / It wasn't either a ghost or a monster.
3 baked → am going to bake 또는 will bake / I'm going to bake some cookies. 또는 I will bake some cookies.
4 O

유형 02 》 문장 고치기 심화 B

① while → if / Can you go shopping with me if you have time?
② after → before / I have to clean my room before I go shopping.
③ that → when / call me when you arrive at the mall

중학 영문법, 쓸 수 있어야 진짜 문법이다!

문법이 쓰기다

실전력 100% 서술형 문제

교육 R&D에 앞서가는

키출판사

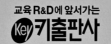

중학 영문법, 쓸 수 있어야 진짜 문법이다!

문법이 쓰기다

정답 및 해설   1학년

교육 R&D에 앞서가는
Key 키출판사

중학 영문법, 쓸 수 있어야 진짜 문법이다!

문법이 쓰기다

정답 및 해설

Part 01 be동사

UNIT 01 인칭대명사와 be동사

STEP 01 p.13

① She ② They ③ We
④ He ⑤ She

① I am ② They are ③ It is
④ He is ⑤ She is ⑥ We are

STEP 02 p.14

① I am / You are
② He is / She is
③ It is / They are
④ We are / You are
⑤ Mina is / Mina and you are
⑥ John is / John and I are
⑦ He is / She is
⑧ I am / She is
⑨ You are / They are
⑩ We are / They are

STEP 03 p.15

① They are → She is / She is a bad singer.
② You are → She is / She is a big fan of Harry Potter.
③ They are → It is / It is in the restroom.
④ I am → She is / She is a great nurse.
⑤ She is → He is / He is a good swimmer.
⑥ He is → We are / We are in line.
⑦ He is → It is / It is easy.
⑧ It is → They are / They are busy on weekends.

> ② Suji가 여동생(sister)이므로 she로 바꾼다.
> ③ Ding-ding은 동물이므로 It으로 바꿔 쓴다.
> ④ aunt는 숙모라는 뜻이므로 She로 대신한다.
> ⑥ Donna와 I는 '내'가 있기 때문에 He 대신 We로 바꾼다.

서술형 끝내기 p.16

서술형 유형 기본

① Mr. Kim and I are at home.
② Mr. Kim is at the mall.
③ I am a bookworm.
④ They are in the library.
⑤ Our sister is a writer.

서술형 유형 심화 1

① We are family.
② They are in the kitchen.
③ She is a cook.
④ You are on the same team.

서술형 유형 심화 2

① It is in the restroom.
② It is easy.
③ She is a big fan of Harry Potter.
④ We are in line.
⑤ She is a bad singer.
⑥ I am an only child.
⑦ He is a good swimmer.
⑧ They are busy on weekends.

UNIT 02 be동사의 3가지 문장

STEP 01 p.19

① busy / a busy writer ② kind / kind people
③ close / close friends ④ funny / a funny comedian

① in the room ② the room ③ chairs
④ on the chair ⑤ in the park ⑥ parks

STEP 02 p.20

① You and Carl are the same age.
너와 Carl은 동갑이다.
② Mr. Kim is at the bus stop.
Mr. Kim은 버스 정류장에 있다.
③ Mable and Dipper are friendly and popular.
Mable과 Dipper는 다정하고 인기가 많다.
④ Tom and Jerry are on the same team.
Tom과 Jerry는 같은 팀이다.
⑤ John and I are classmates this year.
John과 나는 올해 같은 반 친구이다.
⑥ He is lazy on Sundays.
그는 일요일마다 게으르다.
⑦ She is busy on Mondays.
그녀는 월요일마다 바쁘다.

STEP 03
p.21

1. They are my classmates.
2. She is quiet and shy.
3. She is 14 years old.
4. He is on the third floor.
5. He is my uncle.
6. It is under the table.
7. They are diligent.
8. They are baseball players.

---

2. 그녀가 '어떤 특징이 있는지' 묻고 있으므로, 성격 등을 나타내는 형용사를 be동사 다음에 쓴다.
4. 층수를 나타낼 때는 전치사 on을 쓴다.
5. the man이 누구인지 물었으므로 인칭대명사 He로 대답한다.
6. 동물이나 사물을 지칭하는 대명사 it을 쓴다.

서술형 끝내기
p.22

서술형 유형 기본

1. It is in the park.
2. It is a park.
3. They are on the chair.
4. They are chairs.
5. They are kind to me.

서술형 유형 심화 1

1. You and Carl are the same age.
2. John and I are classmates this year.
3. Mr. Kim is at the bus stop.
4. Mable and Dipper are friendly and popular.

서술형 유형 심화 2

1. They are my classmates.
2. He is on the 3rd floor.
3. She is quiet and shy.
4. It is under the table.
5. They are baseball players.
6. They are diligent.
7. She is 14 years old.
8. It is next to the bed.

UNIT 03 be동사의 부정문, 의문문

STEP 01
p.25

1. is / is not
2. is not / is
3. are / are not
4. are / are not
5. am not / am

1. Is it
2. Is he
3. Are you
4. Are they
5. Is she
6. Are they

STEP 02
p.26

1. He is not(isn't) a famous singer.
   Is he a famous singer?
2. They are not(aren't) sleepy.
   Are they sleepy?
3. The class is not(isn't) at 9 o'clock.
   Is the class at 9 o'clock?
4. Janet and Jeremy are not(aren't) at the concert.
   Are Janet and Jeremy at the concert?
5. She is not(isn't) afraid of ghosts.
   Is she afraid of ghosts?
6. You are not(aren't) superheroes.
   Are you superheroes?
7. The new girl is not(isn't) from Korea.
   Is the new girl from Korea?
8. She is not(isn't) free after school.
   Is she free after school?

STEP 03
p.27

1. He is not a cook.
2. We are not the same.
3. It is not warm.
4. He is not Chinese.
5. She is not behind the chair.
6. Are they from New York?
7. Is he your classmate?
8. Are you hungry?

---

2. I가 포함된 여러 명은 we로 바꿔 쓴다.
3. The green tea를 대신하여 대명사 It을 쓸 수 있다.
7. 대답에 he가 있기 때문에 물을 때도 주어 he로 물어야 한다.
8. 대답하는 사람은 '나'이지만, 질문하는 사람의 입장에서 주어는 you가 된다.

서술형 끝내기 ○────────── p.28

서술형 유형 기본

① I am not in the 2nd grade.
② They are not at their desk.
③ Jeremy and I are not the winners.
④ Is your mom angry with you?
⑤ Are they on the chair?

서술형 유형 심화 1

① Yes, she is.
② No, he isn't.
③ No. It is at 8:40.
④ No, she is not Korean. / Yes, she is Korean.

서술형 유형 심화 2

① He is not a cook.
② She is not behind the chair.
③ We are not the same.
④ Are you hungry?
⑤ Is he your classmate?
⑥ He is not Chinese.
⑦ He is not a fool.
⑧ It is not warm.

내신대비 실전 TEST   p.30

1. ④   **2.** ③   **3.** ①   **4.** ④   **5.** ③   **6.** ②
7. ③   **8.** ①   **9.** ⑤   **10.** ②   **11.** ④
12. ③   **13.** ④   **14.** Are your mom and dad at home?   **15.** is → are   **16.** David and I are not friends.   **17.** He and his brother are in the same school.   **18.** ① She is → I am ② They are → We are

1. be동사가 is이므로 주어는 단수로 와야 한다.
  ■ 나의 여동생은 체육관에 있다.

2. 주어가 Mr. and Mrs. Brown으로 복수이므로 be동사의 복수형태인 are가 와야 한다.
  ■ Brown 씨 부부는 피곤한가요?

3. 주어가 모두 단수이므로 be동사 is가 와야 한다.
  ■ 그 팀이 승리팀이다.
   그는 축구팀에 있다.
   그 선생님께서 교실에 계시니?

4. Susan과 David를 대신하는 주어 They를 쓴다.
  ■ Susan과 David는 미국인이다. 그들은 미국 출신이다.

5. sunglasses는 복수이므로 주어 They가 온다.
  ■ 그 선글라스는 비싸다. 그것은 신제품이다.

6. 3학년이냐는 물음에 2학년이라 대답했으므로 앞에는 부정의 답인 'No'가 들어가야 한다.
  ■ A: 너는 3학년이니?
   B: 아니야, 나는 2학년이야.

7. be동사 문장의 의문문은 주어와 동사의 위치를 바꿔 주면 된다.
  ■ Kate는 수학을 잘한다.

8. ② Are → Is ③ Are → Is ④ Is → Are ⑤ Is → Are
  ■ ① 이것은 너의 핸드폰이니?

9. ① is → are ② am → are ③ are → is ④ are → is
  ■ ⑤ 이건 완전 새 시계이다.

10. Janet은 단수 주어이고, room(방)이나 yard(마당) 둘 중에 한 곳에만 존재할 수 있으므로 빈칸 둘 중 하나에는 부정적인 의미가 와야 하므로 ②가 정답이다.
  ■ Janet은 그녀의 방에 없다. 그녀는 마당에 있다.

11. 질문이 주어의 어떤 성질, 특성을 물어보는 것이므로 형용사로 내답한 ④빈이 정답이다.
  ■ ④ 그녀는 다정하다.

12. '~에 있다'는 〈be동사+전치사구〉로 쓰며 주어에 you가 포함되어 있으므로 답은 '우리들'이라는 뜻의 인칭대명사 we로 쓴다.
  ■ Jack과 너는 어디에 있니?
   ③ 우리는 주방에 있어.

13. Mina와 Minsu를 대신하는 인칭대명사 they와 be동사의 부정인 are not을 찾으면 된다.

14. 엄마와 아빠(your mom and dad)는 복수이므로 be동사는 are가 와야 한다.

15. 주어 The boys and girls는 복수이므로 동사가 is가 아니라 are를 쓴다.

16. David와 나(I)는 복수 주어이므로 동사는 are로 쓰고 부정문을 만들기 위한 not은 be동사 뒤에 붙인다.

17. 그(He)와 그의 남동생(his brother)은 복수 주어이므로 동사는 are를 쓰고, '같은 학교'라는 의미의 전치사구 in the same school을 쓴다.

18. 내 이름을 말하고 있기 때문에 She is가 아니라 I am이라고 하고, '나'와 '나'의 가족 이야기를 하고 있으므로 주어 We를 쓴다.

■ 안녕, 내 이름은 Jenny야. 나는 **14**살이고 캐나다에서 왔어. 우리 가족은 아빠, 엄마, 아기 여동생, 나까지 네 명이야. 우리는 행복한 가족이야.

Part 02 일반동사

UNIT 01 일반동사의 변화

STEP 01 p.35

	get	finish	walk	mix	try
I	I get	I finish	I walk	I mix	I try
You	You get	You finish	You walk	You mix	You try
He	He gets	He finishes	He walks	He mixes	He tries
She	She gets	She finishes	She walks	She mixes	She tries
It	It gets	It finishes	It walks	It mixes	It tries
We	We get	We finish	We walk	We mix	We try
They	They get	They finish	They walk	They mix	They try

	do	go	study	have	fix
Miranda	Miranda does	Miranda goes	Miranda studies	Miranda has	Miranda fixes
Parents	Parents do	Parents go	Parents study	Parents have	Parents fix
Sue and I	Sue and I do	Sue and I go	Sue and I study	Sue and I have	Sue and I fix
Tom	Tom does	Tom goes	Tom studies	Tom has	Tom fixes
Mrs. Lee	Mrs. Lee does	Mrs. Lee goes	Mrs. Lee studies	Mrs. Lee has	Mrs. Lee fixes
Robots	Robots do	Robots go	Robots study	Robots have	Robots fix
You and Jin	You and Jin do	You and Jin go	You and Jin study	You and Jin have	You and Jin fix
Tom and Jerry	Tom and Jerry do	Tom and Jerry go	Tom and Jerry study	Tom and Jerry have	Tom and Jerry fix

STEP 02 p.36

❶ watch / watches
❷ love / love
❸ does / do
❹ have / has
❺ go / go
❻ get / gets
❼ study / study
❽ flies / fly
❾ moves / move
❿ brush / brushes

STEP 03 p.37

❶ She cries all day.
❷ I need water.
❸ He looks like a model.
❹ She studies hard.
❺ I fly to different countries.
❻ We eat lunch together.
❼ He does exercises every day.
❽ She rides her bike to school.

> ❶ 주어가 she이고, 동사가 〈자음+y〉이므로 y를 i로 바꾸고 -es를 붙인다.
> ❸ 주어 He 뒤에는 동사에 -s를 붙인다.
> ❼ 주어 he 뒤의 끝이 -o로 끝나는 do 동사는 -(e)s를 붙여서 쓴다.
> ❽ 주어 she, he, It 뒤에 동사는 예외 규칙을 제외하고 대부분 -(e)s를 동사에 붙여 쓴다.

서술형 끝내기 p.38

서술형 유형 기본

❶ He walks in the park.
❷ Miranda studies at night.
❸ It finishes at 9 o'clock.
❹ Tom and Jerry fix cars.
❺ Ms. Lee goes out at 12 o'clock.

서술형 유형 심화 1

❶ He does his homework.
❷ We have dinner at the restaurant.
❸ She moves to another school.
❹ They go to school by bus.

서술형 유형 심화 2

❶ She cries all day.
❷ I need water.
❸ He looks like a model.
❹ She studies hard.

⑤ I fly to different countries.
⑥ We eat lunch together.
⑦ He does exercises every day.
⑧ She rides her bike to school.

❹ it이 주어일 때 의문문은 주어 앞에 Does를 쓰고 뒤에 일반동사는 원형으로 쓴다.
❽ 주어 she의 일반동사 의문문은 그 주어 앞에 Does를 쓰고 뒤에 동사는 원형이 온다.

UNIT 02 일반동사의 부정문, 의문문

STEP 01 p.41

① do not ② don't ③ doesn't
④ do not ⑤ do not ⑥ does not

① Does he ② Do they ③ Does she
④ Does it ⑤ Do we

STEP 02 p.42

① They don't(do not) like K-pop.
   Do they like K-pop?
② You don't(do not) take violin lessons.
   Do you take violin lessons?
③ AlphaGo doesn't(does not) play Go against Lee Sedol.
   Does AlphaGo play Go against Lee Sedol?
④ She doesn't(does not) make pizza.
   Does she make pizza?
⑤ Doctors don't(do not) help sick people.
   Do doctors help sick people?
⑥ He doesn't(does not) go camping with me.
   Does he go camping with me?
⑦ EXO don't(do not) meet their fans at concerts.
   Do EXO meet their fans at concerts?

STEP 03 p.43

① Do they love your jokes?
② Do you know his name?
③ We don't go to school today.
④ Does it swim in the water?
⑤ They don't buy ice cream.
⑥ A penguin doesn't fly.
⑦ We don't play computer games.
⑧ Does she drink a cup of coffee in the morning?

❷ 주어 you의 경우 일반동사의 의문문은 주어 앞에 do를 쓴다.
❸ do not은 줄여서 don't라고 쓸 수 있다.

서술형 끝내기 p.44

서술형 유형 기본

① Does he study at night?
② Do they want a small pet?
③ They don't get up early.
④ She doesn't go jogging.
⑤ We don't have tails.

서술형 유형 심화 1

① He doesn't jump rope.
② You don't take violin lessons.
③ Do doctors help sick people?
④ Does he go camping with you?

서술형 유형 심화 2

① Do they love your jokes?
② We don't go to school today.
③ A penguin doesn't fly.
④ Does she drink a cup of coffee in the morning?
⑤ Does it swim in the water?
⑥ They don't buy ice cream.
⑦ Do you know his name?
⑧ We don't play computer games.

UNIT 03 be동사와 일반동사 구별

STEP 01 p.47

① am ② do ③ is
④ clean ⑤ is ⑥ learn

① drink ② make ③ is
④ take ⑤ is ⑥ has

STEP 02 ○─────────────────── p.48

❶ are / buy
❷ are / run
❸ meet / are
❹ becomes / is
❺ wants / is
❻ are / need
❼ is / studies
❽ has / is
❾ am / work
❿ learn / are

STEP 03 ○─────────────────── p.49

❶ I <u>am</u> a good listener. <u>I listen carefully.</u>
❷ He <u>is</u> a famous singer. <u>He has a powerful voice.</u>
❸ Mia and I <u>eat</u> lunch together. <u>We are in the same class.</u>
❹ He <u>is</u> a dancer. <u>He dances well.</u>
❺ My mom <u>cooks</u> every day. <u>She is a good cook.</u>
❻ After school she <u>is</u> tired. <u>She goes to bed early.</u>
❼ My dog <u>is</u> my alarm clock. <u>It wakes me up in the morning.</u>
❽ Jack <u>is</u> a baker. <u>He mixes flour with milk.</u>

> ❷ have의 경우 불규칙 변화 동사로 3인칭 단수인 주어가 올 때 haves가 아니라 has로 쓴다.
> ❸ Mia와 나를 대신하는 인칭대명사 we를 쓰고 be동사는 are가 온다.
> ❹ dancer는 명사이기 때문에 be동사와 어울리고 dance는 일반동사로 주어 He에 맞게 dances로 바꿔 쓴다.
> ❻ 주어가 She일 때 일반동사 go는 뒤에 -es를 붙여 쓴다.
> ❽ 동사 mix는 주어 He에 일치시켜 -es를 붙여야 한다.

서술형 끝내기 ○─────────────────── p.50

서술형 유형 기본

❶ She is Korean.
❷ We do our homework.
❸ He is brave.
❹ I drink juice.
❺ I learn Spanish.

서술형 유형 심화 1

❶ She wants a robot.
❷ She is a robot.
❸ They are Chinese.
❹ They learn Chinese.

서술형 유형 심화 2

❶ I listen carefully.
❷ He has a powerful voice.

❸ Mia and I are in the same class.
❹ He dances well.
❺ She is a good cook.
❻ She goes to bed early.
❼ It wakes me up in the morning.
❽ He mixes flour with milk.

내신대비 실전 TEST   p.52

1. ② **2.** ① **3.** ④ **4.** ① **5.** ⑤ **6.** ⑤
7. ⑤ **8.** ④ **9.** ③ **10.** ④ **11.** ④
12. ④ **13.** ③ **14.** She goes to school.
15. No / doesn't / She has lunch.
16. Jessica works from 9 a.m. to 6 p.m.
17. We meet at three o'clock.   **18.** ① gets up ② eats(has) breakfast ③ goes to school

1. 주어가 3인칭 단수이므로 의문문과 부정문에 does를 써야 한다.
   ■ Andy는 패스트푸드를 좋아하지 않는다.
      Mr. Franklin은 매주 토요일에 산을 오르나요?

2. 주어 you와 they의 일반동사 의문문은 주어 앞에 Do를 쓴다.
   ■ 너는 한식을 좋아하니?
      그들은 컴퓨터 게임을 하니?

3. 주어 He와 She의 일반동사는 원형에 -s나 -es를 붙인다.
   ■ 그는 장난감을 만든다.
      그녀는 그녀의 가족을 위해 가구를 만들어준다.

4. 주어 I의 일반동사 부정문에는 do not을 쓰고, you의 일반동사 의문문에는 앞에 Do를 쓴다.
   ■ A: 나는 나가고 싶지 않다. 오늘 너무 춥다.
      B: 그럼, 따뜻한 차를 원하니?

5. ⑤ 주어가 2명이므로 동사 lives는 live로 써야 한다.
   ■ Kris와 Brenda는
      ① 쌍둥이다
      ② 숙제를 한다
      ③ 그들의 부모님을 존경한다
      ④ 디지털 카메라가 두 대 있다

6. 인칭대명사 it은 사물이나 동물을 대신하므로 사람이 주어로 온 질문은 답이 될 수 없다.
   ■ ① 그의 아버지는 이야기를 쓰니?
      ② 너의 친구가 이메일을 보내니?
      ③ Jenny는 남동생이 있니?
      ④ 준호는 아파트에 사니?
      ⑤ 너의 책은 너에게 중요하니?

7. 주어가 3인칭 단수이므로 does not이 온다.

8. ④ Does he goes → Does he go
- ① 그는 가난한 집안 출신이다.
  → 그는 가난한 집안 출신이니?
  ② 그녀는 치즈 케이크를 먹는다.
  → 그녀는 치즈 케이크를 먹지 않는다.
  ③ 그는 나의 친구이다. 나는 그를 좋아한다.
  → 그는 나의 친구가 아니다. 나는 그를 좋아하지 않는다.
  ④ 그는 매일 체육관에 간다.
  → 그는 매일 체육관에 가니?
  ⑤ 우리는 우리 교실에 새로운 히터가 있다.
  → 우리는 우리 교실에 새로운 히터가 없다.

9. '그러나'라는 접속사는 서로 반대되는 내용을 연결할 때 쓴다.
- 그는 사과를 좋아한다. 그러나 그의 여동생은 그것을 좋아하지 않는다.

10. be good at: ~을 잘하다
- 그는 춤을 잘 춰. 너도 춤을 잘 추니?

11. 의문문의 주어 '당신의 친구'는 3인칭 단수 주어이므로 의문문에 Does가 오고 주어 뒤에는 동사원형(tell)이 온다.
- 당신의 친구는 당신에게 중요한 것을 말한다.
  당신의 친구는 당신에게 중요한 것을 말하나요?

12. 나쁜 습관들을 가지고 있다는 것은 좋은(건강한) 습관들

을 갖고 있지 않다는 것이다.
- 나의 여동생은 나쁜 습관들을 갖고 있다.
  나의 여동생은 건강한 습관들을 갖고 있지 않다.

13. ① go → goes ② has → have
④ like → likes ⑤ makes → make
- 엄마는 식사 후에 설거지를 하신다.

14. 주어가 3인칭 단수(Mina)이므로 동사에 -(e)s를 붙인다.
- A: Mina는 8시에 뭐하니?
  B: 그녀는 학교에 가.

15. 주어가 3인칭 단수(she)이므로 일반동사 부정문에는 does not을 쓴다.
- A: 그녀는 12시에 피아노 레슨을 받니?
  B: 아니, 그녀는 점심을 먹어.

16. 주어가 Jessica이므로 동사 work를 works로 바꾼다.
from A to B: A부터 B까지

17. '우리'라는 1인칭 주어에 동사는 변화 없이 원형 그대로 쓴다.

18. 주어가 3인칭 단수일 때 동사 뒤에 -(e)s를 붙이고, 주어 She에 eat, go 두 개의 동사가 연결되어 있기 때문에 각각 -(e)s를 붙여 쓴다.
- Mary는 아침에 일찍 일어난다. 그녀는 오전 7시 30분에 아침 식사를 하고 오전 8시에 학교에 간다.

Part 03 문장의 형식

UNIT 01 ▶ 1형식, 2형식, 3형식 문장

STEP 01 　　　　　　　p.57

❶ 변한다 / 변화시킨다　　❷ 시작된다 / ~을 시작한다
❸ 끝난다 / ~을 끝낸다　　❹ 돌아온다 / 돌려준다

❶ sounds　　❷ tastes　　❸ looks
❹ friendly　　❺ sad　　❻ bad

STEP 02 　　　　　　　p.58

❶ The lights change from red to green.
신호등이 빨간색에서 초록색으로 바뀐다.
❷ Smartphones change our lives.
스마트폰이 우리 생활을 변화시킨다.
❸ The sun rises in the East.
태양은 동쪽에서 떠오른다.
❹ Iron Man raises his arms.
아이언맨은 그의 팔을 올린다.
❺ We leave for Seoul.
우리는 서울로 떠난다.
❻ We leave home at 12.
우리는 12시에 집을 떠난다.
❼ We look foolish.
우리는 바보같이 보인다.

STEP 03 　　　　　　　p.59

❶ He shakes his big head.
❷ He begins his speech.
❸ He doesn't tell a lie about me.

④ Superman returns to the Earth.
⑤ The boy smiles happily.
⑥ Her voice sounds warm.
⑦ Thomas looks like his father.
⑧ I taste green tea for the first time.

---

❶ 동사 shake 뒤에 목적어가 오면, '~를 흔들다'라는 뜻이 된다.
❹ 동사 return 뒤에 〈전치사+명사〉가 오면 '~로 돌아오다'라는 뜻이며, 이 때는 목적어가 오지 않는다.
❺ 동사 smile만으로 하나의 완전한 문장을 이루기 때문에 문장에는 부사만 올 수 있다.
❻ 동사 sound는 '~처럼 들린다'라는 의미로 그 상태를 설명해 주는 형용사(보어)가 뒤따라 온다.
❽ taste는 맛의 상태를 설명하는 형용사나 명사 둘 다 보어로 올 수 있다.

서술형 끝내기 ○————— p.60

서술형 유형 기본

❶ The concert finishes at 9.
❷ He returns the camera.
❸ He looks young.
❹ It sounds friendly.

시술형 유형 심화 1

❶ We leave for Seoul.
❷ The lights change from red to green.
❸ We leave home at 12.
❹ Smartphones change our lives.

서술형 유형 심화 2

❶ He shakes his big head.
❷ He begins his speech.
❸ He doesn't tell a lie about me.
❹ Superman returns to the Earth.
❺ The boy smiles happily.
❻ Her voice sounds warm.
❼ Thomas looks like his father.
❽ I taste green tea for the first time.

UNIT 02 ▶ **4형식 문장**

STEP 01 ○————————————————— p.63

❶ him presents	❷ her a dress
❸ us lunch	❹ tell
❺ show	❻ teach

❶ to	❷ for	❸ to
❹ to	❺ for	

STEP 02 ○————————————————— p.64

❶ Tony lends some money to Thor.
　Tony는 약간의 돈을 Thor에게 빌려준다.
❷ Harry teaches magic to Ron.
　Harry는 마법을 Ron에게 가르친다.
❸ Animals show tricks to children.
　동물들은 묘기를 어린이들에게 보여 준다.
❹ He cooks ramen for me.
　그는 라면을 나에게 요리해 준다.
❺ Natasha gives some advice to Hulk.
　Natasha는 충고를 Hulk에게 한다.
❻ Marvel makes nicknames for superheroes.
　Marvel사는 별명을 슈퍼영웅들에게 만들어 준다.
❼ I send a message to my future self.
　나는 미래의 나에게 메시지를 보낸다.

STEP 03 ○————————————————— p.65

❶ She reads books to us.
❷ My uncle buys ice cream for me every Sunday.
❸ David tells his secrets to Victoria.
❹ Hedwig sends Sirius short messages.
❺ Sedol shows his talent to us.
❻ Chefs cook fried chickens for their families.
❼ He tells me funny stories.
❽ I give my dad a hug every day.

---

❷ 수여동사 buy는 3형식으로 만들 때 간접목적어 앞에 전치사 for를 붙여 쓴다.
❸ tell은 3형식 문장으로 전환할 때 to와 함께 쓴다.
❻ cook 동사가 3형식 문장에서 쓰일 때 간접목적어 앞에 전치사는 for로 쓴다.
❽ 4형식 문장에서는 간접목적어 앞에 전치사를 쓰지 않는다.

서술형 끝내기 ○——————— p.66

서술형 유형 기본

① He never makes her a dress.
② We teach them history.
③ Clara tells lies to us.
④ He shows books to me.
⑤ My mom cooks us lunch.

서술형 유형 심화 1

① Harry teaches magic to Ron.
② Animals show tricks to children.
③ Natasha gives some advice to Hulk.
④ Marvel makes nicknames for superheroes.

서술형 유형 심화 2

① I give my dad a hug every day.
② Tony makes Iron Man suits for me.
③ My uncle buys ice cream for me every Sunday.
④ Sedol shows his talent to us.
⑤ David tells his secrets to Victoria.
⑥ Hedwig sends Sirius short messages.
⑦ She reads books to us.
⑧ Chefs cook fried chickens for their families.

UNIT 03 ▶ 5형식 문장

STEP 01 ○——————— p.69

① 찾다 / 생각하다(알게 되다)　② 전화하다 / ~라고 부른다
③ 보관하다 / ~하게 유지한다　④ 만들다 / ~하게 만들다
⑤ 떠나다 / 남겨두다

① sad　　② fresh　　③ lovely
④ liar　　⑤ open

STEP 02 ○——————— p.70

① Someone always leaves the door open.
　누군가가 항상 문을 열린 채로 둔다.
② The movie makes him a big star.
　그 영화가 그를 엄청난 스타로 만든다.
③ Jay finds him funny.
　Jay는 그가 재미있다고 생각한다(여긴다).
④ Ms. Lee keeps my room clean.
　Ms. Lee는 나의 방을 깨끗하게 (유지)한다.

⑤ We call the superheroes 'Avengers'.
　우리는 그 슈퍼영웅들을 'Avengers'라고 부른다.
⑥ Every news makes my parents angry.
　모든 뉴스는 나의 부모님을 화나게 만든다.
⑦ Holmes finds the room empty.
　Holmes는 그 방이 비어 있는 것을 알게 된다(발견한다).

STEP 03 ○——————— p.71

① "Olaf" the snowman → the snowman "Olaf" / Elsa names the snowman "Olaf".
② "bunny" him→ him "bunny" / We call him "bunny".
③ unhappily → unhappy / War makes people unhappy.
④ easily → easy / I find the problems easy.
⑤ badly → bad / The chef finds his cooking bad.
⑥ your room leaves → leaves your room / Your mother leaves your room dirty.
⑦ me drives → drives me / The noise sometimes drives me crazy.
⑧ clean the Han River → the Han River clean / They always keep the Han River clean.

> ① name은 5형식 문장에 쓰이는 동사로 목적어 다음에 목적보어로 명사가 나온다.
> ④ 목적보어로 형용사나 명사가 오며 easily는 부사이기 때문에 easy로 바꿔 써야 한다.
> ⑤ 목적보어로 형용사나 명사가 오기 때문에 부사인 badly를 bad로 바꿔야 한다.
> ⑥ 5형식은 목적어 다음에 목적보어 순으로 써야 한다.

서술형 끝내기 ○——————— p.72

서술형 유형 기본

① I find him handsome.
② Anna calls him a liar.
③ I never leave him alone.
④ We keep all the books clean.

서술형 유형 심화 1

① The movie makes him a big star.
② Jay finds him funny.
③ We call the superheroes 'Avengers'.
④ Holmes finds the room empty.

서술형 유형 심화 2

① Elsa names the snowman "Olaf".
② We call him "bunny".

③ I find the problems easy.
④ The chef finds his cooking bad.
⑤ Your mother leaves your room dirty.
⑥ The noise sometimes drives me crazy.
⑦ They always keep the Han River clean.
⑧ War makes people unhappy.

내신대비 실전 TEST   p.74

1. ②   2. ⑤   3. ②   4. ④   5. ⑤   6. ③
7. ⑤   8. ①   9. ③   10. ④   11. ⑤
12. ③   13. ②   14. to   15. to   16. for
17. Keep your body healthy.   18. Dad always sends a birthday card to me.   19. ①
science us → us science / science to us ②
tell to us → tell us

1. 1형식 문장으로 목적어가 없는 자동사가 온다.
   ■ 서둘러! 영화가 10시에 시작해.

2. send + 직접목적어 + to 간접목적어: …을 ~에게 보내다
   ■ 나는 나의 가장 친한 친구인 Jack에게 이메일을 보낸다.

3. find + 목적어 + 목적보어: ~이 …하다는 것을 알게 되다
   difficulty (명) 어려움
   ■ 그는 그 책이 쉽다는 걸 안다.

4. 첫 번째 문장은 자동사 rises가 적절하고 두 번째 문장은 〈make + 목적어 + 목적보어〉이므로 형용사 nervous가 온다.
   ■ 태양은 동쪽에서 뜬다.
   그 시험이 그를 불안하게 만든다.

5. sound(감각동사) + 형용사: ~처럼 들리다
   feel(감각동사) + 형용사: ~하게 느끼다
   ■ 그의 목소리가 따뜻하게 들린다.
   그 옷은 부드럽게 느껴진다.

6. smell(감각동사)+형용사: ~한 냄새가 나다
   ③ badly (부) 나쁘게
   ■ ① delicious (형) 맛있는   ② good (형) 좋은
   ④ wonderful (형) 훌륭한   ⑤ strange (형) 이상한

7. ① ② ③ ④번의 수여동사 teach, give, send, tell은 4형식을 3형식으로 바꿀 때 전치사 to를 쓰고, ⑤번의 수여동사 buy는 4형식을 3형식으로 바꿀 때 전치사 for를 쓴다.
   ■ ① Mr. Jason은 우리에게 영어를 가르친다.
   ② 나는 항상 Kelly에게 생일 선물을 준다.
   ③ Peter가 그에게 문자 메시지를 보낸다.
   ④ 나의 할머니께서는 우리에게 이야기를 말씀해 주신다.

⑤ 우리 엄마가 나에게 게임 CD를 사 주신다.

8. smell(감각동사)+형용사: ~한 냄새가 나다
   ■ ① smell 냄새가 나다
   ② feel 느끼다
   ③ look 보이다
   ④ sound 들리다
   ⑤ taste 맛이 나다

9. call + 목적어 + 목적보어: ~를 …라고 부르다
   ■ ① make 만들다
   ② think 생각하다
   ③ call 부르다
   ④ find 알게 되다
   ⑤ get ~하게 하다

10. make + 목적어 + 목적보어: ~를 …하게 만들다
    make + 간접목적어 + 직접목적어: ~에게 …을 만들어 주다
    ■ 그 소식이 나를 화나게 만든다.
    Tim이 나에게 초콜릿 케이크를 만들어 준다.

11. 수여동사 tell은 4형식을 3형식으로 바꿀 때 전치사 to를 사용한다. 따라서 us앞에 to가 필요하다.
    ■ ① 그 소년은 똑똑해 보인다.
    ② Jason은 Kelly를 괴롭히지 않는다.
    ③ 나의 엄마는 나를 Nana라고 부른다.
    ④ 그 노인이 행복하게 미소 짓는다.
    ⑤ 나의 할머니께서 우리에게 오래된 책들을 보여 주신다.

12. ① 동사 look 뒤에 명사 보어가 오면 전치사 like와 함께 쓴다.
    ② '느껴진다'는 동사 feel을 쓴다.
    ④ change의 경우 목적어가 올 때 전치사를 쓰지 않는다.
    ⑤ 목적보어로 '어려운'이라는 의미의 형용사 difficult를 쓴다.

13. give를 4형식에서 3형식으로 바꿀 때 간접목적어 앞에 to를 붙인다.
    ■ ② 그는 항상 미나에게 식후에 차를 준다.

14. 수여동사 give는 4형식을 3형식으로 바꿀 때 전치사 to를 사용한다.
    ■ 그 책을 나에게 주겠니?

15. 수여동사 tell은 4형식을 3형식으로 바꿀 때 전치사 to를 사용한다.
    ■ 그는 나에게 진실을 말하지 않는다.

16. 수여동사 cook은 4형식을 3형식으로 바꿀 때 전치사 for를 사용한다.
    ■ 아빠가 나에게 저녁으로 파스타를 요리해 주신다.

17. keep + 목적어 + 형용사: ~를 …하게 유지하다

18. send(수여동사) + 직접목적어 + to 간접목적어: …을 ~에게 보내주다

19. teach(수여동사) + 간접목적어 + 직접목적어
    → teach(수여동사) + 직접목적어 + to 간접목적어

tell us about~: 우리에게 ~에 대해 말하다
■ 나는 과학을 좋아한다. 오늘 과학 수업이 있다. 그 수업은 9시에 시작한다. Mr. Park은 나의 담임 선생님이다. 그는 우리에게 과학을 가르친다. 그는 오늘 우리에게 아인슈타인에 대해 이야기해 줄 것이다. 너무 기대된다(기다릴 수 없다)!

UNIT 01 과거시제 – be 동사

STEP 01   p.79

① was   ② were   ③ is
④ was   ⑤ were   ⑥ was

① was not   ② was not   ③ was not
④ Was it   ⑤ Are you   ⑥ Was she

STEP 02   p.80

① was / am   ② are / was
③ were / was   ④ Is / Was
⑤ Were / Were   ⑥ aren't / weren't
⑦ Were / Are   ⑧ aren't / weren't
⑨ wasn't / aren't   ⑩ wasn't / weren't

STEP 03   p.81

① (a) The store was not open yesterday.
     The store is open today.
  (b) We were at home yesterday.
     We are not at home today.
② (a) They were not 14 years old two weeks ago.
     They are 14 years old now.
  (b) We were students two weeks ago.
     We are not students now.
③ (a) I was lonely last night.
     I am not lonely tonight.
  (b) Steve and I were not busy last night.
     Steve and I are busy tonight.
④ (a) They were not at the zoo this morning.
     They are at the zoo now.
  (b) I was not a big fan of *the Simpsons* this morning.
     I am a big fan of *the Simpsons* now.

❶ yesterday(어제)라는 과거의 시간을 나타내는 부사가 와서, 동사도 과거형태로 바꿔야 한다.
❷ two weeks ago는 '2주 전에'이라는 과거의 시간을 나타내므로 동사를 과거형태로 바꾸는 것에 주의한다.
❸ last night은 '지난밤'이라는 과거 시간에 유의하여 동사의 시제를 쓴다.
❹ this morning은 '오늘'이라는 현재 의미도 있지만, 아침에 이미 일어난 일들에 대해 언급할 때 사용하고 있으므로 동사의 과거형태를 쓴다.

서술형 끝내기   p.02

서술형 유형 기본

① You were lucky.
② She was at the beauty shop.
③ He was not lazy.
④ She was not pretty.
⑤ Was she your homeroom teacher?

서술형 유형 심화 1

① She was my classmate last year.
② John and Minsu were not close last year.
③ Jennifer wasn't alone.
④ He was friendly.

서술형 유형 심화 2

① The store was not open yesterday.
② We were not at home yesterday.
③ Mina was at a concert then.
④ Steve and I were not busy last night.
⑤ I am a big fan of the Simpsons.
⑥ They were not 14 years old two weeks ago.
⑦ I was lonely last night.
⑧ They were not at the zoo this morning.

UNIT 02 과거시제 – 일반동사

STEP 01
p.85

현재형	과거형	현재형	과거형	현재형	과거형
drink	drank	make	made	cut	cut
want	wanted	write	wrote	watch	watched
study	studied	go	went	put	put
do	did	have	had	try	tried
talk	talked	say	said	buy	bought
cry	cried	read	read	catch	caught
drop	dropped	run	ran	see	saw
plan	planned	hit	hit	call	called

❶ Did he study
❷ Did they play
❸ didn't hit
❹ didn't like
❺ didn't watch

STEP 02 p.86

❶ watch / watched
❷ do / did
❸ write / wrote
❹ Does / Did
❺ doesn't drop / didn't drop
❻ Does the baby drink / Did students drink
❼ doesn't go / didn't go
❽ don't live / didn't live

STEP 03 p.87

❶ I got a new cellphone.
❷ Did you meet my mom yesterday?
❸ She went home early.
❹ I didn't do well on the test.
❺ Did the photographer take his picture?
❻ Did people plant trees and flowers in the morning?
❼ He didn't say anything.
❽ I planned it a long time ago.

> ❶ 핸드폰을 갖게 된 것은 과거의 일이므로 동사 get의 과거형
>   got을 쓴다.
> ❷ 어제 일을 묻고 있으므로 의문문을 만들 때 주어 you 앞에 Did
>   가 와야 한다.
> ❹ '잘 하지 못했다'라는 과거동사의 부정문이므로 did not을 동
>   사의 원형(do) 앞에 쓴다.
> ❺ 일반동사의 과거형 문장을 의문문으로 만들 때는 주어 앞에
>   Did를 쓰고 뒤에 나오는 동사는 원형으로 쓴다.
> ❻ 일반동사 과거형의 의문문은 주어 앞에 Did를 쓰고 동사원형
>   이 뒤따른다.
> ❼ 과거동사의 부정문은 일반동사 원형 앞에 did not을 쓴다.

서술형 끝내기 p. 88

서술형 유형 기본

❶ calls / called
❷ plays / played
❸ lives / lived
❹ watch / watched

서술형 유형 심화 1

❶ Do you do your homework every day?
❷ Did he do his homework last night?
❸ He doesn't go swimming in the morning.
❹ We didn't go swimming two days ago.

서술형 유형 심화 2

❶ I got a new cellphone.
❷ She went home early.
❸ I didn't do well on the test.
❹ Did you meet my mom yesterday?
❺ I planned it a long time ago.
❻ He didn't say anything.
❼ Did people plant trees and flowers in the morning?
❽ Did the photographer take his picture?

UNIT 03 진행시제

STEP 01 p.91

동사	진행형	동사	진행형	동사	진행형
drink	drinking	make	making	go	going
read	reading	come	coming	buy	buying
sing	singing	give	giving	get	getting
cut	cutting	swim	swimming	plan	planning
stop	stopping	take	taking	wait	waiting
drop	dropping	play	playing	put	putting
lie	lying	write	writing	catch	catching

❶ am taking
❷ was cutting
❸ are not singing
❹ was not calling
❺ Is she waiting
❻ Were you eating

STEP 02 p.92

❶ The wizard is reading *Harry Potter*.
   The wizard was reading *Harry Potter*.

② We <u>are riding</u> skateboards.
　 We <u>were riding</u> skateboards.
③ The spy <u>is telling</u> me his secret.
　 The spy <u>was telling</u> me his secret.
④ <u>Is Steve showing</u> his friends the new iPhone?
　 <u>Was Steve showing</u> his friends the new iPhone?
⑤ <u>Are you driving</u> a car now?
　 <u>Were you driving</u> a car then?

⑤ Rapunzel is growing her hair.
⑥ Romeo was giving a big balloon to Juliet.
　 (Romeo was giving Juliet a big balloon.)
⑦ Ben is not brushing his teeth.
⑧ New neighbors are moving in.

STEP 03 ○————————— p.93

① Monkeys <u>were</u> eating bananas.
② New neighbors <u>are moving</u> in.
③ Ben <u>is not</u> brushing his teeth.
④ Romeo <u>was giving</u> a big balloon to Juliet.
⑤ Rapunzel <u>is</u> growing her hair.
⑥ Nemo <u>is looking for</u> his father under the sea.
⑦ My dog <u>is</u> not picking up the newspaper.
⑧ Jerry <u>didn't</u> chat online last night.

> ① '먹고 있었다'는 과거진행으로 주어가 복수형이므로 were를 써야 한다.
> ② '이사하고 있는 중이다'라는 진행 동작은 〈am/is/are+-ing〉의 현재진행을 써야 한다.
> ③ 진행의 부정문으로 〈be동사+not+-ing〉을 쓴다.
> ⑥ '찾고 있다'라는 진행의 의미는 is looking for의 현재진행으로 쓴다.

서술형 끝내기 ○————————— p.94

서술형 유형 기본

① I am taking a walk now.
② He was cutting the trees.
③ I was not calling a police officer.
④ We are not singing a song.
⑤ Were you eating a sandwich?

서술형 유형 심화 1

① The wizard was reading *Harry Potter*.
② Are you driving a car now?
③ We are riding skateboards.
④ The spy was telling me his secret.

서술형 유형 심화 2

① Monkeys were eating bananas.
② Jerry didn't chat online last night.
③ My dog is not picking up the newspaper.
④ Nemo is looking for his father under the sea.

UNIT 04 미래시제

STEP 01 ○————————— p.97

① was / will be　　② visited / will visit
③ was / will be　　④ took / will take
⑤ are learning / will learn

① won't call / don't call
② won't go / doesn't go
③ Are you going to go / Did he go
④ Will you make / Did you make
⑤ doesn't eat / won't eat

STEP 02 ○————————— p.98

① met / will meet
② will sing / sang
③ planned / will plan
④ is going to have / has
⑤ Is Aducci going to / Did Aducci
⑥ Are they saving / Will they save
⑦ won't / didn't
⑧ didn't / won't

STEP 03 ○————————— p.99

① I am going to (=will) take an exam next month.
② Sonia will (=is going to) have a party tomorrow.
③ I won't (=am not going to) talk to Jack again.
④ Are you going to (=Will you) join the book club?
⑤ Are we going to (=Will we) go fishing this weekend?
⑥ Ruffy is going to (=will) find the treasure.
⑦ Will she (=Is she going to) buy a new computer?
⑧ I am not going to (=will not) be a bad chef.

> ② tomorrow(내일)은 미래를 나타내는 시간 표현이므로 미래시제를 나타내는 will이나 be going to를 쓴다.
> ③ '~하지 않을 것이다'는 미래의 부정을 나타내므로 조동사 won't이나 be not going to를 쓴다.
> ⑦ '~ 할 것이니?'라는 미래의 일을 묻는 의문문에는 Will 또는 be going to의 be동사를 주어 앞에 쓴다.

서술형 끝내기 ○━━━━━━━━━ p.100

서술형 유형 기본

① She will be 12 years old next year.
② She will visit me tomorrow.
③ She will be a good writer in the future.
④ She will take the class next month.
⑤ Will you make cookies tomorrow?

서술형 유형 심화 1

① Is he going to move to Busan?
② Will they(=Are they going to) save money in their piggy bank?
③ He won't(=isn't going to) lose in the finals.
④ He won't(=isn't going to) tell his secret to anyone.

서술형 유형 심화 2

① I won't be a bad chef.
② Is she going to buy a new computer?
③ Ruffy will find the treasure.
④ Are we going to go fishing this weekend?
⑤ Will you join the book club?
⑥ I won't talk to Jack again.
⑦ Sonia is going to have a party tomorrow.
⑧ I am going to take an exam next month.

내신대비 실전 TEST   p.102

1. ③   2. ②   3. ②   4. ④   5. ①   6. ④
7. ③   8. ⑤   9. ③   10. ⑤   11. ③   12.
③   13. ②   14. practiced soccer   15. is
chatting   16. is going to see   17. She won't
come to the party tomorrow.   18. I was
waiting for Kelly at the library.   19. ① No, he
isn't. ② is reading

1. last night은 과거를 나타내는 부사구로 be동사의 과거형을 쓴다.
   ■그는 어젯밤에 집에 있었니?

2. yesterday는 과거를 나타내는 부사로 과거 의문문은 Did 를 주어 앞에 쓴다.

■어제 점심에 무엇을 먹었니?

3. 미래를 나타내는 부사구 soon, tomorrow가 있기 때문에 will로 나타낸다.
   ■그녀는 곧 미나를 방문할 것이다.
   내일은 추울까?

4. 일반동사의 의문문(현재): Do + 주어 + 동사원형 ~?
   you로 질문하면 I를 이용하여 Yes, I do. / No, I don't. 로 답한다.
   ■A: 너는 딸기를 좋아하니?
   B: 아니, 그렇지 않아. 난 포도를 좋아해.

5. Did + 주어 + 동사원형 ~? Yes, I did. / No, I didn't.
   '좋았다'는 의미가 뒤따르기 때문에 긍정의 답이 와야 한다.
   ■A: 지난 달에 콘서트에 갔었니?
   B: 응, 정말 환상적이었어!

6. ④ 가까운 미래 또는 계획에 대한 의문문에 대한 답도 미래시제로 해야 한다.
   ■① A: 그는 초콜릿 케이크를 좋아하니?
   B: 응, 그는 아주 좋아해.
   ② A: 너는 영화 보러 갔었니?
   B: 아니, 숙제했어.
   ③ A: 너는 내일 거기 갈 거니?
   B: 아니, 안 갈 거야.
   ④ A: 오늘 밤에 뭐할 거니?
   B: 컴퓨터 게임을 했어.
   ⑤ A: 어제 너는 어디 있었니?
   B: 도서관에 있었어.

7. on Sundays(일요일마다)는 현재 습관과 관련되어 있기 때문에 현재시제로 나타낸다.

8. 현재 진행의 부정문: be동사 + not + 동사원형-ing

9. 일반동사 의문문(과거): 의문사+did+주어+동사원형~?
   eat(먹다)의 과거형 ate
   ■A: 점심에 무엇을 먹었니?
   B: 나는 스파게티와 샐러드를 먹었어.

10. last, yesterday, ago는 과거를 나타내는 부사이고 next week은 미래를 나타낸다.
    go(가다) – went – gone
    ■나는 지난 일요일에 / 어제 / 이틀 전에 / 일주일 전에 Jessie와 쇼핑을 갔다.

11. 과거 진행형: was/were + -ing

12. ① cried → cry
    ② writed → wrote
    ④ swiming → swimming
    ⑤ will is → will be

■① 그녀는 지난밤에 울었니?
　② 그는 미나에게 이메일을 썼다.
　③ 우리는 그 나무들을 자르고 있었다.
　④ 그들은 풀장에서 수영을 하고 있지 않다.
　⑤ 그는 축구 선수가 될 것이다.

13. ① will visit → visited
　　③ Will you be → Were you a teacher
　　④ were playing → will play
　　⑤ are → were
　■① 그녀는 어제 그들을 방문했다.
　　② 그녀는 지금 김치를 담그고 있다.
　　③ 너는 작년에 선생님이었니?
　　④ 그들은 내일 테니스를 할 것이다.
　　⑤ Tom과 Jessy는 2년 전에 친한 친구였다.

14. yesterday는 과거를 나타내는 부사이다.

■Jack은 어제 축구 연습을 했다.

15. now는 현재를 나타내는 부사이다.
　■Jack은 지금 온라인으로 채팅 중이다.

16. tomorrow는 미래를 나타내는 부사이다.
　■Jack은 내일 영화를 보러 갈 예정이다.

17. will의 부정: will+not (=won't)
　*come to the party: 파티에 오다

18. 과거 진행형: was(were) + -ing
　*wait for: ~을 기다리다

19. 현재 진행형: am/are/is + -ing
　■A: Mike는 TV를 보고 있니?
　　B: 아니, 그는 책을 읽고 있어.

Part 05 명사 · 대명사

UNIT 01 명사의 종류

STEP 01　　　　　p.107

❶ X / a　　❷ a / a　　❸ X / an
❹ X / a　　❺ X / an　　❻ a / an

❶ little / many　❷ little / much　❸ much / many
❹ bottle / slice　❺ sheet / piece
❻ bottles / spoonfuls

STEP 02　　　　　p.108

❶ much / little　　　❷ glass / bottles
❸ a few / a little　　❹ London / Busan
❺ an apple / a piece　❻ women / music
❼ glasses / shoes　　❽ photos / an hour
❾ spoonfuls of sugar / much
❿ tomatoes / potatoes

STEP 03　　　　　p.109

❶ Jane sent many <u>text messages</u> to him.
❷ The capital of France is <u>Paris</u>.
❸ We have bread with <u>butter</u> for breakfast.
❹ My husband washes <u>the dishes</u> every morning.
❺ It makes <u>leaves</u> green.

❻ We need a lot of <u>ice</u> in summer.
❼ Many <u>children</u> learn Taekwondo.
❽ It will be <u>a</u> piece of cake.

❶ many는 셀 수 있는 복수형 명사 앞에 쓴다.
❷ 도시명의 첫 글자는 대문자로 쓴다.
❸ butter는 셀 수 없는 명사이므로 관사 a를 쓸 수 없다.
❺ 잎을 뜻하는 leaf의 복수형은 leafs가 아니라 leaves이다.
❻ ice는 셀 수 없는 명사이므로 복수형을 쓸 수 없다.
❼ child의 복수형은 children이다.
❽ '식은 죽 먹기'라는 의미의 영어 관용어는 'a piece of cake'이
다. 그대로 해석하면 '케익 한 조각'이라는 뜻이므로 piece 앞
에 관사 a가 온다.

서술형 끝내기　　　　　p.110

서술형 유형 기본

❶ I need two potatoes.
❷ The baby has small feet.
❸ Sugar is sweet.
❹ They have three boxes.
❺ We have much snow in winter.

서술형 유형 심화 1

❶ We have little snow in winter.
❷ I drink a glass of milk every day.
❸ I don't put much sugar in the coffee.
❹ He ate a piece of cake.

서술형 유형 심화 2

❶ Jane sent many text messages to him.
❷ We have bread with butter for breakfast.
❸ My husband washes the dishes every morning.
❹ It makes leaves green.
❺ We need a lot of ice in summer.
❻ Many children learn Taekwondo.
❼ I brush my teeth after lunch.
❽ It'll be a piece of cake.

UNIT
02 대명사

STEP 01 p.113

❶ She likes them.　　❷ He loves her.
❸ His book is on it.　❹ They entered her room.
❺ She leaves us soon.

❶ ourselves　❷ myself　❸ herself
❹ themselves　❺ himself　❻ myself

STEP 02 p.114

❶ He helps her mother.
그는 그녀의 어머니를 도와준다.
❷ He caught them.
그는 그것들을 잡았다.
❸ She will send a message to him.
그녀는 그에게 메시지를 보낼 것이다.
❹ He answered their questions.
그는 그들의 질문에 대답했다.
❺ They read it every day.
그들은 그것을 매일 읽는다.
❻ We lost hers.
우리는 그녀의 것을 잃어버렸다.
❼ Are you waiting for her?
너희들은 그녀를 기다리고 있니?

STEP 03 p.115

❶ Yes, it is.
❷ No, he isn't.
❸ No, it is yours.
❹ They are in the kitchen.
❺ No, they are in the cupboard.
❻ I like him.
❼ No, but she knows herself very well.
❽ Yes, I heard it yesterday.

❶ A: 이 영화는 진짜 재미있어.
B: 맞아, 그것은 재미있어.
movie와 같이 사람이 아닌 사물, 동물 등의 단수명사를 대신할 때 it을 쓴다.
❷ A: Mr. Rogers는 잘 생겼니?
B: 아니, 그는 잘 생기지 않았어.
Mr. Rogers는 남자이므로 he로 대신한다.
❸ A: 이거 준기 가방이니?
B: 아니, 네 거야.
'너의 것'이라는 소유대명사 yours가 온다.
❹ A: Miranda와 Parker는 어디 있니?
B: 그들은 부엌에 있어.
'나를 제외한 2인 이상의 타인'이므로, They라고 지칭한다.
❺ A: 침대 밑에 쥐들이 있니?
B: 아니 그것들은 찬장 안에 있어.
동물이나 사람 이외의 복수 주어도 they를 쓴다.
❻ A: Jack의 성격은 어때?
B: 그는 친절해. 나는 그를 좋아해.
동사 like의 목적어가 와야 하므로 his가 아니라 him으로 써야 한다.
❼ A: 너희 어머니는 너를 잘 아니?
B: 아니, 하지만 그녀는 그녀 본인을 가장 잘 알아.
그녀 자신을 가리킬 때 herself를 쓴다.
❽ A: 너 그 소식을 들었니?
B: 응, 어제 들었어.
질문은 you(너)이지만, 대답하는 사람은 I(나)이기 때문에 I로 대답한다. 또한 the news(소식·뉴스)는 복수형 명사처럼 보이지만, news 자체가 셀 수 없는 명사이므로 인칭대명사 it을 쓴다.

서술형 끝내기 p.116

서술형 유형 기본

❶ Romeo loves her.
❷ She likes cookies.
❸ His book is on the chair.
❹ Wanda leaves us soon.
❺ They entered Hana's room.

서술형 유형 심화 1

1. He answered their questions.
2. We lost hers.
3. Are you waiting for her?
4. She will send a message to him.

서술형 유형 심화 2

1. It is very exciting.
2. Is this Jun-ki's bag?
3. They are in the kitchen.
4. I heard it yesterday.
5. She knows herself very well.
6. They are in the cupboard.
7. Does your mom know you well?
8. The teddy bear is mine.

UNIT 03 There is[are]~

STEP 01
p.119

1. many dogs
2. some orange juice
3. much sugar
4. any change
5. many friends
6. a question

1. It
2. It
3. It
4. It
5. It

STEP 02
p.120

1. Is there a mouse in your house?
   너희 집에 쥐가 있니?
2. Are there five members in the club?
   그 동아리에 다섯 명의 회원이 있니?
3. Are there seven days in a week?
   일주일에는 7일이 있니?
4. Is there a sheet of paper on the desk?
   책상 위에 종이 한 장이 있니?
5. Is there a big tree in the garden?
   정원에 큰 나무가 있니?
6. Was it cloudy in London yesterday?
   런던은 어제 흐렸니?
7. Is it dark outside?
   밖은 어두워?

STEP 03
p.121

1. There are three rooms in this house.
2. There are high mountains in Nepal.
3. It is far from Seoul to Busan.
4. There were a few books in the library.
5. Is there any cheesecake left?
6. Is there a panda in the zoo?
7. How many chairs are there in the living room?
8. There were many heroes on the street.

---

1. There are 뒤에는 복수 명사가 온다.
3. 거리를 나타낼 때는 비인칭 주어 it을 쓴다.
4. a few는 '조금 있는', '몇몇의'라는 의미로 셀 수 있는 명사 앞에 온다.
5. there와 be동사의 순서를 바꿔 의문문을 만든다.
7. 의자(chair)는 셀 수 있는 명사이므로 복수 형태(chairs)로 How many와 함께 쓴다.
8. There were 뒤에 복수 명사가 오며, '많은'이라는 의미를 지닌 many와 함께 쓴다.

서술형 끝내기
p.122

서술형 유형 기본

1. There is some orange juice.
2. There are many dogs.
3. Are there many friends?
4. Is there any change?
5. There is much sugar.

서술형 유형 심화 1

1. It is dark outside.
2. There is a fly on the wall.
3. Is there a big tree in the garden?
4. Are there seven days in a week?

서술형 유형 심화 2

1. There are three rooms in this house.
2. There were many heroes on the street.
3. Is there a panda in the zoo?
4. It is far from Seoul to Busan.
5. How many chairs are there in the living room?
6. Is there any cheesecake left?
7. There are high mountains in Nepal.
8. There were a few books in the library.

1. ⑤   2. ③   3. ①   4. ③   5. ②   6. ④

7. ⑤   8. ②   9. ③   10. ①   11. ⑤

12. ①   13. a bottle of   14. a slice of   15. a piece of   16. How many students are there in your class?   17. her → herself   18. itself → it   19. a few → a little   20. ①his → him   ②it's blanket → its blanket

---

1. foot의 복수형은 feet
   man 남자 child 어린이 sheep 양 dish 접시 foot 발

2. Mr. Kim을 대신하는 주격 인칭대명사는 He, 목적격 인칭대명사는 him이다.
   ■ 나는 어제 Mr. Kim을 만났다. 그는 나의 영어 선생님이다. 난 그가 매우 친절해서 그를 좋아한다.

3. child의 복수형 children 앞에는 many, 셀 수 없는 명사 snow 앞에는 little이 온다.
   ■ 우리는 많은 어린이들을 돌보고 있다.
   작년에 눈이 거의 안 왔다.

4. There is + 단수 명사 / There are + 복수 명사
   many flowers는 복수이므로 be동사의 복수형 are를 사용한다.
   *vase 꽃병

5. 셀 수 없는 명사 time과 함께 쓰는 수량 형용사: little(거의 없는), a little(조금), much(많은), a lot of(많은)
   ■ 그는 지금 시간이 ① 거의 없다 / ③ ④ 많다 / ⑤ 조금 있다.

6. ④ slice → spoonful
   ■① 커피 한 잔 주시겠습니까?
   ② 나는 종이 한 장이 필요하다.
   ③ 엄마가 빵 한 덩어리를 샀다.
   ④ 설탕 한 스푼을 그릇에 넣어 주세요.
   ⑤ 나는 디저트로 케이크 한 조각을 먹었다.

7. 명사의 복수형: mouse-mice, box-boxes, leaf-leaves, sheep-sheep, tooth-teeth
   ■① 나는 마루에서 두 마리의 쥐를 봤다.
   ② 이 박스들을 옮기는 것을 도와 주시겠습니까?
   ③ 낙엽을 보세요.
   ④ 검은 양들이 잔디 위에서 자고 있다.
   ⑤ 점심 후에 이를 닦으세요.

8. 재귀대명사:
   재귀용법(주어가 목적어로 반복될 때-생략 안 됨)
   강조용법(주어의 행동을 강조할 때-생략 가능)
   ■① 제 소개를 하겠습니다.

② 그는 직접 그의 자전거를 고쳤다.
③ 그들은 자신들을 자랑스러워 한다.
④ Julia는 파티에서 즐겼다.
⑤ Mike는 자기 자신을 잘 표현한다.

9. 비인칭 주어 it: 날씨, 시간, 거리, 명암, 온도, 날짜, 계절 등을 표현
   ■① 밖이 어두워지고 있다.
   ② 여기에서 거리가 멀다.
   ③ 그것은 네 가방이다. 〈대명사 it〉
   ④ 오늘 너무 덥다.
   ⑤ 3시 40분이다.

10. 고유 명사 앞에는 a(n)을 붙이지 않는다.
    ■① 그녀는 곧 부산으로 이사할 것이다.
    ② 나는 쇼핑몰에서 개 한 마리를 보았다.
    ③ 엄마는 애플파이를 샀다.
    ④ 그는 과학 선생님이시다.
    ⑤ 아이가 요람에서 잠을 자고 있다.

11. 소유대명사: mine(my pen)
    ■A: 이것은 누구의 펜입니까?
    B: 내 것입니다.

12. there are~ 의문문에 대한 긍정의 답
    ■A: 운동장에 아이들이 있습니까?
    B: 네, 있습니다. 많은 아이들이 거기에서 놀고 있습니다.

13. 셀 수 없는 명사의 수량 표현: a bottle of water(juice)
    물은 병(bottle), 컵(glass)으로 나타낸다.

14. 수량 표현: a slice of cheese(pizza)

15. 수량 표현: a piece of furniture(cake / paper)

16. student(학생)는 셀 수 있는 명사이므로 how many와 함께 쓴다.

17. 자신이 다친 경우이기 때문에 재귀대명사 사용
    *fall over ~에 넘어지다
    ■그녀는 돌에 넘어졌다. 그녀는 다쳤다.

18. 앞의 a dog를 대신하는 대명사 it 사용
    ■Kate는 개를 가지고 있다. 그녀는 그것(그 개)을 사랑한다.

19. 수량 형용사: few(a few) + 셀 수 있는 명사
              little(a little) + 셀 수 없는 명사
    ■우리는 우유가 필요하다. 병에 우유가 조금 있다.

20. 인칭대명사는 주어, 목적어, 소유를 나타낼 때 각각 다름
    ■나는 친구, Mike가 있다. 그는 그의 고양이를 사랑한다. 하지만 그 고양이는 그를 사랑하지 않는다. 그것은 자신의 이불을 사랑한다.

UNIT 01 조동사 can, may

STEP 01 ⸺ p.129

❶ may ❷ can cook ❸ may be
❹ can ❺ may ❻ can

❶ may not ❷ cannot ❸ may not
❹ May I ❺ Can you ❻ Can I

STEP 02 ⸺ p.130

❶ You may wear my hat.
너는 내 모자를 써도 돼.
❷ You may not close the door.
너는 문을 닫아서는 안 돼.
❸ The child can't walk yet.
그 아이는 아직 걷지 못한다.
❹ Frodo may have the ring.
Frodo가 그 반지를 가지고 있을지도 모른다.
❺ May I go outside with my friends?
친구들이랑 밖에 나가도 돼요?
❻ Bill Gates may not be rich.
Bill Gates는 부자가 아닌지도 모른다.
❼ Si-jin cannot live without her.
시진은 그녀 없이 살 수 없다.

STEP 03 ⸺ p.131

❶ May I help you?
❷ I can't find my bag.
❸ It may snow tonight.
❹ can I borrow your books?
❺ I can make you cookies(cookies for you).
❻ You may use my cellphone.
❼ It may not be true.
❽ Can I try on this shirt?

❷ '~할 수 없다'라는 의미인 can't를 쓴다.
❹ '~해도 될까?'라는 요청의 의미로 can을 쓸 수 있다.
❺ '~할 수 있다'라는 능력의 의미로 can을 쓴다.
❼ '~일지도 모른다'라는 추측의 의미를 전달할 때 may를 쓴다.
❽ '~해도 될까?'라는 허락/요청의 의미에 can을 쓸 수 있다.

서술형 끝내기 ⸺ p.132

서술형 유형 기본

❶ Rabbits can run fast.
❷ Can you play the piano?
❸ I cannot drive a car.
❹ Anne may not go to church.
❺ Can I use your computer?

서술형 유형 심화 1

❶ Si-jin cannot live without her.
❷ The child can't walk yet.
❸ Bill Gates may not be rich.
❹ Frodo may have the ring.

서술형 유형 심화 2

❶ He may be in his room.
❷ I can't find my bag.
❸ It may snow tonight.
❹ Can I borrow your books?
❺ I can make you cookies(cookies for you).
❻ You may use my cellphone.
❼ It may not be true.
❽ Can[May] I try on this shirt?

UNIT 02 must / have[has] to / should / had better

STEP 01 ⸺ p.135

❶ must ❷ have to ❸ must
❹ has to ❺ must ❻ had better

❶ don't have to ❷ cannot ❸ must not
❹ should not ❺ cannot ❻ should not

STEP 02 ⸺ p.136

❶ We must follow the school rules.
우리는 그 학교 규칙(교칙)을 따라야 한다.
❷ All students have to be quiet in the library.
모든 학생들은 도서관에서 조용히 해야 한다.
❸ You should not drive fast in the rain.
너는 빗길에 빨리 운전하지 않아야 한다.

④ You don't have to tell your friends the truth.
너는 그 진실을 네 친구들에게 말할 필요는 없다.

⑤ Does she have to phone her mom every day?
그녀는 매일 엄마에게 전화를 해야 하니?

⑥ Children had better not use smartphones.
아이들은 스마트폰을 쓰지 않는 게 낫다.

⑦ You must get there by 9 o'clock.
너는 9시까지 거기에 가 있어야 한다.

STEP 03 ○─────────────── p.137

① Do we have to go home now?
② She must be sick.
③ She must(has to/should) practice every day.
④ I don't have to see a doctor.
⑤ You have to(should/must) come to my birthday party.
⑥ You must not(should not) lie to her again.
⑦ It cannot be true.
⑧ She must be a genius.

---

① 의무를 나타내는 의문문에는 have to를 이용하여 쓴다.
③ 해야 할 일이나 조언을 할 때 must, have to 그리고 should 를 쓴다.
④ '~할 필요가 없다'는 don't(doesn't) have to를 쓴다.
⑥ 조동사 must의 부정문은 not을 must 뒤에 쓰며, '~해서는 안 돼다'라는 강한 금지의 의미를 갖는다.
⑦ '~일 리가 없다'는 조동사의 부정문은 cannot을 쓴다.
⑧ must는 '~임에 틀림없다'라는 강한 추측의 의미로 쓴다.

서술형 끝내기 ○─────────── p.138

서술형 유형 기본

① He must be a Japanese.
② You don't have to go there.
③ She must(has to/should) keep her promise.
④ He cannot be a wizard.
⑤ They must not make mistakes.

서술형 유형 심화 1

① Does she have to phone her mom every day?
② All students must be quiet in the library.
③ You don't have to tell your friends the truth.
④ We have to follow the school rules.

서술형 유형 심화 2

① Do we have to go home now?
② It cannot be true.
③ You must not lie to her again.
④ She has to practice every day.
⑤ I don't have to see a doctor.
⑥ Do I have to wash my sneakers?
⑦ She must be a genius.
⑧ You should come to my birthday party.

내신대비 실전 TEST   p.140

1. ③   2. ②   3. ①   4. ⑤   5. ⑤   6. ③
7. ①   8. ④   9. ③   10. ⑤   11. ②   12.
①   13. You should exercise regularly for your health.   14. I don't have to finish my homework by tomorrow.   15. to stay → stay
16. should → should not   17. ①can go down very fast ②may be busy now

1. 요청을 나타내는 may
   ■ A: 들어가도 되나요?
     B: 그럼요.

2. 강한 추측을 나타내는 must
   ■ Kevin은 그 어려운 문제를 풀었다.
     그는 천재임에 틀림없다.

3. 충고나 제안을 나타내는 should
   ■ A: 늦어서 죄송합니다. 교통체증이 심했어요.
     B: 다음 번에는 집에서 빨리 나오는 것이 좋겠다.

4. 제안을 거절할 때 Sorry, I can't.
   의무를 나타내는 have to
   ■ A: 나와 영화 보러 갈래?
     B: 미안하지만 안 돼. 숙제를 끝내야 해.

5. 허락을 나타내는 may에 대한 대답: Of course. / Sure.
   / Yes, you may. / I'm sorry, but you may not.
   제안에 대한 긍정의 대답: I'd love to.
   ■ A: 지금 집에 가도 될까요?
     B:① ② ③ 그럼요. / ④ 미안하지만 안 돼.

6. 조동사 can의 부정: cannot(=can't)
   ■ ① 그녀는 기타를 못 친다. (능력)
     ② 나는 운전을 못한다. (능력)
     ③ 그게 쉬울 리가 없다. (강한 추측)
     ④ 그들은 불어를 못한다. (능력)
     ⑤ 그는 강에서 수영을 못한다. (능력)

7. must의 쓰임: 의무(~해야 한다) / 강한 추측(~임에 틀림 없다)
   - ① 그녀는 피곤함에 틀림없다. (강한 추측)
   - ② 그는 5월 15일까지 고지서를 납부해야 한다. (의무)
   - ③ 너는 제 시간에 회의에 가야 한다. (의무)
   - ④ 너는 6시까지 집에 와야 한다. (의무)
   - ⑤ 그는 목욕을 해야 한다. (의무)

8. 강한 추측 must
   충고나 제안을 나타내는 should, have to, had better
   - A: 안색이 좋지 않아. 무슨 일이 있니?
     B: 미나 생일에 가지 못했어.
     A: 오, 그녀는 분명히 화가 났을 거야. 너는 그녀에게 미안하다고 말하는 게 좋겠어.

9. had better + 동사원형: ~하는 것이 낫다
   have to의 과거형 had to: ~해야 했다
   - 너는 버스를 타는 것이 낫다.
     나는 어제 약을 먹어야 했다.

10. have to를 쓴 문장의 의문문은 Do나 Does를 주어 앞에 쓴다.
    - ⑤ Have I → Do I have
    - ① 화장실을 사용해도 될까요?
    - ② 너는 우산을 갖고 가는 게 낫겠다.
    - ③ 너는 내 생일 파티에 올 수 있니?
    - ④ 나는 오늘 축구 연습을 해야 해.
    - ⑤ 내가 그 수업을 들어야 하는 건가요?

11. had better의 부정문은 had better not이다.
    - ① 그는 우리와 함께 해도 된다.
    - ② 너는 과식하지 않는 게 좋겠어.
    - ③ 그녀는 방을 깨끗이 해야 하니?
    - ④ 오늘 밤 파티에 가도 돼요?
    - ⑤ 나는 책을 빨리 못 읽겠어.

12. must의 부정문 must not은 '~해서는 안 된다'라는 뜻이다.
    - A: 서둘러. 우리는 학교에 지각할지도 몰라. 길을 건너자!
      B: 잠깐, 빨간불이야. 우리는 서둘러서는 안 돼. 우리는 교통 규칙을 따라야 해.

13. 조동사 should + 동사원형: ~해야 한다
    *regularly 규칙적으로

14. don't have to: ~할 필요가 없다
    *by tomorrow 내일까지

15. had better + 동사원형: ~하는 게 낫다
    - 비가 많이 온다. 우리는 집에 있는 게 낫다.

16. should not + 동사원형: ~하면 안 된다
    - 조용히 해 주세요. 도서관에서 전화통화를 하면 안 됩니다.

17. 조동사 can: 능력 / may: 추측
    - A: Jack은 스키를 잘 타니?
      B: 그럼, 스키를 잘 타. 그는 아주 빨리 내려갈 수 있어.
      A: 내가 그에게 배울 수 있을까?
      B: 모르겠네. 내 생각에는 그는 지금 바쁠지도 모르겠다.

Part 07 수동태

UNIT 01 수동태 기본

STEP 01 — p.145

동사	과거	과거분사	동사	과거	과거분사
be	was / were	been	send	sent	sent
buy	bought	bought	see	saw	seen
go	went	gone	beat	beat	beaten
build	built	built	call	called	called
think	thought	thought	speak	spoke	spoken
keep	kept	kept	take	took	taken
eat	ate	eaten	write	wrote	written
give	gave	given	fix	fixed	fixed
leave	left	left	cut	cut	cut

❶ cut / am cut by
❷ visits / is visited by
❸ is helped by / helps
❹ is loved by / loves
❺ invites / is invited by

STEP 02 — p.146

❶ History is written by the victors.
역사는 승리자들에 의해 쓰여진다.

❷ Web sites are designed by web designers.
웹사이트들은 웹 디자이너들에 의해 디자인된다.

❸ Korean food is eaten by many Chinese.
한국 음식은 많은 중국인들이 먹는다.

❹ The school newspaper is made by us.
학교 신문은 우리에 의해 만들어진다.

⑤ The classroom is cleaned by students.
교실은 학생들에 의해 치워진다.

⑥ Vegetables are grown by farmers.
채소들은 농부들에 의해 길러진다.

⑦ Robots are built by engineers.
로봇은 공학자들에 의해 만들어진다.

⑧ New reports are written by reporters.
뉴스 보도는 방송 기자들에 의해 작성된다.

STEP 03 p.147

① Great sea food is served by chefs.
② Funny jokes are told by TV comedians.
③ The Louvre is visited by many people.
④ My boyfriend cooks spaghetti.
⑤ Julie's grandparents are helped by her.
⑥ Hunters are sometimes scared by lions.
⑦ All our classmates are led by the class president.
⑧ *Transformers* is directed by Michael Bay.

① 요리가 누군가에 의해 제공되는 것이므로 수동태를 사용한다.
② '농담'이라는 주어가 스스로 말을 하는 것이 아니라 누군가에 의해 말해지는 것이므로 동사는 수동태를 쓴다.
④ '남자친구'가 스스로 요리를 하므로 능동태로 쓴다.
⑤ 동사 help는 '돕다'라는 뜻이므로 '도움을 받다'라는 표현은 수동태로 바꿔야 한다.
⑥ 동사 scare는 '겁주다'라는 뜻이므로 '겁먹다'는 수동 형태로 쓰며 빈도부사 sometimes는 be동사 다음에 쓴다.
⑧ 주어 *Transformers*가 스스로 '감독하는(direct)' 동작을 할 수 없으므로 동사의 수동 형태가 와야 한다.

서술형 끝내기 p.148

서술형 유형 기본

① Sometimes I am cut by paper.
② Steve is visited by Mina every day.
③ Paul always helps them.
④ He is invited by Lisa each year.

서술형 유형 심화 1

① History is written by the victors.
② Vegetables are grown by farmers.
③ The classroom is cleaned by students.
④ Robots are built by engineers.

서술형 유형 심화 2

① The Louvre is visited by many people.
② Funny jokes are told by TV comedians.
③ My boyfriend cooks spaghetti.

④ Julie's grandparents are helped by her.
⑤ Hunters are sometimes scared by lions.
⑥ All our classmates are led by the class president.
⑦ *Transformers* is directed by Michael Bay.
⑧ AlphaGo is invented by Google.

UNIT 02 여러 가지 수동태

STEP 01 p.151

① is invited by
② am loved by
③ helps
④ are found
⑤ is caught by
⑥ keep

① is moved / was moved
② is thrown / was thrown
③ was released / is released
④ were collected / are collected

STEP 02 p.152

① are seen / see
② stretch / are stretched
③ is delivered / delivers
④ wear / are worn
⑤ downloaded / was downloaded
⑥ surprised / were surprised
⑦ wasn't built by / didn't design
⑧ Did he solve / Was the problem solved

STEP 03 p.153

① Packages are picked up by a mailman.
② The thief was arrested by policemen.
③ This computer was fixed by Bill.
④ The Philippines was hit by a storm.
⑤ Three slices of pizza were given to Mina.
⑥ The school was built ten years ago.
⑦ The Internet is used by many people.
⑧ Was the picture painted with a brush?

① 소포(Packages)가 스스로 수거할 수 없으므로 '수거된다'는 수동의 의미로 수동태가 와야 한다.
② arrest는 '체포하다'라는 뜻이므로 '도둑'이 주어일 때는 '체포되다'라는 의미의 수동태로 쓴다.
③ 컴퓨터가 주어이므로 '고치다'라는 의미의 동사 fix는 수동태로 바꿔 쓴다.
⑤ 피자가 주어이므로 '주다'라는 의미의 동사 give는 수동 형태로 바뀐다.

❽ paint는 '~을 그리다'는 의미로 그림이 주어이므로 수동으로 써야 하며 '그려졌다'는 과거를 뜻하기 때문에 was painted로 써야 한다.

서술형 끝내기 ○────── p.154

서술형 유형 기본
❶ She helps her grandmother.
❷ Some flowers are found in winter.
❸ The baseball is caught by a catcher.
❹ We keep the secret.

서술형 유형 심화 1
❶ Animals are seen at the zoo.
❷ Milk is delivered every morning.
❸ The music was downloaded by them.
❹ *Hanboks* are worn on New Year's Day.

서술형 유형 심화 2
❶ Packages are picked up by a mailman.
❷ The thief was arrested by policemen.
❸ This computer was fixed by Bill.
❹ The Philippines was hit by a storm.
❺ The school was built ten years ago.
❻ Was the picture painted with a brush?
❼ Three slices of pizza were given to Mina.
❽ The Internet is used by many people.

내신대비 실전 TEST p.156

1. ④ 2. ④ 3. ② 4. ② 5. ③ 6. ⑤
7. ③ 8. ② 9. ③ 10. ① 11. ⑤ 12.
④ 13. ④ 14. was painted by, was
surrounded by 15. Hunters find many
animals in forests. 16. Did Mark write the
letter? 17. I was taken to the zoo by my
aunt. 18. Stars are seen at night. 19. ①
created → was created ② are learned →
learn

1. 종이는 사람에 의해 발명된 것으로 invent의 수동태를 쓴다.
■ 종이는 중국에서 발명되었다.

2. 수동태의 형태: be동사+과거분사(p.p.)+by (행위자)

■ 그 책은 유명한 작가에 의해 쓰여졌다.

3. 수동태의 형태: be동사 +과거분사(p.p.) + by (행위자)
■ 그는 Mr. Han에 의해 파티에 초대되었다.

4. take-took-taken
■ 그 남자는 매일 사진들을 찍는다.
→ 사진들이 그 남자에 의해 매일 찍힌다.

5. 〈by+행위자〉에서 행위자는 목적격으로 쓴다.
■ 내가 그에게 돈을 줬다. → 그는 내게서 돈을 받았다.

6. 행위자가 일반 사람이거나 분명하지 않을 때 〈by+행위자〉를 생략할 수 있다.
■ 내 가방은 누군가에게 도난당했다.

7. ③ were hit → was hit
■ ① 그 아이는 모든 사람들에게 사랑 받는다.
② 꽃들이 그녀에 의해 뽑혔다.
③ 그 섬은 태풍에 의해 강타당했다.
④ 그 책들은 나의 집에서 발견되지 않았다.
⑤ 그 그림은 그 예술가에 의해 그려지지 않았다.

8. ② arrested by → arrested
■ ① 신문은 매일 아침에 배달된다.
② 경찰이 도둑을 잡았다. (by가 삭제되어야 함)
③ 그 영화는 지난 금요일에 개봉되었다.
④ 그 집은 니의 아빠에 의해 지어졌니?
⑤ 그 문자 메시지는 Jack에 의해 보내졌다.

9. break-broke-broken
시제는 과거이고, 주어인 창문은 단수이므로 be동사는 was를 사용한다.

10. invent-invented-invented
수동태의 의문문은 be동사를 문장 앞에 써서 나타낸다.

11. 수동태로 변경할 때, 시제와 수 일치에 유의해야 한다.
■ 아빠가 우리를 위해 저녁을 요리했다.

12. speak-spoke-spoken / make-made-made
■ 영어는 많은 나라에서 말해진다.
그 인형은 나의 이모에 의해 만들어졌다.

13. break-broke-broken / fix-fixed-fixed
■ A: 여기는 너무 추워. 히터가 고장났나 봐.
B: 그 히터는 지난 주말에 고쳐졌어. 다시 수리기사를 불러야겠다.

14. paint-painted-painted
surround-surrounded-surrounded
■ 나는 작년에 파리에 가서 모나리자 그림을 보았다. 그것은 레오나르도 다빈치에 의해 그려졌고 루브르 박물

관에 보관되고 있다. 그 그림은 많은 방문객에 의해 둘러싸여 있었다. 그것은 아름다웠다.

15. find-found-found
by 뒤의 행위자를 능동태의 주어로 쓴다.
- 많은 동물들은 사냥꾼들에 의해 숲에서 발견된다.
  → 사냥꾼들은 숲에서 많은 동물들을 발견한다.

16. 능동태의 의문문 형태:
Do[Does / Did]+주어+동사원형 ~?
- 그 편지는 Mark에 의해 쓰여졌니?
  → Mark가 그 편지를 썼니?

17. take-took-taken
*be taken to: ~에 데려가지다

18. see-saw-seen
*be seen: 보인다

19. was created: 만들어졌다 / learn: 배우다 (are learning: 배우고 있는 중이다)
- 한글은 1443년에 세종대왕에 의해 창제되었다. 한글은 일반 백성에 의해 쉽게 쓰였다. 다른 나라의 많은 사람들은 요즘 한글을 배운다.

Part 08 형용사 · 부사

UNIT 01 형용사, 부사

STEP 01 — p.161

❶ This is my <u>new</u> friend. (③)
❷ He is a <u>great</u> soccer player. (②)
❸ Milk is healthy food. (③)
❹ The man always looks <u>happy</u>. (③)
❺ The sky is <u>beautiful</u>. (③)
❻ The basketball player is very <u>tall</u>. (③)

❶ 최근에　　❷ 늦게　　❸ 높게
❹ 매우　　❺ 열심히　　❻ 거의 ~않는

STEP 02 — p.162

❶ A dolphin is a smart animal.
돌고래는 똑똑한 동물이다.
❷ The old woman felt lonely.
그 노부인은 외로움을 느꼈다.
❸ The dog has short legs.
그 개는 짧은 다리를 갖고 있다.
❹ It is a highly dangerous job.
그것은 매우 위험한 직업이다.
❺ She hardly finished her work.
그녀는 일을 거의 끝내지 못했다.
❻ You must speak quietly in the library.
도서관에서는 조용히 말해야 한다.
❼ It may be a hard question.
그것은 어려운 질문일지도 모른다.

STEP 03 — p.163

❶ The music doesn't sound <u>nice</u>.
❷ The river looks <u>deep</u> and clean.
❸ There are many <u>homeless people</u> there.
❹ Goldfish-care seems <u>easy</u>.
❺ They lived very <u>happily</u>.
❻ My sister draws very <u>well</u>.
❼ He threw the ball <u>high</u>.
❽ I studied <u>hard</u> for the test.

❶ 동사 sound는 보어로 형용사가 나오며 nicely는 부사이므로 nice로 바꿔 쓴다.
❷ 동사 look 뒤의 보어 자리에 형용사가 와야 하고 and는 같은 품사끼리 연결해야 하기 때문에 명사 depth가 아니라 '깊은'이라는 뜻을 가진 형용사 deep이 적절하다.
❺ 동사 live는 보어 없이도 완전한 문장이 되기 때문에 형용사 happy 대신 부사 happily가 와야 한다.
❽ hard는 '열심히'라는 부사이지만, hardly는 '거의 ~않는'이라는 의미로 서로 다르다.

서술형 끝내기 — p.164

서술형 유형 기본

❶ I am very busy lately.
❷ The man always looks happy.
❸ This is my new friend.
❹ I have to work hard.
❺ He is a great soccer player.

서술형 유형 심화 1

① The dog has short legs.
② You must speak quietly in the library.
③ She hardly finished her work.
④ It is a highly dangerous job.

서술형 유형 심화 2

① The river looks deep and clean.
② Goldfish-care seems easy.
③ They lived very happily.
④ My sister draws very well.
⑤ The music doesn't sound nice.
⑥ He threw the ball high.
⑦ I studied hard for the test.
⑧ There are many homeless people there.

<table>
<tr><td>UNIT
02</td><td colspan="2">비교급</td></tr>
</table>

STEP 01 p.167

원급	비교급	원급	비교급
busy	busier	popular	more popular
thin	thinner	little	less
short	shorter	lazy	lazier
pretty	prettier	dangerous	more dangerous
late	later	good	better
early	earlier	famous	more famous
careful	more careful	bad	worse
cheap	cheaper	young	younger

① shorter
② hotter than
③ older than
④ earlier than
⑤ sourer than
⑥ more than

STEP 02 p.168

① The Earth is bigger than the moon.
　지구는 달보다 크다.
② This movie is more interesting than that one.
　이 영화는 저것보다 더 흥미롭다.
③ His pet dog is a lot smarter than hers.
　그의 애완견은 그녀의 애완견보다 훨씬 더 똑똑하다.
④ Molly plays the piano better than Anne.
　Molly는 Anne보다 피아노를 더 잘 친다.
⑤ She exercises more often than me.
　그녀는 나보다 더 자주 운동을 한다.

⑥ This puzzle is more difficult than that one.
　이 수수께끼는 저것보다 어렵다.
⑦ An elephant is heavier than a hippo.
　코끼리는 하마보다 더 무겁다.

STEP 03 p.169

① Your shoes are bigger than <u>mine</u>.
② Jeremy is more <u>intelligent</u> than I.
③ His mother gets up earlier <u>than</u> his father.
④ My brother takes <u>fewer</u> classes than I.
⑤ U.S. history is <u>shorter than</u> Korean history.
⑥ Health is <u>much</u> more important than wealth.
⑦ Kevin <u>eats more slowly</u> than Paul.
⑧ Mina goes to school <u>later</u> than I.

> ① 비교 대상은 서로 같은 형태이어야 한다. 주어가 your shoes
> 이므로 비교 대상도 '나의 신발'이라는 소유대명사 mine이 와
> 야 한다.
> ② more 뒤에는 형용사가 변형없이 그대로 와야 한다.
> ③ 비교급 다음에 than이 와야 한다.
> ④ few의 비교급 fewer는 '보다 소수의'라는 의미이다.
> ⑥ 비교급을 강조할 때는 앞에 부사 much를 쓰며 very는 올 수
> 없다.

서술형 끝내기 p.170

서술형 유형 기본

① My hair is shorter than hers.
② Mom gets up earlier than me.
③ I like summer more than winter.
④ She looks older than me.

서술형 유형 심화 1

① Buses are faster than cars.
② This movie is more interesting than that one.
③ An elephant is heavier than a hippo.
④ His pet dog is a lot smarter than hers.

서술형 유형 심화 2

① He likes apples more than oranges.
② Jeremy is more intelligent than I.
③ U.S. history is shorter than Korean history.
④ Kevin eats more slowly than Paul.
⑤ Mina goes to school later than I.
⑥ My brother takes fewer classes than I.
⑦ Health is much more important than wealth.
⑧ His mother gets up earlier than his father.

STEP 01   p.173

원급	최상급	원급	최상급
busy	busiest	popular	most popular
thin	thinnest	little	least
short	shortest	lazy	laziest
pretty	prettiest	dangerous	most dangerous
late	latest	good	best
early	earliest	famous	most famous
careful	most careful	bad	worst
cheap	cheapest	young	youngest

❶ the most useful   ❷ oldest
❸ happiest   ❹ the best
❺ the most popular   ❻ in

STEP 02   p.174

❶ Airplanes are the fastest of all the vehicles.
비행기는 모든 탈것들 중에서 가장 빠르다.

❷ Tim is the strongest of them.
Tim은 그들 중에서 가장 힘이 세다.

❸ The park is the largest in the town.
그 공원이 마을에서 가장 넓다.

❹ She gets up earliest in her family.
그녀는 가족 중에서 가장 일찍 일어난다.

❺ Winter is the coldest of the four seasons.
겨울은 사계절 중에서 가장 춥다.

❻ A whale is the biggest animal in the world.
고래는 세계에서 가장 큰 동물이다.

❼ The *Mona Lisa* is the most famous painting in the world.
모나리자는 세계에서 가장 유명한 그림이다.

STEP 03   p.175

❶ Minsu is the bravest boy among his friends.
❷ You are the strongest of all.
❸ John is the tallest player in the team.
❹ Who is the prettiest among the girls?
❺ Bill Gates is the richest man in the world.
❻ He was the brightest student in our school.
❼ She runs fastest in the class.
❽ He is the best player in the soccer team.

❶ 형용사 brave를 최상급 형태인 bravest로 the와 함께 문장을 만든다.
❸ 팀과 같은 조직이 비교 대상일 때는 전치사 in을 쓴다.

❹ '누가'라는 의미를 가진 의문사 Who를 의문문 맨 앞에 쓴다.
❼ 부사 fast는 -est를 붙여 쓰며 부사일 때는 정관사 the를 생략한다.
❽ '최고'는 good의 최상급 형태인 best를 쓴다.

서술형 끝내기   p.176

서술형 유형 기본

❶ English is one of the most useful languages.
❷ Laughter is the best medicine.
❸ Jerry is the most popular boy in his school.
❹ It is the happiest day in my life.

서술형 유형 심화 1

❶ Airplanes are the fastest of all the vehicles.
❷ Tim is the strongest of them.
❸ She gets up earliest in her family.
❹ The *Mona Lisa* is the most famous painting in the world.

서술형 유형 심화 2

❶ It is the largest city in the world.
❷ He is the best player in the soccer team.
❸ Bill Gates is the richest man in the world.
❹ She runs fastest in the class.
❺ Who is the prettiest among the girls?
❻ Minsu is the bravest boy among his friends.
❼ He was the brightest student in our school.
❽ John is the tallest player in the team.

내신대비 실전 TEST   p.178

1. ⑤   2. ②   3. ③   4. ④   5. ⑤   6. ①
7. ①   8. ③   9. ②   10. ③   11. ⑤   12. ④   13. ③   14. the slowest   15. faster than
16. longer, than   17. She walks faster than I.
18. My grandfather always gets up much earlier than I.   19. His room is the largest in this house.

1. 부사의 형태: 〈형용사+ly〉인 부사가 많음
smell (동) 냄새나다 – smelly (형) 냄새나는

2. 명사를 수식하는 형용사 형태
■ 그는 내게 사랑스러운 강아지를 데려다줬다.

3. 비교급+than / good-better-best
   ■ 이 셔츠는 저것보다 보기가 더 좋다.

4. 최상급: the+최상급 + of/in~
   ■ 치타는 세상에서 가장 빠른 동물이다.

5. 비교급 강조: even, much, a lot, still, far + 비교급
   very는 비교급을 강조할 수 없다.
   ■ Kate는 그녀의 남동생보다 훨씬 더 크다.

6. 많이: much의 비교급은 more
   비교급 강조: much, far, a lot 등

7. ② best → the best
   ③ the most good → the best
   ④ the good → the best
   ⑤ one of~ : ~중에 하나 / well → best

8. late (형) 늦은 (부) 늦게 / lately (부) 최근에
   ③ late → lately
   ■ ① Peter는 항상 아침에 일찍 일어난다.
     ② 이것은 아주 중요한 직업이다.
     ③ 그는 최근에 그처럼 보이지 않는다.
     ④ 우리는 경연대회를 위해 열심히 했다.
     ⑤ 독수리가 하늘 높이 날고 있었다.

9. 2음절 또는 3음절 이상 형용사의 비교급:
   more + 형용사/부사의 원급
   ② the most → more
   ■ ① Jay의 머리는 나의 머리보다 더 길다.
     ② 건강은 재산보다 더 중요하다.
     ③ Mark는 학급에서 가장 똑똑한 학생이다.
     ④ Tom의 자동차는 Roy의 것보다 훨씬 더 비싸다.
     ⑤ 오늘은 어제보다 더 낫다.

10. 형용사 lazy(게으른)의 비교급 형태는 lazier
    ③ more lazy → lazier
    ■ ① Anne은 Paul보다 더 많이 잔다.
      ② 이 의자는 네 생각보다 더 편해.
      ③ 그는 남동생보다 더 게으르다.
      ④ Jim은 Jean보다 훨씬 더 나은 성적을 받았다.
      ⑤ 설악산은 한라산보다 더 낮다.

11. 그래프를 보면 basketball이 가장 인기가 적은 스포츠이
    다.
    ■ ① 축구는 가장 인기있는 스포츠이다.
      ② 배드민턴은 수영보다 더 인기있다.
      ③ 야구는 농구보다 더 인기가 있다.
      ④ 배드민턴은 축구보다 덜 인기있다.
      ⑤ 야구는 가장 인기가 적은 스포츠이다.

12. b. biggest → bigger
    d. more luckier → luckier

■ a. 누가 너희 나라에서 가장 유명한 배우니?
   b. 지구는 달보다 더 크다.
   c. Sam은 Mike보다 훨씬 더 크다.
   d. 나는 너보다 운이 더 좋을 것이다.
   e. 오늘은 내 인생의 최악의 날이다.

13. 과학 수업이 영어보다 나중에 한다.
    ■ ① 수학 시간은 3개 수업 중 가장 짧다.
      ② 영어 수업은 3개 수업 중 가장 길다.
      ③ 영어 수업은 과학 수업보다 더 늦게 시작한다.
      ④ 수학 수업은 영어 수업보다 더 일찍 시작한다.
      ⑤ 과학 수업은 수학 수업보다 더 늦게 끝난다.

14. 최상급: the+최상급
    slow-slower-slowest
    ■ Mark가 세 명 중 가장 느리다.

15. fast의 비교급 faster
    ■ Terry는 Kevin보다 더 빠르다.

16. 비교급: 비교급 + than
    ■ Mark는 Kevin보다 더 긴 수영경력을 가지고 있다.

17. 비교급: 비교급 + than
    fast-faster-fastest
    (than 뒤에 주격 대신 목적격을 쓰기도 한다.)

18. 비교급 강조: even, much, a lot, still, far + 비교급
    빈도부사의 위치: be동사나 조동사 뒤, 일반동사 앞에 옴

19. 최상급: the + 최상급
    large-larger-largest

UNIT 01 to부정사 1

STEP 01 ────────────── p.183

❶ watch TV / like to watch TV
❷ buys flowers / wants to buy flowers
❸ go on a picnic / plan to go on a picnic

❶ 마실 물 / 물을 마시는 것
❷ 볼 영화 / 영화를 보는 것
❸ 신을 신발 / 신발을 신는 것
❹ 부를 새로운 노래 / 새로운 노래를 부르는 것
❺ 요리할 고기 / 고기를 요리하는 것

STEP 02 ────────────── p.184

❶ Kids like to eat chocolate cake.
아이들은 초콜릿 케이크 먹는 것을 좋아한다.
❷ His work is to finish the report.
그의 일은 보고서를 끝내는 것이다.
❸ It is safe to ride a bike in the park.
공원에서 자전거를 타는 것은 안전하다.
❹ She wants some coffee to drink. (She wants to drink some coffee.)
그녀는 마실 커피를 원한다. / 그녀는 커피 마시기를 원한다.
❺ Andy has no friend to advise him.
Andy는 자신에게 조언해 줄 친구가 없다.
❻ We hope to meet you soon.
우리는 곧 너를 만나길 희망한다.
❼ Do you have money to buy a car?
너는 차를 살 돈이 있니?

STEP 03 ────────────── p.185

❶ It is not good to skip breakfast.
❷ Jonny likes to teach young children.
❸ It is great fun to travel new places.
❹ Minsu wanted to make a wise decision.
❺ Our plan was to stay at the hotel.
❻ She has a lot of homework to do.
❼ Junha is the only one to help me.
❽ There is nothing to eat in the refrigerator.

❶ to부정사가 문장의 주어 대신 가주어 it을 문장의 앞에 둔 문장이다.
❷ to부정사는 명사처럼 문장의 목적어 역할을 한다.
❹ to부정사는 동사 want의 목적어 역할로 to 다음에 동사원형이 온다.

❻ to부정사는 명사 homework를 꾸며주는 형용사 역할을 한다.
❽ to부정사는 형용사처럼 명사(nothing)를 꾸며준다.

서술형 끝내기 ────────────── p.186

서술형 유형 기본

❶ I like to watch TV.
❷ We plan to go on a picnic.
❸ They chose a movie to see.
❹ I want some water to drink.
❺ She needs shoes to wear.

서술형 유형 심화 1

❶ Kids like to eat chocolate cake.
❷ She wants some coffee to drink.
❸ Do you have money to buy a car?
❹ We hope to meet you soon.

서술형 유형 심화 2

❶ Jonny likes to teach young children.
❷ Our plan was to stay at the hotel.
❸ It is not good to skip breakfast.
❹ She has a lot of homework to do.
❺ There is nothing to eat in the refrigerator.
❻ Minsu wanted to make a wise decision.
❼ She hopes to be a great pianist.
❽ Junha is the only one to help me.

UNIT 02 to부정사 2

STEP 01 ────────────── p.189

❶ 공부하기 위해서　　❷ 시험에 통과해서
❸ 일등을 해서　　❹ 조깅하기 위해
❺ 결국 18살이 되었다

❶ when　　❷ what　　❸ where
❹ how　　❺ when　　❻ what

STEP 02
p.190

① She was pleased to know him.
그녀는 그를 알게 되어 기뻤다.

② He told me where to meet.
그는 나에게 어디에서 만날지 말해줬다.

③ Linda used a knife to cut the cake.
Linda는 케이크를 자르기 위해서 칼을 사용했다.

④ His grandfather lived to be ninety.
그의 할아버지께서는 아흔 살이 될 때까지 사셨다.

⑤ They came here to help me.
그들은 나를 돕기 위해 이곳에 왔다.

⑥ Sally was very happy to get a puppy.
Sally는 강아지를 갖게 되어 매우 행복했다.

⑦ My mom is learning how to use a smartphone.
엄마는 스마트폰 사용법을 배우고 있다.

STEP 03
p.191

① This bed is not that heavy to move.
② I came home early to help my mom.
③ The boy grew up to be a firefighter.
④ She bought some milk to make a cake.
⑤ Tell me when to turn off the machine.
⑥ I was surprised to see you here.
⑦ My mom is learning how to use a dishwasher.
⑧ I was very glad to buy a smartphone.

> ① 부사 역할을 하는 to부정사는 형용사를 수식하여 '~하기에' 라
> 고 해석한다.
> ② '엄마를 도와드리기 위해서' 라는 동사의 목적을 나타낼 때 to
> 부정사를 쓴다.
> ③ 이 때 to부정사는 동사 grow up과 함께 쓰여 '결국 ~가 되다'
> 라는 결과를 나타낸다.
> ⑤ 〈의문사 when+to부정사〉는 '언제 ~할지'라는 뜻으로 명사 역
> 할을 하며 이 문장에서는 tell의 목적어로 쓰였다.
> ⑦ 〈의문사 how+to부정사〉는 '어떻게 ~할지'라는 뜻으로 learn
> 의 목적어로 쓰였다.
> ⑧ 기쁜 감정(glad)의 원인을 to부정사의 부사적 용법을 이용하여
> 나타낸다.

서술형 끝내기
p.192

서술형 유형 기본

① She goes to the library to study.
② I was pleased to win first prize.
③ His cat lived to be 18 years old.
④ Mr. Kim teaches how to play soccer.
⑤ She asked me when to start.

서술형 유형 심화 1

① Sally was very happy to get a puppy.
② Linda used a knife to cut the cake.
③ He told me where to meet.
④ The soup is salty to eat.

서술형 유형 심화 2

① I was glad to buy a smartphone.
② My mom is learning how to use a dishwasher.
③ She bought some milk to make a cake.
④ Tell me when to turn off the machine.
⑤ I came home early to help my mom.
⑥ The boy grew up to be a firefighter.
⑦ I was surprised to see you here.
⑧ The bed is not that heavy to move.

UNIT 03 동명사

STEP 01
p.195

① walk　② Walking　③ Swimming
④ listening　⑤ listen

① watching　② cleaning　③ to go
④ to take　⑤ to play

STEP 02
p.196

① writing / to write
② watching / to watch
③ cooking / cooking
④ cleaning, to clean / cleaning, to clean
⑤ to turn / turning, to turn
⑥ shopping / shopping
⑦ to go fishing / going fishing
⑧ talking / to talk

STEP 03
p.197

① They want to buy a house.
② Did you finish sending the cards?
③ He decided to travel to New Zealand.
④ The washing machine stopped working.
⑤ Don't forget to knock on the door.
⑥ Remember to see Mike this afternoon.
⑦ The police officer tried to find the evidence.
⑧ I gave up eating dessert last year.

❶ want는 to부정사를 목적어로 갖는다.

❷ finish는 동명사를 목적어로 갖는다.

❸ decide는 to부정사를 목적어로 갖는다.

❹ stop에 동명사 목적어가 오면 '~하는 것을 그만두다(멈추다)'
라는 의미가 된다.

❺ forget 뒤에 동명사가 목적어로 오면, '(과거에 했던 일)을 잊다'
라는 뜻이 되고, '~할 것을 잊다'라는 의미일 때는 to부정사가
와야 한다.

❻ remember 뒤에 to부정사가 와서 앞으로 일어날 일에 대한
것을 나타낸다.

❼ try 뒤에 to부정사가 목적어로 와서 '~하려고 노력하다'라는
뜻이 된다.

서술형 끝내기   p.198

서술형 유형 기본

① Swimming isn't difficult.

② My hobby is listening to music.

③ He enjoys watching movies.

④ He finished cleaning his room.

⑤ Walking is good for you.

서술형 유형 심화 1

① He doesn't mind cooking Italian food.

② I hate to clean the bathroom. /
I hate cleaning the bathroom.

③ He stopped watching TV.

④ I planned to go fishing this summer.

서술형 유형 심화 2

① They want to buy a house.

② He decided to travel to New Zealand.

③ Kelly enjoys talking to her friends.

④ Don't forget to knock on the door.

⑤ I gave up eating dessert last year.

⑥ Remember to see Mike this afternoon.

⑦ Did you finish sending the cards?

⑧ The police officer tried to find the evidence.

내신대비 실전 TEST   p.200

1. ②   2. ③   3. ④   4. ⑤   5. ①   6. ③
7. ⑤   8. ②   9. ⑤   10. ②   11. ②   12.
①   13. ③   14. The printer suddenly
stopped working.   15. I was pleased to talk
to you.   16. to save   17. Avoid using

18. forget to turn off   19. ① to visit the
museum ② how to swim ③ riding a horse

1. to부정사의 형용사적 용법: 앞에 있는 명사 수식
   ■ 나는 쓸 펜이 필요하다.

2. 동명사를 목적어로 취하는 동사 enjoy
   ■ 나의 언니는 TV보는 것을 즐긴다.

3. to부정사의 명사적 용법: 의문사 + to부정사
   how to부정사: ~하는 법

4. to부정사를 목적어로 취하는 동사: decide, want, hope,
   plan
   동명사를 목적어로 취하는 동사: avoid
   ■ Kevin은 하와이에 가는 것을 ① 결심했다 / ② 원했다
   / ③ 바랐다 / ④ 계획했다.

5. 동명사를 목적어로 취하는 동사: enjoy, avoid, give up,
   keep 등
   ■ Linda는 스페인어 배우는 것을 ② 즐겼다 / ③ 꺼려했
   다 / ④ 포기했다 / ⑤ 계속했다.

6. to부정사의 명사적 용법: 문장 내 주어, 보어, 목적어 역
   할
   ■ 나의 꿈은 무용수가 되는 것이다. 〈명사적 용법〉
   ① 나는 그림 그리는 것을 좋아한다. 〈명사적 용법〉
   ② 물을 마시는 것은 너의 건강에 좋다. 〈명사적 용법〉
   ③ 나는 먹을 것이 필요하다. 〈형용사적 용법〉
   ④ 놀이 공원에 가는 것은 신난다. 〈명사적 용법〉
   ⑤ 나의 바램은 새 핸드폰을 사는 것이다. 〈명사적 용법〉

7. to부정사의 형용사적 용법: 명사 수식
   ■ 나는 함께 놀 친구가 많이 있다.
   ① 나는 마실 것을 원한다. 〈형용사적 용법〉
   ② Lisa는 할 일이 많다. 〈형용사적 용법〉
   ③ Tim은 그를 도와 줄 사람을 찾고 있다. 〈형용사적 용
   법〉
   ④ 우리는 연습할 충분한 시간이 없다. 〈형용사적 용법〉
   ⑤ 나는 이번 주말에 자전거 타는 것을 계획 중이다.
   〈명사적 용법-목적어 역할〉

8. to부정사의 부사적 용법: 목적, 원인, 결과
   ■ 당신과 함께 일해서 즐거웠습니다. 〈부사적 용법-원인〉
   ① 나는 우유를 사기 위해 시장에 갔다. 〈부사적 용법-
   목적〉
   ② Mark는 앉을 자리를 찾고 있다. 〈형용사적 용법-명
   사수식〉
   ③ 그녀는 자라서 훌륭한 과학자가 되었다. 〈부사적 용
   법-결과〉
   ④ 그 소식을 듣게 되어 유감이구나. 〈부사적 용법-원
   인〉

⑤ Sean이 나를 만나기 위해 왔다. 〈부사적 용법-목적〉

9. 동명사를 목적어로 취하는 동사: practice
   ⑤ to dance → dancing
   ■① 그 산에 올라가는 것은 힘들다.
     ② 문 잠그는 것을 잊지 말아라.
     ③ 그는 경기 중에 달리는 것을 멈췄다.
     ④ 채소를 먹는 것은 너의 건강에 좋다.
     ⑤ 그녀는 매일 춤추는 것을 연습한다.

10. 가주어 it 문장의 진주어 to부정사에 주의
    동명사를 목적어로 취하는 동사 keep
    감정의 원인을 설명하는 to부정사
    ■규칙적으로 운동하는 것이 좋다.
      Dean은 밤늦게까지 축구 연습을 한다.
      나는 너를 돕게 되어 정말 기쁘다.

11. to부정사의 부사적 용법: 목적을 나타내는 to부정사는
    in order to, so as to로 대신할 수 있다.
    ■Jessica는 드레스를 사기 위해서 쇼핑을 갔다.

12. remember + to부정사: ~할 것을 기억하다
    remember + 동명사: ~한 것을 기억하다

13. 동사 start의 목적어로 쓰이는 동명사

① 축구를 하는 것은 좋은 운동이다. 〈주어〉
② 요리하는 법을 배우는 것은 어렵다. 〈주어〉
③ 그는 어린 아이들에게 한국어를 가르치는 것을 좋아한
   다. 〈목적어〉
④ 그의 꿈은 과학 교사가 되는 것이다. 〈보어〉
⑤ 그의 취미는 영화 보기이다. 〈보어〉

14. stop + 동명사: ~하는 것을 멈추다
    stop + to부정사: ~하기 위해 멈추다

15. be pleased to부정사: ~하게 되어서 기쁘다

16. 형용사적 용법: to save가 tips를 수식

17. avoid + 동명사: ~하는 것을 피하다

18. forget + to부정사: ~할 것을 잊다
    forget + 동명사: ~한 것을 잊다

19. ① plan + to부정사: ~하기로 계획하다
    ■수희는 박물관에 가기로 계획한다.
    ② learn + how to부정사: ~하는 법을 배우다
    ■Sue는 수영하는 법을 배운다.
    ③ practice + 동명사: ~하는 것을 연습하다
    ■민지는 말타기를 연습한다.

Part 10 접속사

UNIT 01 등위접속사

STEP 01 — p.205

❶ and ❷ but ❸ or
❹ and ❺ or

❶ that she's tall / that she's smart
❷ that she's right / that she's wrong
❸ that he's lazy / that he's sick
❹ that he's a genius / that he's a student
❺ that he's a kind person / that he found his dog

STEP 02 — p.206

❶ and / but ❷ and / but ❸ that / or
❹ but / that ❺ and / but ❻ and / that
❼ that / but ❽ and / but

STEP 03 — p.207

❶ The problem is that Harry is only 14 years old.
❷ Chen brings his lunch box or eats in the cafeteria.
❸ I thought that you wanted to go camping.
❹ I met my girlfriend and went to the concert with her.
❺ Do you plan to take the bus or the train?
❻ She often enjoys listening to music and playing the piano.
❼ The doctor said that you didn't get hurt.
❽ She cooked for me, but we decided to eat out.

❶ 명사절을 이끄는 접속사 that은 is의 보어 역할을 한다.
❷ '또는'이라는 의미의 접속사 or을 쓴다.
❸ 명사절을 이끄는 접속사 that은 문장에서 목적어 역할을 한다.
❹ 한 문장 안에 두 개의 동사가 있어 and로 연결해준다.
❺ 버스를 탈 것인지, 기차를 탈 것인지 선택을 하는 상황이므로
   접속사 or을 쓴다.

⑥ 등위접속사 and가 enjoy의 목적어 두 개를 연결하고 있으므로 형태를 동명사로 일치시켜야 한다.
⑦ 동사 said 뒤의 문장이 목적어가 되므로 이 때 절을 이끄는 접속사 that이 필요하다.
⑧ 상반되는 내용을 연결할 때는 'but'을 쓴다.

서술형 끝내기 ○───── p.208

서술형 유형 기본

❶ She has blue eyes and blonde hair.
❷ Is she Sally or Sally's sister?
❸ Minho is not a singer but an actor.
❹ I said that she is smart.

서술형 유형 심화 1

❶ It wasn't either a ghost or a monster.
❷ Sandra is poor, but she is happy.
❸ It is important that we won the game.
❹ It was the hottest and the longest summer.

서술형 유형 심화 2

❶ I met my girlfriend and went to the concert with her.
❷ I thought that you wanted to go camping.
❸ The problem is that Harry is only 14 years old.
❹ Chen brings his lunch box or eats in the cafeteria.
❺ The doctor said that you didn't get hurt.
❻ Do you plan to take the train or the bus?
❼ Did you hear that there are snakes around here?
❽ She often enjoys listening to music and playing the piano.

UNIT 02 부사절 접속사

STEP 01 ○───── p.211

❶ 날씨가 좋으면 / 거기에 갈 때
❷ 점심을 먹은 후에 / 갈증이 나서
❸ 열 살 때 / 직장이 생겨서
❹ 그가 바쁘지 않다면 / 내가 집에 있는 동안

❶ when　　❷ while　　❸ If
❹ because　❺ Before　❻ After

STEP 02 ○───── p.212

❶ Before / When　　❷ As / If
❸ Before / After　　❹ If / Unless
❺ Unless / When　　❻ Because / because of
❼ As / After　　　　❽ after / when

STEP 03 ○───── p.213

❶ Before Jisung plays soccer, he has to warm up.
❷ If you are not at home (Unless you are at home), I will leave this box at the door.
❸ If you have any questions, call me.
❹ I didn't need to take a taxi because I brought my car.
❺ Susan was late for the class because of the traffic jam.
❻ While your mom does the dishes, you clean the living room.
❼ Unless I have a test tomorrow [If I don't have a test tomorrow], I will go shopping.
❽ When Vicki was in China, she learned how to ride a horse.

❶ '~하기 전에'라는 시간을 나타내는 접속사 before를 쓴다.
❷ '만약 ~한다면'이라는 의미의 조건을 나타내는 접속사 if를 쓴다.
❹ '~ 때문에'라는 의미의 이유를 나타내는 접속사 because를 쓴다.
❺ 접속사 because 뒤에는 주어와 동사로 이루어진 문장(절)이 와야 한다. 하지만 '교통 체증(the traffic jam)이라는 '구'가 오기 때문에 because of를 쓴다.
❻ '~하는 동안'이라는 의미의 시간을 나타내는 접속사 while을 쓴다.
❼ '~하지 않다면'이라는 뜻의 조건을 나타내는 접속사 unless나 if~not을 쓴다.
❽ '~할 때'라는 뜻의 시간을 나타내는 접속사 when을 쓴다.

서술형 끝내기 ○───── p.214

서술형 유형 기본

❶ She wasn't at home when I called her.
❷ If it rains tomorrow, we will cancel the field trip.
❸ He moved to Seoul because he got a new job.
❹ After I had lunch, I drank water.

서술형 유형 심화 1

❶ Before you go out, check the weather report.
❷ If you are tired, you may go to bed early.
❸ When I arrived at the station, she was waiting for me.
❹ He ran away to the forest because of the big bear.

서술형 유형 심화 2

1. Before Jisung plays soccer, he has to warm up.
2. If you have any questions, call me.
3. I didn't need to take a taxi because I brought my car.
4. While your mom does the dishes, you clean the living room.
5. Unless I have a test tomorrow, I'll go shopping.
6. Susan was late for the class because of the traffic jam.
7. After I finish this homework, I'm going to bake some cookies.
8. When Vicki was in China, she learned how to ride a horse.

내신대비 실전 TEST
p.216

1. ⑤ 2. ③ 3. ② 4. ① 5. ⑤ 6. ⑤
7. ① 8. ① 9. ② 10. ① 11. ③ 12.
unless it doesn't rain → unless it rains / if it
doesn't rain 13. because → because of
14. If you don't study hard 15. after you
wash your hands 16. while my dad was
cleaning the living room 17. ① After you →
If you ② or I → but I

1. because of + 명사(구) / because + 주어 + 동사
   ■ Mark는 폭설 때문에 학교에 늦었다.

2. 명사절을 이끄는 종속 접속사 that은 문장 안에서 주어, 목적어, 보어 역할을 하는 명사절을 이끈다.
   ■ 그녀가 수영해서 강을 횡단할 수 있다는 것은 거짓말이었다.

3. 시간을 나타내는 접속사 when : ~할 때
   ■ 내가 도착했을 때 저녁이 이미 제공되었다.

4. 등위접속사 and: 그리고, 그래서
   ■ 나는 개 두 마리가 있다. 하나는 흰색이고 다른 하나는 갈색이다.
     앉아서 차 한잔 드시겠습니까?

5. 등위접속사 or: 혹은, 또는
   ■ 사과 또는 포도 중에서 어떤 것이 더 좋습니까?
     나는 모형 비행기 또는 종이 인형을 만들고 싶다.

6. 조건을 나타내는 접속사 unless(= if~not): ~하지 않으면
   ■ 너는 열심히 일하지 않으면, 성공하지 못할 것이다.

7. 이유를 나타내는 접속사 as: ~때문에
   ■ 나는 피곤했기 때문에 일찍 잠자리에 들었다.

8. ① and → that(believe의 목적절을 이끄는 접속사)
   ■ ① 나는 내가 연기자가 될 수 있을 거라고 믿는다.
     ② 내 남동생은 행복하지만 난 그렇지 않다.
     ③ 방을 나갈 때 불을 꺼 주세요.
     ④ 내일 비가 온다면 나는 공원에 가지 않을 것이다.
     ⑤ 내가 숙제를 하는 동안 엄마는 책을 읽었다.

9. ② and → but
   ■ ① 기차가 늦지 않는다면, 우리는 정시에 떠날 수 있다.
     ② 그녀는 더 놀고 싶지만 집에 가야 한다.
     ③ 나는 아팠기 때문에 파티에 갈 수 없었다.
     ④ 그는 숙제를 끝낸 후에 컴퓨터 게임을 할 수 있다.
     ⑤ 잠자리에 들기 전에 이를 닦아라.

10. 조건을 나타내는 종속 접속사 if
    시간을 나타내는 종속 접속사 before, when
    ■ A: 시간 있으면 나와 쇼핑하러 갈래?
      B: 좋아. 언제 만날까?
      A: 3시에 쇼핑몰에서 어때? 쇼핑 가기 전에 방 청소를 해야 돼.
      B: 좋아. 쇼핑몰에 도착하면 전화해 줘. 거기 있을게.

11. 동사 say의 목적절을 이끄는 접속사 that
    ■ 그는 그 시험이 어렵다고 말했다. 〈접속사-that〉
      ① 만일 네가 공부를 열심히 한다면, 너는 시험에 통과할 것이다. 〈조건-if〉
      ② 네가 만일 너무 피곤하면, 쉬는 게 낫다. 〈조건-if〉
      ③ 나는 그들이 일찍 떠나길 원한다는 것을 믿지 않는다. 〈접속사-that〉
      ④ 네가 숙제를 끝낸 후에(끝낸다면), 너는 무엇이든 할 수 있다. 〈조건-if / 시간-after〉
      ⑤ 우리는 일본에서 한식을 먹을 수 있고, 한국의 TV 쇼를 볼 수 있다. 〈등위접속사-and〉

12. 조건을 나타내는 unless가 이미 if~not의 부정의 의미가 있기 때문에 고쳐 쓴다.
    ■ 내일 비가 오지 않으면 나는 택시를 타지 않을 것이다.

13. because + 주어 + 동사 / because of + 명사(구)
    ■ 소음 때문에 나는 어젯밤에 잠을 잘 수 없었다.

14. unless(= if~not): ~하지 않으면
    ■ 열심히 공부하지 않으면 시험에 통과할 수 없다.

15. 시간을 나타내는 종속 접속사 after, before
    ■ 저녁을 먹기 전에 손을 씻어라.
      손을 씻은 후에 저녁을 먹어라.

16. 시간을 나타내는 종속 접속사 while

17. 조건을 나타내는 if
　　반대의 의미를 나타내는 but

　　■ A: Jack과 나는 오늘 밤에 영화를 보러 갈 것이다.
　　　　　네가 우리와 함께 하고 싶으면, 알려줘.
　　　B: 좋긴 하지만 나는 남동생을 돌봐야 해.

중학영문법 문법이 쓰기다

MEMO

교육 R&D에 앞서가는
Key 키출판사

중학 영문법, 쓸 수 있어야 진짜 문법이다!

문법이
쓰기다

교육 R&D에 앞서가는
 키출판사